METAFÍSICA

Dados Internacionais de Catalogação na Publicação (CIP)
(Câmara Brasileira do Livro, SP, Brasil)

Aristóteles
  Metafísica / Aristóteles ; tradução de Vivianne de Castilho Moreira. – Petrópolis, RJ : Vozes, 2024. – (Coleção Pensamento Humano)

  Título original: τὰ μετὰ τὰ φυσικά
  Bibliografia.
  ISBN 978-85-326-6673-4

  1. Aristóteles – Contribuições à filosofia da história 2. Aristóteles – Metafísica 3. Filosofia grega antiga I. Título. II. Série.

23-174379 CDD-185

Índices para catálogo sistemático:
1. Aristóteles : Filosofia antiga 185

Eliane de Freitas Leite – Bibliotecária – CRB 8/8415

Aristóteles

Metafísica

Tradução de Vivianne de Castilho Moreira

EDITORA
VOZES

Petrópolis

Tradução do original em grego intitulado *Τα μετα τα φυσικα*

© desta tradução:
2024, Editora Vozes Ltda.
Rua Frei Luís, 100
25689-900 Petrópolis, RJ
www.vozes.com.br
Brasil

Todos os direitos reservados. Nenhuma parte desta obra poderá ser reproduzida ou transmitida por qualquer forma e/ou quaisquer meios (eletrônico ou mecânico, incluindo fotocópia e gravação) ou arquivada em qualquer sistema ou banco de dados sem permissão escrita da editora.

CONSELHO EDITORIAL

Diretor
Volney J. Berkenbrock

Editores
Aline dos Santos Carneiro
Edrian Josué Pasini
Marilac Loraine Oleniki
Welder Lancieri Marchini

Conselheiros
Elói Dionísio Piva
Francisco Morás
Gilberto Gonçalves Garcia
Ludovico Garmus
Teobaldo Heidemann

Secretário executivo
Leonardo A.R.T. dos Santos

Editoração: Andrea Bassoto Gatto
Diagramação: Raquel Nascimento
Revisão gráfica: Alessandra Karl
Capa: Editora Vozes

ISBN 978-85-326-6673-4

Este livro foi composto e impresso pela Editora Vozes Ltda.

SUMÁRIO

Sobre esta tradução, 7

Livro A (I), 15

Livro α (II), 45

Livro B (III), 50

Livro Γ (IV), 69

Livro Δ (V), 93

Livro E (VI), 132

Livro Z (VII), 139

Livro H (VIII), 174

Livro Θ (IX), 184

Livro I (X), 201

Livro K (XI), 221

Livro Λ (XII), 248

Livro M (XIII), 268

Livro N (XIV), 299

Bibliografia, 317

SOBRE ESTA TRADUÇÃO

As traduções da *Metafísica* de Aristóteles que vieram a lume no Brasil ainda não refletem a relevância e a fecundidade da comunidade de especialistas brasileiros na filosofia de Aristóteles em geral, e na metafísica aristotélica mais especificamente. Há duas traduções de fôlego do conjunto dos quatorze livros que compõe a obra, uma de autoria de Leonel Vallandro, publicada inicialmente pela Editora Globo (Aristóteles, 1969), e outra, mais recente, de Marcelo Perine, publicada pela Edições Loyola (Aristóteles, 2002). Em que pese a qualidade inconteste desses dois trabalhos, são retraduções: a primeira verte a tradução inglesa feita por D. Ross (Aristóteles, 1991), e a segunda verte a italiana feita por G. Reale (Aristóteles, 2013). Há também a tradução de Edson Bini, publicada pela Edipro (Aristóteles, 2012), cuja recepção entre os especialistas é controversa. Além desses trabalhos, relevantes traduções diretas do original em grego vêm sendo publicadas nos anos recentes, mas apenas de trechos da obra. É o caso da tradução realizada por L. Angioni do Livro Δ (V), publicada em três partes pelas revistas *Phaos* e *Dissertatio* (Aristóteles, 2003a, 2017, 2018).

Nesse cenário, uma nova tradução do texto completo mantém um perfil pioneiro, mesmo sendo beneficiária das incontáveis e decisivas contribuições proporcionadas não apenas pelas traduções mencionadas acima, mas também pelos diversos estudos sobre o assunto que vêm sendo produzidos por especialistas brasileiros. Os acertos que porventura esta tradução possa lograr devem-se, em boa medida, a eles.

Textos-fonte

O divisor de águas na cronologia das publicações das obras de Aristóteles é a edição de Immanuel Bekker, de 1831, feita para a Academia de Berlim. Nela estão reunidas tanto as obras que se atribuem sem controvérsia a Aristóteles quanto as apócrifas, em textos estabelecidos a partir do cotejamento do aparato crítico então conhecido. Essa edição consagrou-se como a base para as edições subsequentes e sua paginação permanece como referência para as edições e traduções posteriores. É dela o texto em que se apoia a presente tradução, embora não seja sua única fonte. Afinal, já nasceria desatualizada a tradução de uma obra de Aristóteles que ignorasse todo o trabalho posterior à edição de Bekker, visto que, se por um lado soa talvez exagerado conceder a ela apenas valor arqueológico, como sugere Mesquita (2005), é certo, por outro lado, que outras edições mais recentes do legado aristotélico trazem contribuições decisivas para se dirimir várias das obscuridades, lacunas e incongruências que vêm das diferentes lições.

No que tange ao conjunto dos quatorze livros que compõem a *Metafísica*, a edição feita por D. Ross em 1924 (Aristóteles, 1997) ocupa lugar de destaque. Ela foi amplamente consultada no presente trabalho e, em diversas passagens, assinaladas ao longo do texto, teve preferência ante o texto estabelecido por Bekker. Também foi consultada a edição feita por W. Jaeger em 1954 (Aristóteles, 1963).

Textos auxiliares

Naturalmente, a pesquisa comparativa não se restringiu à colação dessas edições, amparando-se em algumas das traduções consagradas e no copioso volume de comentários explicativos que trazem. São elas a de H. Bonitz para o alemão (Aristóteles, 1966), J. Tricot para o francês (Aristóteles, 1991), Calvo Martínez (Aristóteles, 1994) e García Yebra (Aristóteles, 1998) para o espanhol e G. Reale para o italiano (Aristóteles, 2013), além, evidentemente, da tradução latina, que foi consultada na edição trilíngue por García Yebra (Aristóteles, 1998), já mencionada, que reproduz a tradução de Guilherme de Moerbeke para os Livros (I-XII)[1] e a de Basílio Bessarion para os Livros (XIII e XIV)[2]. A esse conjunto soma-se a tradução feita por D. Ross para o inglês (Aristóteles, 1991).

---

1. Como observa Yebra (Aristóteles, 1998, p. xv), Guilherme de Moerbeke só teria traduzido integralmente o Livro XI. Para os restantes Livros da *Metafísica*, seu trabalho teria se restringido a corrigir traduções latinas já existentes.

2. Cf. Aristóteles (1998, p. xx).

Paralelamente a essas edições e traduções do conjunto dos Livros da *Metafísica*, diversas edições e traduções anotadas, seja de Livros isolados, seja de blocos temáticos da *Metafísica*, vêm sendo publicadas em línguas diversas nas últimas décadas, com contribuições significativas para os estudos da filosofia de Aristóteles. Seria excessiva minúcia listar um por um dos trabalhos consultados, mesmo porque constam todos nas referências bibliográficas no final deste livro. As novidades que trazem subsidiaram e inspiraram diversas soluções adotadas ao longo desta tradução.

Vestígios disso podem ser reconhecidos tanto nas ocasiões em que soluções já encontradas se afiguraram as mais pertinentes quanto nas saídas que possam porventura soar originais, mas que não seriam vislumbradas sem o escrutínio das alternativas postas. E não se trata apenas das dificuldades para compreender essa ou aquela passagem obscura. Trata-se também de enfrentar as controvérsias em torno da tradução mais adequada dos termos-chave que compõem o léxico filosófico aristotélico. No que tange a este último caso, algumas das saídas aqui adotadas requerem maior detalhamento.

Léxico

Uma das expressões que mais suscita debate entre os especialistas é, como observa Robin Smith (Aristóteles, 2003), a fórmula τὸ τί ἦν εἶναι. Já no idioma original é insólita e as tentativas de vertê-la para alguma expressão ou palavra palatável na língua de chegada deram origem a um variado leque de soluções[3]. Na esteira da tradução latina, preferiu-se aqui uma aproximação com a literalidade, com a adoção da formulação *o que era ser*[4]. Essa opção não é novidade em língua portuguesa e já foi perfilhada por Angioni (Aristóteles, 2008), que se vale da expressão *aquilo que o ser é*.

Sem pretender enfrentar a polêmica em torno do tema, pode-se afirmar que a expressão τὸ τί ἦν εἶναι destina-se, no jargão aris-

---

3. Cf., a respeito, Buchanan (1962, p. 4-5) e Kahn (1978, p. 275-276, n. 60).

4. Na tradução de Moerbercke, lemos *quod quid erat esse* (cf. Aristóteles, 1998).

totélico, a evocar uma caracterização para algo já consensuada previamente. Ela evocaria a retomada do que já se admitiu ser a significação de uma determinada expressão – o que, inspirando-se no legado socrático, Aristóteles designa pela locução τί ἐστιν, aqui traduzida por *o que é*. A esses dois itens do léxico filosófico de Aristóteles associa-se um terceiro, que consiste no verbo εἶναι acompanhado de um complemento declinado no dativo. As ocorrências dessa expressão na *Metafísica* foram traduzidas pela locução *ser para* seguida do complemento respectivo. Entende-se aqui que *o que era ser* evoca a retomada do que já foi acatado como explicação do *ser para* algo, vale dizer, *o que é* ele.

Outra locução controversa do jargão aristotélico é τόδε τι, aqui traduzida por *algum tal*. Essa solução afasta-se da adotada por diversos estudiosos, que consideram tratar-se de um dêitico[5]. É o caso de Bostock (Aristóteles, 2003b) e Kirwan (Aristóteles, 2003a), que empregam em seu lugar o pronome *"this"* [isto]. Há, contudo, razões para sustentar que a expressão τόδε τι seria empregada na *Metafísica* para designar a estrutura do que se habilita a veicular a caracterização precisa de algo, notadamente quando se leva em conta o modelo platônico de definição por gênero e diferença específica. Desse ponto de vista, o pronome indefinido τι desempenharia o papel de indicar o que falta precisar em determinado gênero a fim de circunscrever a espécie, ao passo que τόδε indicaria a variável que, nas aplicações da expressão, deveria ser substituída pelo nome do gênero que abarca a espécie que se visa definir. Esse entendimento coaduna-se com as ocorrências de τόδε τι na *Metafísica* e é explicitamente autorizado por Aristóteles em 1017b23-26, em que ele associa essa expressão ao conceito de espécie. Eis por que a palavra *tal* se mostrou adequada para verter τόδε nesse caso, na medida em que, a um só turno, exerce o papel demonstrativo pelo qual faz alusão a um determinado gênero e mantém o caráter lacunar dessa alusão, portando-se, assim, como uma variável na locução que compõe com o indefinido τι.

---

5. Cf. Baracchi, C. (2014, p. 377).

O uso do termo *acidente* para verter συμβεβηκός tem lastro na tradição latina, que reserva *accidens* para a palavra grega. Como seus correlatos em outros idiomas, é amplamente empregado para traduzir as ocorrências de συμβεβηκός na obra de Aristóteles, e também na literatura secundária para tratar do conceito correlativo. Aliás, o latino *accidens* e seus pósteros nas línguas vivas transpuseram as fronteiras da linhagem aristotélica, tendo sido assimilados posteriormente ao longo de toda a história da Filosofia, em diversas vertentes filosóficas, para cunhar a noção que lhe é associada. Ante essa presença já consolidada e disseminada no jargão filosófico, não é recomendável propor, para verter συμβεβηκός, inovações que não se imponham por razões incontornáveis. Há, no entanto, um inconveniente. A palavra συμβεβηκός corresponde ao particípio perfeito, que acumula função adjetiva, do verbo συμβαίνω, amplamente empregado por Aristóteles. E não é difícil constatar, pela inspeção comparativa das diversas ocorrências, a intrínseca conexão entre esse particípio perfeito e os restantes tempos e modos de συμβαίνω empregados por Aristóteles ao longo do texto. Visto não haver em português um verbo cognato de *acidente* que permitisse resguardar na língua de chegada a conexão que vigora na *Metafísica* entre συμβαίνω e συμβεβηκός, optou-se aqui por reservar o verbo *decorrer* e suas conjugações para as ocorrências respectivas de συμβαίνω, preservando a tradição de verter apenas o particípio perfeito por *acidente*. Embora *decorrer* e *acidente* não pertençam a um mesmo campo semântico, a uniformidade na tradução de συμβαίνω proporcionará uma ferramenta para restabelecer as conexões entre as ocorrências de um e de outro.

A dificuldade em torno de συμβαίνω e suas variações aponta para um desafio inescapável a quem quer que se lance a traduzir uma obra. Trata-se da justa medida entre encontrar o melhor correlato na língua de chegada para cada trecho e manter a fidelidade terminológica na tradução dos termos-chave da língua original onde quer que ocorram. Esse desafio ergue-se para a tradução de todos os perfis de textos, mas ganha contornos específicos e delicados no caso da tradução de textos científicos e filosóficos, nos quais as flutuações terminológicas podem comprometer de forma decisiva a compreensão de um conceito ou a reconstrução de um argumento[6]. E agiganta-se quando os sentidos da expressão da língua de chegada não recobrem com exatidão aqueles do termo-chave a ser traduzido. E isso é o que sucede na maioria das vezes.

No caso da *Metafísica*, são diversas as expressões que suscitam esse dilema. Termos como οὐσία, δύναμις, δυνατόν, εἶδος, ἔργον, dentre outros, que designam conceitos estruturantes da filosofia de Aristóteles, não encontram correlatos exatos na língua de chegada. Por essa razão, em nome da clareza, da fluência do texto, e, em muitos casos, inclusive da precisão, afigura-se forçoso recorrer a mais de uma expressão para verter um mesmo termo da língua original. Visando evitar os riscos já aludidos precedentemente, optou-se aqui, no caso das palavras mencionadas, por associá-las cada qual exclusivamente a um termo em português, mesmo com o prejuízo, em muitos casos, da fluência ou da leveza do texto.

Para οὐσία foi reservada a palavra *essência*, que, em sua origem latina, retoma o verbo *sum* – mais precisamente, seu infinitivo presente *esse* –, resguardando o parentesco de οὐσία com o particípio presente οὖσα do verbo εἰμί [*ser*]. Em desfavor de outra forte candidata, a palavra *substância*[7], pesou a carga existencial que ela encerra, inadequada em uma diversidade de ocorrências da *Metafísica*, nas quais a discussão gira em torno do significado de uma expressão ou, se se preferir, da explicação de algo, a qual corresponderia à sua essência.

O caso de εἶδος encerra alguma semelhança. Concorrem duas alternativas, *forma* e *espécie*, cujo emprego em geral adapta-se ao contexto: quando se trata de correlacionar ou contrastar εἶδος com γένος, costuma-se preferir a palavra *espécie* ou correlatos em outros idiomas; caso contrário, opta-se amiúde por *forma* e seus correlatos. Essa flutuação, no entanto, não reverbera alguma flutuação no próprio conceito referido pela palavra εἶδος – salvo, talvez, nos contextos em que é a filosofia platônica que está em

---

6. Um caso exemplar é o da palavra ἔργον na *Ética Nicomaqueia*, que examino em Moreira (2024).

7. Sobre isso, cf. Angioni (2008).

discussão –, mas visa, ao que parece, evitar algum estranhamento no emprego da palavra *espécie* nas circunstâncias em que sua relação com a noção de gênero não está em pauta. Essa ressalva, entretanto, não parece justificativa suficiente para dissociar as remissões ao que se afigura uma mesma noção no texto grego. Por isso, a palavra *forma* deu preferência a *espécie* e as ocorrências de *forma* ou vertem μορφή ou compõem alguma expressão idiomática em português.

As palavras δυνατόν e δύναμις foram vertidas, respectivamente, para *possível* e *possibilidade*, não raro com adaptações, em especial nas situações em que os termos constam declinados. Com isso se evitou o apelo à palavra *potência* e seus cognatos, que são associados a conceitos centrais da Física e da Metafísica de Aristóteles. Essa não é, portanto, uma decisão sem consequências, mas ela revelou-se incontornável quando se consolidou a avaliação de que, em boa parte dos casos, a escolha entre *potência* ou *possibilidade* para traduzir δύναμις – e igualmente, com as devidas adaptações, para δυνατόν e δύναμαι – repousa no arbítrio de quem traduz. Ao fim e ao cabo, a saída adotada aqui não pareceu desfigurar as afirmações de Aristóteles e teve a vantagem de realçar que o que na tradição aristotélica apresenta-se como duas noções distintas era reunido sob uma única rubrica pelo próprio Aristóteles.

Além de δυνατόν, a palavra ἐνδεχόμενον é habitualmente traduzida por *possível* em português. A fim de proporcionar um dispositivo para distinguir as ocorrências de uma e de outra, optou-se aqui por reservar a expressão *logicamente possível* à tradução de ἐνδεχόμενον, sem pretender com isso sugerir que a distinção entre δυνατόν e ἐνδεχόμενον seja contemplada pelo emprego, respectivamente, de *possível* e *logicamente possível*. Essa saída pareceu aceitável tendo em vista a própria maneira pela qual Aristóteles aborda a distinção entre δυνατόν e ἐνδεχόμενον nos *Primeiros Analíticos*. Aí, em I 3, ele afirma que o ἐνδεχόμενον abriga tanto o necessário [ἀναγκαῖον] quanto o não necessário [μὴ ἀναγκαῖον] e o δυνατόν. Assim considerado, o ἐνδεχόμενον se oporia ao logicamente impossível, à diferença de δυνατόν, que, na *Metafísica*, é entendido opor-se apenas ao necessário, aproximando-se, nessa medida, do contingente[8]. Esta distinção, no entanto, não é rígida e adiante nos *Primeiros Analíticos*, em I 13 (32a18-20), Aristóteles opõe ἐνδεχόμενον ao necessário, e não ao impossível. A propósito, *impossível* traduz aqui ἀδύνατον.

Por fim, o par ἐνέργεια e ἔργον, bem como o verbo ἐνεργέω, foram traduzidos, respectivamente, por *atuação*, *ato* e *atuar*, exceção feita para ἔργον nas situações em que compõe alguma expressão idiomática grega. Essa uniformidade na tradução custou, evidentemente, a fluência ou a plena clareza de algumas passagens, mas esse custo pareceu neutralizado por dois benefícios: o primeiro é a viabilidade de, na tradução, rastrear as ocorrências de cada um daqueles termos; o segundo é a viabilidade de se reconstruir a familiaridade semântica e, com ela, os nexos conceituais que eles guardam entre si.

Já as palavras discutidas aqui dão margem a polêmica antes mesmo que os críticos folheiem a tradução. Que essa polêmica seja bem-vinda e oxalá proveitosa às próximas iniciativas. Buscou-se, aqui, uma tradução que fosse respeitosa e atenta ao espírito da obra e pudesse se somar aos estudos aristotélicos no Brasil. Terá cumprido seu intento se puder contribuir, modestamente, para a assimilação do legado aristotélico pela lusofonia.

---

8. Cf. *Metafísica* Δ12 (1019a15-1020a6); cf. tb. 1047a24-28 e 1050b32.

LIVRO A (I)

1

[980a] Por natureza, todos os seres humanos inclinam-se ao saber. Sinal disso é seu apreço pelas sensações. De fato, abstração feita de sua utilidade, elas são apreciadas por si mesmas e, dentre todas, sobretudo, as visuais. Afinal, não apenas para agirmos, mas mesmo quando nada [25] temos por fazer, elegemos a visão em detrimento, por assim dizer, de todas as outras. A causa disso é que, dentre as sensações, ela é a que mais nos proporciona conhecimento e revela muitas diferenças. **980a**

Os animais são por natureza dotados de sensação e, a partir dela, em alguns deles não surge memória, mas em alguns, sim. [980b] É por isso que os últimos são mais prudentes e mais aptos a aprender do que os que não têm possibilidade de se recordar. E são prudentes, mas sem a aptidão para aprender, os que não têm a possibilidade de ouvir os sons, como é o caso das abelhas e outros gêneros de animais assim, caso os haja. Já os [25] que, além da memória, têm também essa sensação, aprendem. Assim, alguns animais vivem graças à imaginação e às recordações, mas partilhando pouco da experiência, ao passo que o gênero humano deve sua vida também à técnica e aos raciocínios. E, nos seres humanos, a experiência é gerada a partir da memória, visto que várias recordações de um mesmo fato [981a1] finalizam a possibilidade de uma única experiência. **981a**

E grosso modo, parece que a experiência é semelhante à ciência e à técnica, pois é por meio da experiência que a ciência e a técnica despontam nos seres humanos. Afinal, como dizia Polo, a experiência produziu a técnica [5] e a inexperiência, o acaso. E a técnica é gerada quando, a partir de muitas reflexões sobre a experiência, gera-se uma única concepção universal a respeito de conteúdos semelhantes. Pois ter a concepção de que certo procedimento foi benéfico para Cálias quando padeceu de certa enfermidade, e também para Sócrates, e igualmente para muitos singulares, é da alçada da experiência. [10] Mas ter a concepção de que, para todos os circunscritos por uma só espécie que partilham tal qualidade, ao padecerem de certa enfermidade, certo procedimento foi benéfico – por exemplo, aos que padecem de inflamação, aos biliosos ou aos que ardem de febre, certo procedimento foi benéfico – é da alçada da técnica.

Com relação ao agir, embora a experiência não pareça diferir em nada da técnica, os que têm experiência logram mais êxito do que os que dispõem da explicação, mas não têm [15] experiência. A causa disso é que a experiência é o conhecimento dos singulares e a técnica, do universal. Ora, todas as ações e gerações dizem respeito ao singular. Afinal, o médico não cura homem, a não ser por acidente, mas, sim, Cálias ou Sócrates ou algum dos outros [20] assim chamados, aos quais decorreu ser homem. Se, então, alguém sem experiência tiver a explicação, isto é, se conhecer o universal, mas desconhecer o singular subsumido sob ele, estará fadado a enganar-se muitas vezes quanto ao procedimento terapêutico, visto que é o singular que é passível de terapia. Contudo julgamos que o saber e a perícia pertencem mais à [25] técnica do que à experiência e concebemos os técnicos como mais sábios do que os empíricos, estimando que é em função do saber que a sabedoria acompanha a todos[9]. Isso porque aqueles sabem a causa e esses não, porquanto os que têm experiência sabem que, mas não sabem o porquê. Já os técnicos conhecem o [30] porquê, isto é, a causa. Eis por que julgamos que a respeito de cada assunto os coordenadores são mais prestigiados e sabem mais do que os trabalhadores [981b] manuais, isto é, são mais sábios[10] do que eles, por saberem as causas do que é feito (tal como alguns dos inani-

---

9. Os termos *sábio* e *sabedoria* traduzem, respectivamente, o adjetivo σοφός e o substantivo cognato σοφία. Já o verbo *saber*, com suas respectivas conjugações, traduz o verbo grego εἰδέναι, que não guarda parentesco semântico direto com os termos precedentes. Por isso, formulações que podem soar redundantes ou tautológicas em português, como "a sabedoria é função do saber", não soam assim no texto original.

10. Cf. nota precedente.

mados, os trabalhadores manuais fazem, mas fazem sem saber o que fazem, assim como o fogo queima – por certo, é em virtude de alguma natureza que os inanimados fazem tudo o que fazem, ao passo que os trabalhadores manuais o fazem [5] em virtude do hábito). E julgamos assim estimando que não é por serem práticos que os coordenadores são mais sábios, mas por deterem a explicação do que é feito e conhecerem sua causa.

Em geral, um sinal de que se tem e de que não se tem saber é a possibilidade de ensinar. Por isso acreditamos que a técnica, mais do que a experiência, é ciência, pois os técnicos têm a possibilidade de ensinar e os empíricos, não [10]. Além disso, acreditamos que nenhuma das sensações é sabedoria, pois, ainda que elas sejam os mais fundamentais conhecimentos dos singulares, elas não enunciam o porquê a respeito de nada; por exemplo, não dizem por que o fogo é quente, mas apenas que é quente. E é provável que quem primeiro inventou uma técnica qualquer a sobrepujar as sensações comuns tenha sido [15] admirado pelas pessoas não apenas pela utilidade de algumas de suas invenções, mas por ter sido considerado sábio e diferente dos demais. E, depois de inventadas muitas técnicas, e algumas delas sendo direcionadas à necessidade e outras ao entretenimento, os que inventavam as últimas eram sempre concebidos como mais sábios do que os outros por suas ciências não [20] serem pautadas pela utilidade. E foi depois de já terem sido elaboradas todas as técnicas desse tipo que se passou a inventar as ciências que não eram direcionadas nem ao prazer nem à necessidade, e isso primeiramente nas regiões onde se reservava tempo para o lazer. Foi por isso que as técnicas matemáticas desenvolveram-se primeiramente no Egito, porque lá o lazer [25] era permitido à casta dos sacerdotes.

Já foi dito nos escritos sobre ética qual é a diferença entre a técnica, a ciência e as outras disciplinas congêneres. Agora, o objetivo da presente discussão é sublinhar que todos concebem que a assim chamada sabedoria versa sobre as primeiras causas e os princípios, de sorte que, como já dito, parece que quem tem experiência é [30] mais sábio do que os que têm uma sensação qualquer, o técnico mais sábio do que quem tem experiência, o coordenador mais sábio do que o trabalhador manual [982a] e as disciplinas

982a

teóricas superiores às produtivas. Assim, resulta evidente que a sabedoria é uma ciência voltada para certos princípios e causas.

2

Visto ser essa a ciência que buscamos, cumpre, então, [5] investigar de quais causas e princípios a sabedoria é ciência. A questão torna-se mais evidente tão logo se consideram as concepções que temos a respeito do sábio.

Em primeiro lugar, concebemos que o sábio tem ciência de tudo da maneira em que isso é logicamente possível, vale dizer, sem ter ciência de cada caso [10] singular. Segundo, que é sábio quem tem a possibilidade de conhecer assuntos difíceis, vale dizer, assuntos que, para o ser humano, não é fácil conhecer; assim, sentir é comum a todos, por isso é fácil e nada tem de sábio. Além disso, que em toda ciência é mais sábio quem logra mais exatidão e é mais competente para ensinar as causas. Quanto às ciências, a [15] que é escolhida em vista dela própria e pela satisfação de sabê-la é mais sabedoria do que aquela escolhida em vista de seus resultados. E que a ciência mais ordenadora é mais sabedoria do que a subordinada, já que o sábio não deve receber prescrições e, sim, prescrever; não obedecer a outrem, mas ser obedecido pelo menos sábio.

Tantas e [20] e tais são, pois, as concepções que temos acerca da sabedoria e dos sábios. Dentre elas, conhecer cientificamente tudo pertence necessariamente a quem é mais versado na ciência universal, porque, de certo modo, sabe todos os assuntos. E o mais universal é o mais difícil de se conhecer para os seres humanos, [25] por ser o que está mais distante das sensações.

E dentre as ciências, são mais exatas as mais voltadas para o que é primeiro, visto que as adquiridas de uma quantidade menor de enunciados são mais exatas do que as adquiridas quando mais enunciados são acrescentados. Assim, por exemplo, a aritmética é mais exata do que a geometria. E é mais propícia ao ensino a que mais se aplica à investigação das causas, pois sobre cada assunto quem ensina [30] é quem explica as causas. Ora, saber e conhecer cientificamente em vista do próprio saber e do próprio conhecimento científico pertencem mais à ciência do que é mais cognoscível cientificamente, pois quem escolhe o conhecimento científico por si mesmo [982b] escolhe a ciência suprema, e tal é **982b** a ciência do que é mais cognoscível cientificamente. E mais cognoscíveis cientificamente são os princípios e as causas, pois tudo o mais é conhecido por meio deles e a partir deles, e não eles por meio dos que lhes são sujeitos. E dentre as ciências, a que é maximamente ordenadora, isto é, [5] a que mais ordena a subordinada, é a que conhece aquilo em vista do que cada prática deve ser adotada. Esse é, em cada caso, o bom, e, em geral, com respeito a toda a natureza, o excelente. De tudo o que foi dito depreende-se que o nome aqui buscado recai sobre a mesma ciência, pois é preciso que ela investigue [10] os primeiros princípios e causas, porquanto o bom, isto é, o que é visado, está dentre as causas.

E que ela não é uma ciência produtiva já os primeiros filósofos deixaram claro, pois foi a admiração que levou as pessoas a filosofarem, tanto hoje quanto outrora. No princípio, admiraram-se com enigmas mais comezinhos. A seguir, avançando aos poucos, [15] passaram a intrigar-se também com dificuldades de maior monta, como aquelas concernentes às afecções da Lua e do Sol, aos astros e à gênese de tudo. Ora, quem se intriga e se admira julga desconhecer. É por isso que quem aprecia o mito é de certa maneira um filósofo, porque o mito é composto de coisas admiráveis. De sorte que, se foi para [20] se livrarem da ignorância que filosofaram, é evidente que foi para saber que buscaram o conhecimento científico e não em vista de algum propósito utilitário.

Testemunha-o um aspecto acidental disso, pois tal prudência começou a ser buscada depois de já estar mais ou menos disponível tudo o que é necessário para assegurar as comodidades e o lazer. É claro, portanto, que não é por [25] nenhuma outra utilidade que a buscamos, mas, tal como dizemos que livre é a pessoa que existe em vista de si própria e não de outra, assim também, dentre as ciências, apenas essa é livre, pois somente ela tem em vista a si própria.

Eis por que seria justo considerar que a posse dessa ciência não está sob a alçada humana, pois a natureza dos seres humanos é, em [30] muitos sentidos, escrava, de tal modo que, como sustenta Simonides, "somente deus teria essa prerrogativa", ao passo que, de um ser humano, somente é digno buscar a ciência que lhe seja condizente. E se o que dizem os poetas for pertinente, a saber, que, por natureza, a divindade [983a] é ciumenta, seria sobretudo nesse caso que o ciúme mais provavelmente decorreria, e que a desgraça se abateria sobre todos os que se sobressaíssem nessa ciência. Contudo, nem à divindade é logicamente possível ser ciumenta – antes, conforme reza o adágio, os aedos propalam muitas falsidades –, nem é preciso presumir que outra ciência seja ainda mais prestigiosa do que [5] ela, pois a ciência sumamente divina é também a sumamente prestigiosa. E uma ciência seria assim apenas sob duas acepções, vale dizer, a mais divina das ciências seria a ciência que mais competiria a deus ter e também a ciência que trata dos assuntos divinos. Ora, somente a ciência de que tratamos calha satisfazer ambas as acepções, pois todos opinam que deus figura dentre as causas e que seria algum princípio; e também que apenas deus, ou principalmente [10] ele, teria uma ciência assim. E, ainda, ao passo que todas as ciências são mais necessárias do que ela, nenhuma lhe é superior.

983a

É preciso que a posse dessa ciência de certo modo nos conduza a um estado contrário àquele em que nos encontrávamos no início das investigações, visto que, como dissemos, é a partir da admiração por algo ser como é que todos começam a investigar. Tal é o caso da admiração dos que ainda não [15] haviam investigado a causa com o que sucede espontaneamente ou com os solstícios ou com a incomensurabilidade da diagonal com o lado do quadrado, pois todos se admiram por não haver nenhuma mínima medida comum entre uma e outro. Também é preciso, como reza o adágio, que essa posse finalize no contrário e no melhor, tal como acontece aos que aprendem. Afinal, nada [20] despertaria mais admiração em um geômetra do que a diagonal tornar-se comensurável com o lado do quadrado.

Foi dito, então, qual é a natureza da ciência aqui buscada e também o escopo que visa alcançar a presente busca, bem como toda a investigação.

3

Evidentemente, portanto, a ciência que cumpre alcançar é a das causas [25] primeiras, já que dizemos saber cada assunto quando julgamos conhecer sua causa. Ora, as causas são enunciadas sob quatro acepções, uma das quais dizemos ser a essência, isto é, o *o que era ser*, visto que o porquê remonta à explicação última, e a causa, isto é, o princípio, é o primeiro porquê. Outra acepção é a matéria, [30] isto é, o sujeito. A terceira é o princípio do qual começa o movimento e a quarta é a causa que lhe é contraposta, a saber, o que é visado e o bom, porque é esse o fim de todo movimento e de toda geração.

Em que pese já tenhamos examinado esses assuntos exaustivamente na [983b] *Física*[11], busquemos aqui revisitar os nossos predecessores na investigação dos seres e no filosofar acerca da verdade. Pois é claro que também eles enunciaram certos princípios e causas, de sorte que percorrê-los será profícuo para este estudo, [5] visto que, então, ou descobriremos algum outro gênero de causas ou reforçaremos nossa crença nas supramencionadas. 983b

A maioria dos primeiros filósofos julgava que os princípios de tudo tinham por espécie unicamente a matéria. Pois diziam que aquilo de que todos os seres provêm e a partir do que são primeiramente gerados, e em que finalmente se corromperão – sendo que a essência [10] permanece sempre e muda apenas quanto às suas afecções –, seria o elemento e o princípio dos seres. Por isso julgaram que nada se gera nem fenece, considerando que uma natureza assim seria sempre preservada. E tal como dizemos que Sócrates não é gerado em sentido absoluto quando se torna belo ou músico [15] nem fenece quando perde essas disposições, porque o sujeito Sócrates permanece o mesmo, assim também seria nos demais casos, porque sempre haveria uma ou mais de uma natureza a partir da qual os demais seriam gerados, ela mesma sendo preservada.

---

11. Ross refere aqui a *Física* II, 3,7.

No que tange, porém, à quantidade e à espécie de tal princípio, nem [20] todos dizem a mesma coisa. Tales, o precursor desse tipo de Filosofia, disse ser esse princípio a água. Aliás, foi por isso que afirmou que a terra boiaria sobre a água. Decerto ele chegou a essa concepção ao ver que o alimento para tudo é úmido e que mesmo o calor gera-se da água e nela vive (e para tudo, aquilo de que é gerado é [25] também o princípio). Foi por isso que ele adotou essa concepção e também porque o germe de tudo tem uma natureza úmida e por ser a água o princípio da natureza do que é úmido.

Alguns estimam que os mais antigos, que antecedem em muito a geração atual e foram os primeiros a teologizar, também teriam partilhado essa concepção acerca [30] da natureza. Com efeito, eles fizeram de Oceano e de Tétis os pais da geração, e da água – que os poetas chamam Estige – o sacramento dos deuses, sob a consideração de que o mais louvado é o mais antigo, e o sacramento é feito sobre o que há de mais louvado. Que [984a] essa opinião seja a primeira e a mais antiga não está claro, mas, quanto a Tales, diz-se que era efetivamente assim que ele se pronunciava acerca da primeira causa. Já Hípon, ninguém ousaria colocá-lo na companhia daqueles pensadores em virtude da mediocridade [5] de seu pensamento.

Anaximenes e Diógenes propuseram o ar como anterior à água e, dentre os corpos simples, o que mais seria um princípio, ao passo que Hípaso de Metaponto e Heráclito de Éfeso sustentaram ser o fogo. Empédocles, por seu turno, considera serem quatro os princípios, acrescentando, aos já mencionados, a terra como o quarto. Isso porque eles permaneceriam sempre, não sendo [10] suscetíveis de geração senão por aumento e diminuição, seja ao juntarem-se, formando um só, seja ao separarem-se do que era um. Anaxágoras de Clazômena, que, embora o anteceda em nascimento, é mais arrojado em suas obras, afirma que os princípios são infinitos. Segundo ele, praticamente tudo o que se constitui de homeomerias, como a água ou o fogo, somente é gerado e [15] destruído por junção e separação, de outro modo nem é gerado nem é destruído, permanecendo eternamente.

Desses estudiosos, o que se extrai é que a única causa seria a que se diz ser da espécie da matéria. Mas, ao avançarem desse modo, o próprio fato impôs-lhes a direção a seguir e os forçou a continuar investigando. Afinal, ainda que [20] toda geração e toda corrupção se deem a partir, seja de algum princípio, seja de muitos, há que se perguntar por que isso decorreria e qual seria a causa. Pois, evidentemente, não é o sujeito que faz a si próprio mudar. Quero dizer, por exemplo, que nem a madeira nem o bronze são causas de cada um deles mudar: nem a madeira produz a cama, nem o bronze a [25] estátua, mas é alguma outra a causa da mudança. E investigar isso é investigar outro princípio, que diríamos ser o princípio do qual começa o movimento.

Os que nos tempos idos empreenderam uma investigação desse tipo e sustentaram que o sujeito é um não enfrentaram essa dificuldade. Mas alguns [30] dos que preconizam o um, como que vencidos por essa investigação, afirmam que o um é imóvel, assim como toda a natureza – e imóvel não apenas quanto à geração e à corrupção (o que é uma convicção antiga e partilhada por todos), mas também quanto a qualquer [984b] outra mudança – o que é uma convicção própria deles. E, dentre os que afirmam que o todo é um, a nenhum decorreu cogitar uma causa do tipo mencionado, exceto quiçá a Parmênides, mas isso só na medida em que propôs haver não apenas uma, mas, por assim dizer, duas causas. [5] Já para os que consideram serem muitas as causas, por exemplo, para os que afirmam o quente e o frio, ou o fogo e a terra, é maior a possibilidade de afirmarem aquela causa, pois se valem do fogo como portador de uma natureza motora, e da água, da terra, e de outros desse tipo, como portadores da natureza contrária.

984b

Depois desses pensadores, bem como de tais princípios, visto que estes não eram suficientes para engendrar a natureza dos seres, os investigadores foram mais uma vez [10] forçados, como dissemos, pela própria verdade, a buscar o próximo princípio. Pois não é plausível – nem é plausível que aqueles pensadores tenham conjeturado – que o fogo, a terra ou algo desse tipo seja a causa dos seres se comportarem ou serem gerados bem ou belamente. Tampouco é pertinente atribuir um fato dessa monta à [15] espontaneidade ou ao acaso. E aquele que disse que, tal como nos animais, também na natureza uma inteligência interna seria a causa do arranjo universal e de toda a ordem, afigurou-se lúcido em comparação com os que divagavam antes dele. Sabemos que Anaxágoras aderiu manifestamente a essa explicação, cujo autor, contudo, teria sido seu predecessor, Hermótimos [20] de Clazômena. Os que assim conceberam, então, estabeleceram conjuntamente que a causa do ser belo seria princípio dos seres e que tal princípio, do qual começa o movimento, pertence aos seres.

4

É de se suspeitar que o primeiro a investigar tal princípio tenha sido Hesíodo ou algum outro que porventura tenha estabelecido o amor e o apetite como princípios [25] para os seres, como é o caso também de Parmênides, que, assim estruturando a geração de tudo, disse: "e urdiu o amor, primeiro dentre todos os deuses"[12]. E Hesíodo: "antes de tudo fez-se o caos; a seguir, a terra de largo seio [...] e então o amor, sobranceiro dentre todos os imortais"[13]. Assim, consideraram necessário [30] pertencer aos seres certa causa a mover e articular os fatos. Quanto a discriminar qual desses autores teria sido o precursor nesse assunto, seja-nos permitido deixar para depois.

985a Visto que os contrários aos bens também se evidenciaram intrínsecos à natureza – isto é, não apenas a ordem e [985a1] o belo, mas também a desordem e a deformidade se evidenciaram intrínsecas à natureza – e, inclusive, que os males são mais numerosos do que os bens, e os feios mais numerosos do que os belos, alguém sugeriu que a amizade e a inimizade seriam cada qual a causa, respectivamente, de uns e de outros. Pois quem acompanhar Empédocles e se pautar por seu [5] pensamento, e não pela maneira tortuosa com que ele se expressava, descobrirá que, para

---

12. Parmênides, Fr. 13 (Diels, H., 1960, vol. I, p. 243).

13. Hesíodo. *Theogonie* (1913, p. 116-120; cf. tb. 1995, p.91). Como sublinha J. Tricot em nota *ad loc.*, a citação não é literal, como a maior parte das citações que lemos nos textos de Aristóteles, feitas de memória.

ele, a amizade era a causa dos bens e a inimizade, dos males. De sorte que estará provavelmente correto quem afirmar que Empédocles, em certo sentido, sustentou – e foi o primeiro a sustentar – que o mal e o bem são princípios, se a causa de todos os bens [10] for o bem ele próprio, e a dos males, o mal ele próprio[14].

Podemos dizer que até este ponto, esses investigadores evidenciam-se alcançar as duas causas que distinguimos nos escritos da *Física*, a saber, a matéria e a causa da qual começa o movimento. Mas o fazem de modo grosseiro e sem rigor, tal como nos combates os lutadores mal treinados, pois, assim como estes, que, ao atacarem, [15] desferem belos golpes, mas sem que isso seja fruto de uma ciência, aqueles não parecem saber o que dizem, evidenciando apelar pouco ou quase nada para aquelas causas. Assim é que Anaxágoras se vale da inteligência como um *deus ex machina* ao tratar da constituição do universo e também quando se vê em dificuldade para apresentar a causa [20] pela qual algo é necessário, afastando-se dela nos demais assuntos e preferindo qualquer outra causa distinta da inteligência para explicar a geração dos seres. Empédocles confere às causas um alcance mais amplo, mas, mesmo assim, ainda não o suficiente, e não logra encontrar coerência entre elas. Segundo ele, muitas vezes a amizade separa e a inimizade [25] une, pois, quando pela inimizade o todo se desagrega nos elementos, o fogo se junta em uma unidade, assim como cada um dos demais elementos. E quando, sob a amizade, os elementos se juntam em um, novamente é necessário separar as partes de cada qual. Assim, Empédocles afastou-se de seus predecessores e foi o primeiro [30] a dividir essa causa, tendo feito do princípio do movimento não apenas um único princípio, mas princípios distintos e até contrários. E foi também o primeiro a falar dos assim chamados quatro elementos da espécie material, embora não tenha se valido deles como quatro, mas como sendo apenas [985b1] dois: o fogo por si mesmo, por um lado, e, por outro, seus opostos, considerados como uma só natureza, quais sejam, terra, ar e água. É o que pode inferir quem examina seus versos.

985b

---

14. Este último trecho, "καὶ τῶν κακῶν τὸ κακόν", é omitido no Codex Laurentianus (Ab).

Podemos dizer, então, serem tais e tantos os princípios afirmados por Empédocles. Já Leucipo e seu discípulo [5] Demócrito sustentaram que o pleno e o vazio seriam os elementos, dizendo serem um o ser, o outro o não ser: o pleno e o sólido seriam seres, e o vazio o não ser (por isso sustentaram que o ser não é mais do que o não ser, já que o corpo tampouco é mais do que o vazio), e eles seriam as causas dos seres [10] enquanto sua matéria. E assim como aqueles que sustentam ser uma só a essência que é sujeito geram os demais seres pelas afecções dela, estabelecendo o raro e o denso como princípios das afecções, assim também estes sustentam serem as diferenças as causas dos demais seres. E dizem que elas seriam três, a saber, a figura, a ordem e a [15] posição, pois afirmam que o ser se diferencia apenas por proporção, por conexão e por maneira, sendo que a proporção é a figura, a conexão é a ordem e a maneira é a posição. Pois A e N distinguem-se pela figura, AN e NA pela ordem, e Z e N por posição. Já quanto ao movimento, do que ele começa e de que maneira pertence aos seres, [20] esses pensadores, como os outros, negligenciaram-no sem pudor. Podemos afirmar que, a respeito das duas causas em tela, nossos predecessores avançaram até este ponto em suas investigações.

5

Naquela época – e mesmo antes –, os assim chamados pitagóricos foram os primeiros a se dedicarem à Matemática, promovendo seu avanço. E tendo sido [25] cultivados nessa disciplina, estimaram que os princípios dela seriam os princípios de todos os seres. Ora, dado que dentre esses princípios os números são por natureza primeiros, e eles julgavam divisar nos números muitas semelhanças com os seres e com o que é gerado, mais do que no fogo, na terra e na água, de maneira que a afecção de tal qualidade dos números seria a justiça, [30] de tal outra seria a alma e a inteligência, outra, a conveniência, e cada uma das restantes exibiria uma semelhança assim; e ao verem também que as afecções e as razões da harmonia musical se expressam em números, e dado, além disso, que tudo o mais parecia em toda a sua natureza feito à semelhança dos números, sendo os [986a1] números, por sua vez, o que é primeiro em toda a natureza, conceberam que os elementos dos números seriam os elementos de todos os seres e que o céu inteiro seria harmonia e número. E tudo o que nos números e nas harmonias guardava concordância [5] com as afecções, as partes do céu e a ordem do universo, eles reuniam e sistematizavam. Se, eventualmente, uma lacuna surgisse, redobravam o empenho em preenchê-la, assegurando a amarração de todo o seu constructo. Quero dizer, por exemplo, que, dado que a dezena parece ser um número finalizado e abarcar toda a natureza dos números, [10] diziam serem dez os corpos que orbitam no céu; no entanto, visto que apenas nove são visíveis, fizeram o décimo: a antiterra.

Já examinamos esse assunto com mais detalhe alhures[15], mas o retomamos aqui com o propósito de extrair dos pitagóricos quais princípios estabeleceram e como esses princípios recobrem as causas de que falamos precedentemente. [15] Ora, os pitagóricos também evidenciam estimar que o número seja princípio, tanto como matéria quanto como afecções e comportamentos dos seres. E os elementos do número seriam o par e o ímpar e, destes, um seria finito e o outro, infinito. O um, por seu turno, seria constituído de ambos [20] (pois seria par e ímpar) e o número seria constituído a partir do um e, tal como já dito, o céu seria constituído de número. Outros pitagóricos afirmam serem dez os princípios, ditos em pares ordenados, quais sejam: limite e infinito, ímpar e par, um e múltiplo, direita e esquerda, masculino e feminino, imóvel e móvel, retilíneo e curvo, luz [25] e treva, bem e mal, quadrado e oblongo. É assim também que Alcmeão de Crotona parece ter concebido, seja porque os pitagóricos o persuadiram, seja porque ele os persuadiu, já que, afinal, foi durante a velhice de Pitágoras que [30] ele cresceu[16]. E afigurava ter afinidade com os pitagóricos, pois dizia serem duplos muitos dos assuntos humanos, afirmando as oposições, embora não da

---

15. J. Tricot (Aristóteles, 1991), em comentário *ad loc.*, identifica o opúsculo *De Caelo* II, 13, 293a23-b20. Cf., a respeito, o comentário de Ross (Aristóteles, 1997, p. 146).

16. Este trecho, "ἐγένετο τὴν ἡλικίαν Ἀλκμαίων ἐπὶ γέροντι Πυθαγόρᾳ", é suprimido em Ab.

forma delimitada como eles haviam feito, mas, sim, tomadas ao acaso, como branco e preto, doce e amargo, bem e mal, grande e pequeno. E só vagamente se manifestou sobre [986b1] as restantes, ao passo que os pitagóricos explicitaram quantas e quais eram as oposições que sustentavam.

Dessas duas vertentes, o que se pode aferir é que os contrários seriam princípios dos seres. Já quantos e quais seriam eles, afere-se de apenas uma delas. Agora, de que maneira [5] é logicamente possível encaixar esses princípios nas causas supramencionadas, eis o que esses estudiosos não explicaram com clareza. Eles parecem ordenar os elementos sob a espécie material, pois, considerando-os como componentes, afirmam que a essência é concatenada e constituída a partir deles. Essas considerações já proporcionam o suficiente para examinarmos o pensamento dos antigos que defenderam [10] serem muitos os elementos da natureza.

Alguns há que sustentaram ser o todo uma única natureza, mas não o fizeram todos da mesma maneira, nem no que tange à pertinência de seus posicionamentos, nem na adequação destes à natureza. Contudo, embora não caiba à presente investigação das causas discorrer a respeito desses autores – pois não se pronunciam como alguns dos fisicistas, que, tendo estabelecido [15] que o ser era um, geraram-no a partir do um considerado como matéria, mas de outra maneira, visto que os fisicistas acrescentaram o movimento, assim gerando o todo, ao passo que eles afirmam que o ser é imóvel –, convém, mesmo assim, assinalar que Parmênides parece ter aderido a uma acepção discursiva de um e Melisso, [20] a uma acepção material de um. Eis por que um afirmou que o um é finito e o outro, infinito. E Xenófanes, que foi o primeiro desses unitaristas (pois dizem que Parmênides era seu discípulo), nada elucidou nem pareceu adotar nenhuma dessas acepções da natureza, mas, mirando a totalidade do céu, afirmou que o um seria a [25] divindade. Mas, como já dissemos, esses estudiosos podem ser deixados de lado na presente investigação – aliás, dois deles, a saber, Xenófanes e Melisso, podem ser deixados completamente de lado, visto serem um pouco mais toscos. Parmênides, por seu turno, parece ter uma visão mais ampla, pois, estimando que além do ser, o não ser nada é, julgou haver necessariamente um único ser, que é o próprio ser, e [30] nada mais. Sobre isso já discorremos com mais detalhe em *Física*[17]. No entanto, forçado a render-se às aparências e concebendo o ser como um quanto ao discurso, mas múltiplo quanto à sensação, Parmênides voltou a estabelecer serem duas as causas e dois os princípios, o quente e o frio, como dizendo fogo e terra. [987a1] **987a** E referiu o quente ao ser e o frio ao não ser.

Do já discorrido e do que foi inferido dos argumentos dos sábios já podemos depreender que, para os primeiros pensadores, o princípio era corpóreo, porquanto a água, [5] o fogo e quejandos são corpos; que alguns concebiam ser esse princípio corpóreo um só e outros concebiam serem muitos, mas em ambos os casos colocavam o princípio sob a espécie material; e entre os que estabeleceram essa causa, alguns acrescentaram aquela da qual começa o movimento, alguns deles sustentando ser ela uma só, já outros serem duas. Assim, até [10] a escola itálica, mas excetuando-a, os sábios se pronunciaram de modo obscuro a respeito desse assunto, salvo, como dissemos, por terem se servido de duas causas, uma das quais, a saber, aquela da qual começa o movimento, alguns consideraram uma só, outros, duas. Os pitagóricos sustentaram dois princípios da mesma maneira, mas [15] acrescentaram uma tese que lhes é peculiar: julgaram que o finito, o infinito e o um não seriam algumas naturezas distintas, como o fogo, a terra ou outros desse jaez, mas o infinito ele próprio e o um ele próprio seriam a essência daquilo de que se predicam, e por isso o número seria a essência de tudo. Portanto a esse respeito [20] eles se pronunciaram assim. E a respeito do *o que é* começaram a discorrer e a definir, mas de modo assaz simplório, pois definiam de maneira superficial, isto é, julgavam que aquilo a que primeiramente pertencesse o termo dito seria a essência do fato, tal como se alguém julgasse serem o mesmo *dobro* e [25] *dupla* porque *dobro* pertence primeiramente às duplas. Contudo, certamente, *ser para "dobro"* não é o mesmo que *ser para "dupla"*. Caso contrário, um seria muitos, o que, aliás, a seus olhos, também decorria.

Eis, então, o que se pode extrair dos primeiros sábios, bem como dos outros.

---

17. Cf. *Física* A 2-3.

6

Depois dessas filosofias, veio a abordagem [30] de Platão, que, em muitos aspectos, acompanhou os adeptos daquelas, mas em muitos outros exibiu uma filosofia própria, independente da professada pelos itálicos. E tendo se familiarizado ainda jovem, primeiro com Crátilo e com as opiniões de Heráclito, para quem todos os sensíveis estão sempre em fluxo, não havendo uma ciência deles, Platão aderiu a essa opinião e a conservou. [987b1] Por seu turno, de Sócrates – que se debruçara sobre questões éticas, sem se ocupar com a natureza em geral, e buscara naquelas questões o universal, fixando seu pensamento principalmente nas definições – Platão reteve [5] que se geravam definições de outros seres, mas não dos sensíveis, visto ser impossível que o termo comum corresponda a algum deles, que estão sempre mudando. E denominou aqueles outros seres como "ideias", das quais os sensíveis seriam apartados e segundo as quais todos eles seriam expressos, porque seria por participação nas espécies [10] que os muitos seres seriam homônimos entre si. Assim, ele apenas modificou o nome para *participação*. Pois os pitagóricos já afirmavam que os seres seriam por imitação dos números e, ao dizer que seriam por participação, Platão apenas alterou o nome. Mas investigar o que seria a participação ou a imitação das espécies, tanto um quanto os outros deixaram de lado.

E além dos sensíveis [15] e das espécies, Platão afirma fatos intermediários, que seriam os matemáticos. Estes diferiram, por um lado, dos sensíveis por serem eternos e imóveis e, por outro, das espécies, porque, ao passo que muitos seres matemáticos são iguais entre si, cada espécie é ela própria única. E visto que as espécies seriam as causas dos demais, ele julgou que seus elementos seriam os elementos de todos [20] os seres, e que o grande e o pequeno seriam princípios a título de matéria, ao passo que o um seria princípio enquanto essência, visto que, a partir daqueles, por participação no um, as espécies de números se constituiriam. Também sustentou, aproximando-se dos pitagóricos, que o um seria essência e não que algo sendo distinto seria dito *um*. E, também em sintonia com eles, sustentou que os números seriam [25] as causas da essência dos outros seres. Em contrapartida, é uma peculiaridade de Platão adotar a díade em lugar do infinito considerado como um e constituir o infinito a partir do grande e do pequeno. Ademais, ao passo que Platão sustentou serem os números apartados dos sensíveis, os pitagóricos afirmaram que os próprios fatos seriam números, sem colocar os seres matemáticos como intermediários.

Tratar o um e os números como apartados dos fatos, assim divergindo dos [30] pitagóricos, e introduzir as espécies, foi fruto do método de análise conceitual. Com efeito, os primeiros não exercitavam a dialética. Por seu turno, considerar a dupla de natureza distinta resultou da avaliação de que os números, com exceção dos primos, seriam gerados naturalmente a partir dela, como de uma matriz. [988a1] No entanto, é o contrário que decorre e **988a** essas teses não são razoáveis, pois eles pretendem que da matéria provenham muitos e que a espécie gere uma só vez, sendo, porém, evidente que, a partir de uma única matéria, gera-se uma única mesa, e o que imprime a espécie, embora seja um só, faz muitas mesas. [5] O macho e a fêmea também se comportam assim, pois ela é fecundada em uma única cópula, ao passo que o macho fecunda muitas fêmeas. Mas é preciso convir que esses casos são apenas simulações daqueles princípios.

São essas, então, as distinções tecidas por Platão a respeito das questões em exame. E fica evidente, portanto, a partir dessas observações, que ele fez uso de apenas duas causas, a saber, a concernente [10] ao *o que é* e a concernente à matéria (pois as espécies são a causa do *o que é* para os demais, e o um o é para as espécies). E que, segundo ele, a matéria, que seria o sujeito do qual são ditas as espécies no caso dos sensíveis, e o um, no caso das espécies, seria dupla, a saber, o grande e o pequeno. Já a causa do bem e do mal, Platão atribuiu a esses [15] elementos, a cada elemento uma causa, tal como alguns dos primeiros filósofos, como Empédocles e Anaxágoras, buscaram fazer, conforme já discorremos.

7

Acabamos de percorrer de maneira breve e sumária alguns dos que se pronunciaram a respeito dos princípios [20] e da verdade, e também a maneira como o fizeram. E aferimos que nada disseram a respeito dos princípios e das causas que não tivesse sido distinguido por nós na *Física*; antes, todos eles parecem ter tateado de alguma maneira esses princípios e causas, ainda que de modo confuso. Efetivamente, alguns dizem que a matéria é princípio, pouco importa que o suponham um só ou muitos, [25] e que o estabeleçam como corpóreo ou incorpóreo. Assim, por exemplo, Platão sustentou o grande e o pequeno, os itálicos afirmaram o infinito, Empédocles, o fogo, a terra, a água e o ar, e Anaxágoras, a infinitude das homeomerias. Todos esses estudiosos estavam comprometidos com uma causa desse tipo. É também o caso dos [30] que afirmaram o ar, o fogo, a água ou algo mais denso do que o fogo ou mais sutil do que o ar, já que alguns efetivamente afirmaram que o primeiro elemento seria desse tipo.

E ao passo que esses estudiosos enxergaram somente essa causa, outros miraram naquela da qual começa o princípio movimento. É o caso dos que tornam princípios a amizade e o conflito, ou a inteligência ou o amor. Já o *o que era ser*, [35] isto é, a essência, nenhum abordou com clareza. Os que mais se aproximaram **988b** foram [988b1] os adeptos das espécies, pois as conceberam com respeito aos sensíveis, e o um com respeito a elas, não como matéria nem como aquilo de que é gerado o princípio do movimento (ao invés disso, afirmaram que seriam causas da imobilidade e do repouso), mas apresentaram as espécies como *o que era ser* [5] para cada qual dos outros seres, e o um como o *o que era ser* para as espécies.

Quanto ao que é visado nas ações, mudanças e movimentos, dizem ser causa de algum modo, mas nem dizem sê-lo enquanto o que é visado, nem que seria causa por natureza. Com efeito, os que evocam a inteligência ou a amizade estabelecem essas causas como o bom, mas não por estimarem [10] que algum dos seres exista ou seja gerado em vista delas, e, sim, por considerarem que o movimento se efetua a partir delas. Igualmente, os que afirmam que o ser ou o um tem uma natureza desse tipo afirmam-nos como causas da essência, mas não porque se é ou se é gerado em vista deles. Assim sendo, decorre que de certo modo dizem e de certo modo não dizem [15] que o bom é causa, pois dizem sê-lo não em sentido absoluto, mas acidentalmente.

Todos esses estudiosos parecem dar testemunho de que as distinções feitas aqui a respeito das causas, no que tange a quantas e quais são elas, estão corretas, na medida em que não lhes foi possível divisar outra causa. E fica claro, além disso, que os princípios devem ser buscados ou sob todas essas acepções, ou sob alguma delas. [20] Percorramos doravante as dificuldades que podem emergir a propósito da forma de argumentar de cada um desses estudiosos e de seu modo de abordar os princípios.

8

Os que sustentaram que o todo é um e alguma natureza única enquanto matéria, que seria corpórea e dotada de grandeza, evidentemente se enganaram em muitos sentidos. Pois consideraram apenas os elementos [25] dos corpos, não do que é incorpóreo, a despeito de haver seres incorpóreos. Além disso, ao se empenharem em explicar as causas da geração e da corrupção e imprimirem a todas uma abordagem fisicista, suprimiram a causa do movimento. Enganaram-se também ao não considerarem como causa nem a essência, nem o *o que é* e, ainda, ao tomarem como princípio um qualquer dos [30] corpos simples, exceto a terra, de modo açodado, sem investigarem de que modo haveriam de explicar a geração desses corpos – vale dizer, fogo, água e ar – entre si. Pois é por agregação e desagregação que se geram uns dos outros, e isso faz toda a diferença quando se trata de mapear o anterior e o posterior. Afinal, parece que o que é primeiro [35] é o mais elementar de todos e aquilo a partir do que estes são gerados por agregação, [989a1] tendo essa característica o que corresponde à menor partícula e ao mais sutil dos corpos. Eis por que os que propõem ser o fogo o princípio são os que mais se alinham a essas afirmações, embora to-

989a

dos os restantes concordem que o elemento dos corpos tenha essas características. [5] Efetivamente, nenhum dos que defenderam ser um só o elemento estimou que a terra o seria, e isso, evidentemente, em virtude da grandeza de suas partes. Quanto aos três elementos restantes, todos granjearam adeptos, e alguns estudiosos afirmaram que o elemento seria o fogo, outros a água e outros o ar.

Ora, por que não afirmam ser a terra, como faz a maioria das pessoas, que diz que tudo [10] é terra? Aliás, já Hesíodo havia afirmado que teria sido a terra o primeiro dos corpos gerados – a tal ponto essa concepção decorre ser antiga e disseminada. De acordo com essa versão, então, não se pronunciará corretamente quem afirmar ser algum daqueles elementos, exceto o fogo, ou quem considerar que é algo mais denso do que o ar e mais sutil [15] do que a água. Por outro lado, se o posterior em geração for anterior por natureza, e o misturado e agregado for posterior quanto à geração, sucederá o contrário: a água será anterior ao ar e a terra à água.

Sobre os que propuseram ser uma só a causa, entendida como dissemos, essas considerações bastam. E essas mesmas considerações se estendem [20] também aos que propuseram que as causas são muitas, como fez Empédocles, que afirmou serem quatro os corpos correspondentes à matéria. Com efeito, algumas das dificuldades que decorrem necessariamente desse posicionamento lhe são peculiares, mas algumas são as mesmas do caso anterior. Pois vemos aqueles corpos serem gerados uns dos outros, de sorte que o mesmo corpo não permanece sempre fogo ou sempre terra. Isso já foi discutido nos escritos sobre Física[18]. [25] E a respeito da causa do ser movido, quanto à dúvida se deve ser considerada uma só ou duas, convém reconhecer que as reflexões de Empédocles não são nem corretas nem coerentes. Aliás, aos que em geral sustentam tais teses resulta necessário eliminar a alteração. Afinal, nem o frio há de vir do quente, nem

---

18. Ross (Aristóteles, 1997, p. 182) remete aqui a *De caelo* [*Sobre o céu*] iii 7. E acrescenta que, quando se serve da expressão "ἐν τοῖς περὶ φύσεως", Aristóteles refere-se à sua *Física*, mas não só. A expressão pode remeter também a *Sobre o céu*, como é o caso aqui, ou a *Sobre a geração e corrupção*.

o quente do frio; algo, então, padeceria os opostos e uma natureza única se tornaria [30] fogo ou água, mas Empédocles não diz o que seria ela.

Quanto a Anaxágoras, quem o conceber afirmando serem dois os elementos terá uma concepção fidedigna de uma tese que, embora o próprio Anaxágoras não tenha formulado, teria necessariamente acatado caso alguém o tivesse induzido. Pois a afirmação de que no princípio tudo estava misturado é absurda, [989b] dentre outras razões, porque do misturado decorre que o **989b** não misturado deve precedê-lo, e também por não ser conforme à natureza que algo se misture a algo aleatoriamente. Acresce que as afecções e os acidentes se separariam das essências, visto que aqueles aos quais se aplica a mistura são os mesmos que aqueles aos quais se aplica a separação. Mesmo assim, se alguém seguisse seus passos [5] concatenando o que ele queria dizer, certamente chegaria a algo inédito, pois é evidente que quando nada estava separado, nada de verdadeiro podia ser dito da essência. Quero dizer, por exemplo, que não era verdadeiro dizer que era branca, nem preta, nem cinza, nem de qualquer outra cor, mas que era necessariamente sem cor, pois, caso contrário, ela teria alguma [10] dessas cores. Por esse mesmo argumento, igualmente se deveria dizer que era sem sabor e sem qualquer outro atributo semelhante. Pois ela nem seria como uma qualidade, nem quantidade, nem algo, porque senão alguma dentre as espécies ditas particulares lhe pertenceria. Ora, visto tudo estar misturado, isso seria impossível, pois senão ela seria destacada, e, no entanto, ele afirma [15] que tudo está misturado, exceto a inteligência, que seria a única sem mistura, isto é, pura. Disso decorre que os princípios seriam o um (pois este é simples e sem mistura) e o outro, enquanto o que estabelecemos como indefinido antes de se definir, isto é, participar de alguma espécie. Anaxágoras, então, não se expressa corretamente nem claramente, mas o que ele quer dizer [20] aproxima-se do que sustentaram outros depois dele, inclusive os que atualmente estão mais em evidência.

Ocorre que esses autores estão familiarizados somente com os argumentos que versam sobre a geração, a destruição e o movimento, pois investigam somente a respeito desse tipo de essências, princípios e causas. Quanto aos que examinam [25] todos os seres e sustentam que alguns desses são sensíveis e outros não, é evidente que dirigem sua investigação a ambos os tipos. Eis por que, para os propósitos do presente exame, é importante deter-se neles, no que dizem de correto e de incorreto.

Os assim chamados pitagóricos [30] apelam para princípios e elementos ainda mais remotos do que os fisicistas. A causa disso é que não os haurem dos seres sensíveis, e os seres matemáticos, afora aqueles de que trata a astronomia, são sem movimento. No entanto todos eles versam sobre a natureza e dela se ocupam, pois ocupam-se da geração do céu [990a1] e examinam o que daí decorre no que tange a suas partes, afecções e atos, e a esses aplicam os princípios e as causas, como se concordassem com os outros fisicistas em que o que efetivamente é consiste no que é sensível e abarcado pelo [5] assim chamado céu. E, conforme já dissemos, afirmam que suas causas e seus princípios são suficientes para alcançar, inclusive, seres superiores, ajustando-se, aliás, mais a eles do que aos argumentos sobre a natureza. Mas então de que modo começaria o movimento uma vez que os únicos sujeitos seriam o finito e o infinito, isto é, o par e o ímpar? Nada [10] dizem sobre isso, tampouco sobre como seria possível, sem movimento e mudança, a geração e a corrupção, ou os atos dos seres que orbitam no céu. De resto, mesmo que lhes fosse concedido que a grandeza se constitui daqueles sujeitos, e mesmo que isso fosse provado, restaria indagar como alguns corpos seriam leves e outros pesados. Pois, com base no que pressupõem [15] e sustentam, discorrem sobre os corpos matemáticos tanto quanto sobre os corpos sensíveis. E se nada descobriram a respeito do fogo, da terra ou de qualquer outro corpo desse tipo, foi, a meu ver, porque nada disseram sobre os corpos sensíveis que fosse próprio deles.

Além disso, sob que acepção se deve assumir que as afecções dos números, assim como os números, [20] sejam causas do que é e se gera no céu, tanto no princípio quanto agora, e que não haja nenhum outro número além desse número do qual o universo foi concatenado? Pois quando dispõem a opinião e o conveniente em determinado lugar, e logo acima ou logo abaixo, a injustiça e a separação, ou mistura, e a título de demonstração dizem que [25] cada um desses seria um número, daí decorrendo que, nessa situação, uma multiplicidade de grandezas já está concatenada em virtude daquelas afecções acompanharem cada qual dos respectivos lugares, acaso seria o mesmo número que está no céu que deveria ser assumido constituir cada um daqueles, ou seria outro distinto dele? [30] Platão afirma ser outro. Com efeito, embora também considere que aqueles seres, bem como suas causas, sejam números, estima que os inteligíveis seriam causas e que os outros seriam sensíveis.

9

Deixemos de lado por ora a discussão sobre os pitagóricos – visto que o examinado até aqui é suficiente – [990b1] e abordemos doravante os que propuseram as ideias como causas. Uma primeira consideração é que, ao investigarem as causas dos seres que nos cercam, introduziram outros seres equivalentes em número, tal como se alguém que desejasse contar, ao julgar que isso não seria possível por serem os seres em menor número, inflasse seu número para, então, contar. Pois as espécies seriam aproximadamente tantas quantas – ou, ao menos, não seriam [5] em número inferior a – os seres dos quais aqueles pensadores partem, na investigação das respectivas causas, para chegar às espécies. Pois cada singular teria algum homônimo dissociado da respectiva essência e dos restantes casos em que um recobre muitos, tanto no caso dos seres que nos cercam quanto no dos eternos.

990b

Além disso, dentre as maneiras pelas quais mostramos haver espécies, nenhuma proporciona evidência. [10] Pois de algumas não se efetua raciocínio necessário e de outras efetuam-se raciocínios que redundam em espécies também do que julgamos não as ter. Assim, segundo os argumentos que partem da consideração das ciências, haverá espécie de tudo aquilo de que há ciência; segundo os argumentos que partem da consideração do um que recobre muitos, haverá espécies também das negações; e segundo os argumentos que partem da consideração de que se pensa algo, inclusive o que já se corrompeu, haverá espécie do que é corruptível, [15] visto haver alguma imagem dele. E até dentre os argumentos mais exatos, alguns proporcionam ideias de relativos – dos quais não dizemos haver gênero por si – e outros endossam o terceiro homem. E, em geral, os argumentos acerca das espécies suprimem justo aquilo que os defensores das espécies pretendem que haja com ainda maior convicção do que pretendem que haja ideias, pois deles decorre [20] que a dupla não será primeira, e, sim, o número, que o relativo será anterior ao que é por si, e tudo o que alguns adeptos das doutrinas das ideias defenderam contrapondo-se aos seus próprios princípios.

Ademais, de acordo com a concepção segundo a qual afirmamos as ideias, haverá espécies não apenas das essências, mas de muitas e distintas coisas, pois não é apenas no [25] caso das essências que a noção respectiva é uma só, mas também no caso das restantes predicações. E há ciências não apenas da essência, mas também do que não é essência. Decorre, ainda, uma pletora de outras consequências desse tipo.

E de acordo com a consideração do que é necessário e com as opiniões a respeito delas, se as espécies forem participáveis será necessário que as ideias sejam somente de essências, pois não [30] se participa delas acidentalmente, mas cada qual deve participar da ideia na medida em que ela não é dita de um sujeito. Quero dizer, por exemplo, que se algo participar do dobro ele próprio, também participará do eterno, mas por acidente, porque decorreu ao dobro ser eterno. Desse modo, as espécies serão essências. E o que significa essência [991a1] aqui e no plano das ideias é o mesmo. Caso contrário, em que consistiria dizer que há algo para além desses, a saber, o um a recobrir muitos? E se as ideias e os que participam nelas partilharem a mesma espécie, algo será comum a umas e a outros. Afinal, por que haveria uma só e a mesma dupla a recobrir as duplas corruptíveis e as que, [5] embora múltiplas, são eternas, mas não uma só e a mesma dupla a recobrir aquela e alguma dupla? E se não partilharem a mesma espécie, as duplas serão homônimas, como se alguém chamasse de humano tanto Cálias quanto um pedaço de madeira sem divisar nada de comum entre eles.

De todas as aporias[19], a mais intrigante parece ser qual a serventia das espécies para [10] os seres sensíveis, tanto os eternos quanto os que são gerados e corrompidos. Afinal, elas não são causas de movimento nem mudança nenhuma nestes últimos e nem são de algum auxílio no que concerne aos outros, seja para sua ciência – visto que não são essências deles, já que, então, estariam neles –, seja para seu ser – visto que não são imanentes aos que delas participam. Se fossem, talvez [15] parecessem ser causas, assim como o branco é causa de ser branco aquilo em que está misturado. Esse argumento, contudo, que já havia sido defendido, primeiro por Anaxágoras, depois por Eudoxo e outros, é muito frágil, pois é fácil erguer várias dificuldades insolúveis contra uma opinião desse tipo.

E que os seres restantes derivam das espécies [20] não se coaduna com nenhum dos modos habituais de se falar. Pois dizer que elas são modelos e que os demais seres participam delas é proferir discursos vãos e metáforas poéticas. Afinal, o que seria "elaborado mirando as ideias"? Ademais, é logicamente possível tanto ser quanto tornar-se semelhante a algo qualquer sem ter sido esboçado [25] a partir dele. Por conseguinte, independentemente de haver ou não Sócrates, algo como Sócrates poderia ser gerado; e, obviamente, isso também valeria se Sócrates fosse eterno. E haveria vários modelos – por conseguinte também várias espécies – do mesmo exemplar, por exemplo, de humano, seriam modelos tanto animal quanto bípede, e, conjuntamente, também humano ele próprio. E as espécies seriam modelos não apenas dos sensíveis, [30] mas também de si próprias, por exemplo, o gênero, enquanto gênero, seria modelo das respectivas espécies, de sorte que a mesma espécie seria modelo e réplica. [991b1] Além disso, **991b** parece impossível que a essência e aquilo de que é essência sejam separados. Por conseguinte, se as ideias são essências dos fatos, de que modo seriam separadas?

Lemos no *Fédon* que as espécies são causas do ser e do gerar-se. No entanto, ainda que haja espécies, [5] os que participam

---

19. O trecho que tem início aqui e se estende até 991b9 é reproduzido em 1079b12-1080a8.

delas não seriam gerados sem o concurso do motor. Além disso, há muitos gerados dos quais não dizemos haver espécies, como casa e dedo. Portanto, é claro que é logicamente possível que também os outros tanto sejam quanto sejam gerados graças a causas como as supraditas.

Ademais, se as espécies forem números, de que modo serão causas? [10] Acaso seria porque os seres seriam outros números, por exemplo, este número seria humano, aquele, Sócrates, aquele outro, Cálias? Nesse caso, por que aqueles seriam causas destes? Afinal, não faz diferença se aqueles forem eternos e estes não. E se a resposta for porque seriam razões numéricas nestes, como o acorde musical, é claro que haveria algum um do qual eles seriam as razões. Se houver [15] algo assim, a saber, a matéria, é evidente que os números eles próprios serão razões entre algo e algo distinto. Quero dizer, por exemplo, se Cálias for uma razão numérica de fogo, terra, água e ar, também a ideia será número enquanto razão numérica de outros sujeitos quaisquer. E humano ele próprio, seja ele algum número ou não, também será, não número, mas razão [20] numérica de alguns sujeitos. Ora, isso não fará algo ser número.

Além disso, a partir de muitos números é um só número que se gera, ao passo que, de muitas espécies, como gerar uma só espécie? E se não for a partir dos números, mas a partir das unidades no número, tal como as unidades no milhar, como serão as unidades? Pois muitos absurdos decorrerão, tanto se elas forem da mesma espécie, quanto se não forem da mesma espécie, [25] sejam umas em relação às outras, sejam todas as de um número em relação a todas as de outro. Pois se não têm afecções, em que seriam distintas? Isso não é razoável nem condiz com a inteligência. Seria necessário constituir outro gênero para o número sobre o qual versa a aritmética e todos aqueles que alguns denominam intermediários. Mas, então, como seriam ou de que [30] princípios se constituiriam? E por que haveria intermediários entre o que se apresenta aqui e aqueles números? Ademais, as unidades na díade se constituiriam cada qual de uma [992a1] díade anterior, o que, contudo, é impossível. E por que seria um o número composto?

Ao já dito acresce que, se as unidades forem diferentes, será preciso falar como os que sustentam que os elementos são quatro ou dois. Com efeito, todos eles tomam [5] por elemento não o que é comum, como o corpo, mas fogo e terra, quer estes partilhem algo comum, a saber, o corpo, quer não partilhem. Ora, diz-se que o um é, tal como fogo ou água, homeomeria. Contudo, se for assim, os números não serão essências, mas é claro que, se o um em si for algo e isso for princípio, *um* será dito sob várias acepções, visto ser impossível [10] outra alternativa.

Com o intuito de remeter a essência aos princípios, constituímos o comprimento a partir de curto e longo, isto é, de algum pequeno e grande; o plano a partir de largo e estreito; e o corpo a partir de profundo e raso. Contudo, de que maneira o plano conterá linha, ou o sólido conterá linha e plano? Afinal, [15] largo e estreito, por um lado, e profundo e raso, por outro, correspondem a gêneros diversos. Pois assim como número não pertence a eles, porque o muito e pouco é distinto deles, é claro que nenhum dos predicados superiores pertencerá aos que lhes são inferiores. Tampouco largo é o gênero de profundo, pois senão o corpo seria algum plano. E os pontos, do que derivariam sua imanência [20] à linha? Platão opôs-se frontalmente a esse tipo de gênero, considerando tratar-se de uma postulação geométrica, e apelou para as linhas insecáveis, reafirmando-as diversas vezes como causas da linha. Mas é necessário que algo seja limite das linhas, de modo que do mesmo enunciado do qual se depreende a linha também se depreende o ponto.

Em geral, embora a sabedoria investigue [25] a causa do que é manifesto, nós descuramos disso (pois nada dizemos a propósito da causa da qual parte o princípio da mudança) e, julgando enunciar a essência do que é evidente, enunciamos outras essências como sendo essências do que é evidente, culminando por falar em vão. Afinal, como já dissemos, *participar* redunda em nada. Tampouco aquilo que [30] vemos ser para as ciências a causa pela qual toda inteligência e toda natureza produzem o que produzem, sequer essa causa, que dizemos ser um dos princípios, tem conexão com as espécies. Os pensadores atuais guindaram a

Matemática à própria Filosofia, ainda que afirmem ser em vista de outros assuntos que ela deva ser estudada.

992b   [992b1] Além disso, a essência que é sujeito poderia ser concebida como uma matéria mais matemática, isto é, ser predicado e diferença da essência e da matéria, mais do que propriamente matéria. É o caso, por exemplo, de grande e pequeno, que seriam como os fisicistas [5] consideram o raro e o denso, ao afirmarem serem eles as primeiras diferenças do sujeito, visto serem algum excesso e falta. E se, levando em conta o movimento, eles forem movimentos, claro que as espécies se moverão. Se não forem, teríamos que indagar de onde veio o movimento. Toda a investigação acerca da natureza resultaria eliminada. E não se logra o que parece fácil, [10] a saber, provar que tudo é um. Pois, por exposição, não se obtém que tudo seja um, mas apenas algum um ele próprio, e isso desde que se conceda tudo o que os partidários das espécies demandam. Aliás, sequer assim, a não ser que se conceda que o universal seja um gênero. Em alguns casos, no entanto, isso é impossível. Tampouco se explica o que vem depois dos números, a saber, os comprimentos, os planos e os sólidos, nem de que modo são ou [15] serão, nem que possibilidade encerram. Pois eles nem são como espécies – visto que não são números –, nem intermediários – pois esses são matemáticos –, nem corruptíveis, mas evidenciam ser algum outro gênero, um quarto gênero.

Em geral, é impossível descobrir os elementos dos seres quando são buscados sem que se tenha distinguido as várias acepções sob as quais os seres são ditos, especialmente [20] se o que se busca desse modo são os elementos de que eles se constituem. E não é logicamente possível aferir a partir de que elementos resultam o fazer, o padecer e o retilíneo, salvo talvez apenas no caso das essências. Portanto, não está com a verdade quem busca ou julga ter os elementos de todos os seres. Afinal, como alguém poderia aprender os elementos de tudo? [25] Pois é claro que não terá previamente um conhecimento anterior. Com efeito, assim como a quem aprende geometria é logicamente possível saber previamente algo sem conhecer de antemão aquilo de que obterá a ciência e sobre o que está prestes a aprender, assim é nos demais casos.

Por conseguinte, se algo for ciência de tudo, como defendem alguns, [30] quem empreender conhecê-la não há de ter nenhum conhecimento anterior. No entanto, é por meio de conhecimentos prévios, seja de todos eles, seja de alguns, que todo aprendizado é obtido, tanto o aprendizado por demonstração quanto o aprendizado por definição, já que é preciso saber previamente os termos dos quais se constitui a definição, isto é, é preciso que eles já sejam conhecimentos. Isso se aplica também ao aprendizado por indução. Mas além disso, se a ciência em tela fosse inata, seria [993a1] surpreendente que tivéssemos a mais sólida das ciências **993a** sem nos darmos conta disso. E como se conheceria os conteúdos dos quais ela deriva e como isso seria elucidado? Há aí um dilema, já que se poderia ficar em aporia similar àquela acerca de algumas [5] sílabas, como o *"za"*, que alguns dizem resultar do *s*, do *d* e do *a*, ao passo que outros sustentam resultar de outro som que não é nenhum dos já conhecidos. E aquilo de que há sensação, como o conheceria alguém que não tivesse a sensação respectiva? No entanto isso seria requerido, se efetivamente os elementos dos quais tudo se constitui fossem os mesmos, tal como os sons compostos provêm dos [10] sons elementares respectivos.

10

Que, portanto, todos se afiguram ter investigado as causas elencadas na *Física*, e que afora elas não lograríamos mencionar nenhuma outra, fica claro também a partir do previamente examinado. Mas elas foram abordadas de forma vaga, de sorte que, de certo modo, todas já foram enunciadas antes e, de certo modo, [15] nenhuma foi. Pois, sendo incipiente e neófita em sua aurora, a Filosofia afigurava-se ainda balbuciante a respeito de todas. Afinal, já Empédocles afirmava que é de sua explicação que o osso haure seu ser, e ela é o *o que era ser*, isto é, a essência do fato. Ora, é igualmente necessário haver explicação de carne e de [20] cada um dos restantes, ou então não haver explicação de nenhum. E seria em virtude disso que carne, osso e cada um dos restantes serão, e não em virtude da matéria, que ele afirma ser fogo, terra, água e ar. Mas embora Empédocles tivesse necessariamente endossado quem porventura tivesse sustentado essas afirmações, ele próprio não chegou a formulá-las com clareza.

Isso já ficou suficientemente esclarecido [25] precedentemente. Mas revisitemos ainda uma vez as dificuldades que poderiam ser levantadas a respeito dessas questões, porque isso permitirá que nos desembaracemos mais facilmente das dificuldades que se erguerão na sequência.

LIVRO α (II)

1

[993a30] A investigação sobre a verdade é difícil por um lado, mas fácil por outro. Sinal disso é nem ser possível captá-la plenamente [993b1], nem falhar completamente em alcançá-la, mas cada um dizer algo sobre a natureza que, tomado isoladamente, contribui nada ou pouco para ela, mas, quando tudo é reunido, gera-se algo vultoso. De modo que parece vigorar algo como o dito no [5] adágio "quem erraria a porta?"[20]. Nesse aspecto, ela seria fácil. Mas alcançar algum todo sem poder atingir a parte alvejada revela a dificuldade da empreitada. E tendo a dificuldade essa dupla face, talvez sua causa não esteja nos fatos, mas em nós, pois tal como os olhos do morcego estão para a [10] luz do dia, a inteligência da nossa alma está para o que, por natureza, é o mais evidente de tudo. E é justo levar em consideração não apenas aqueles cujas opiniões partilhamos, mas também os que se pronunciam de modo mais superficial, já que eles também colaboraram com algo. Afinal, moldaram nosso comportamento. [15] Se Timóteo não tivesse existido, não teríamos muitas composições musicais. E se Frinis não tivesse existido, Timóteo não teria existido. Isso também se aplica aos que se pronunciaram sobre a verdade, pois, embora algumas opiniões nos cheguem de uns, as causas deles terem surgido remontam a outros.

E é correto chamar [20] a Filosofia de ciência da verdade, pois o fim da Filosofia especulativa é a verdade e o da prática é o ato, e os filósofos práticos examinam como algo se comporta e, nesta medida, investigam, embora não sobre o que é eterno,

---

20. O adágio envolve uma analogia com o tiro ao alvo: por ser um objeto de grandes dimensões, uma porta constitui um alvo fácil de acertar (cf. Leutsch, 1851, p. 678).

mas sim sobre o que é relativo a algo e à circunstância. Ora, não sabemos o verdadeiro sem ter a causa. E em todos os casos, um atributo pertencerá mais a algo do que aos outros que lhe são sinônimos [25] se pertencer a esses por pertencer àquele. Por exemplo, o fogo é maximamente quente porque é a causa do calor nos outros quentes. De modo que também é maximamente verdadeiro o que é causa de as verdades posteriores serem verdadeiras. Por isso, é necessário que as causas dos seres que sempre são sejam sempre maximamente verdadeiras, pois não é só eventualmente que elas são verdadeiras, e não há alguma causa pela qual elas sejam, mas são elas as causas de os restantes serem. Assim, quanto cada qual tem de [30] ser é também o quanto tem de verdade.

2

994a   [994a] É claro que há algum princípio, isto é, que as causas não são infinitas, nem se dispostas em série, nem em espécie. Pois não é possível estender-se ao infinito na explicação de que isso vem daquilo nem na explicação segundo a matéria (por exemplo, carne vem de terra, terra de ar, ar de fogo, [5] e assim sem parar), nem pelo princípio do qual o movimento começa (por exemplo, o ser humano é movido pelo ar, este pelo sol, o sol pela discórdia, sem haver aí nenhum limite). Do mesmo jeito, tampouco a explicação pelo que é visado se estende ao infinito desse modo, como andar em vista da saúde, esta em vista da felicidade, a felicidade [10] em vista de algo outro, e, assim, sempre algo sendo em vista de outro. E igualmente a explicação do *o que era ser*, visto que, para os termos médios, dos quais há algum último e algum anterior, é necessário que o anterior seja causa dos que vêm depois dele. Pois, se formos instados a dizer qual dos três é a causa, diremos ser o primeiro, já que, evidentemente, não será o último, pois o que é final não é [15] causa de nada. Tampouco será o médio, que é causa só de um, pouco importa se o médio for um só ou muitos, infinito ou finito. Dos que são infinitos desse modo, e do infinito em geral, as partes são todas igualmente meios até a presente. Por conseguinte, se nada for primeiro, absolutamente nada será causa.

Tampouco há como, havendo o princípio mais elevado, [20] estender-se ao infinito a jusante, de tal maneira, por exemplo, que do fogo viria a água, da água a terra, e assim por diante, sempre gerando algum outro gênero. Pois *isto é gerado daquilo* sob duas acepções (deixando de lado quando se diz *de* sob a acepção de *depois*, como, por exemplo, depois dos jogos Ístmicos vêm os Olímpicos): ou como adulto é gerado de criança, pela mudança dela, ou como o ar é gerado da água.

[25] Dizemos que o adulto é gerado da criança como dizemos que o que se tornou é gerado do que se torna, ou o completo do que se completa, porque sempre há um intermediário e, tal como a geração entre o ser e o não ser, assim também o que se torna é intermediário entre o que é e o que não é. E, assim, *aprendiz é*: *o que se torna conhecedor*, e é isso o que se quer dizer quando se diz [30] que é do aprendiz que se gera o conhecedor.

A outra acepção é como água é gerada de ar, ao se corromper um deles. Eis por que, no caso anterior, eles não se revertem um no outro, quer dizer, não se gera criança de adulto, porque aí o que é gerado [994b1] não é gerado a partir da geração, mas está depois da geração. É assim também que o hoje é gerado a partir do ontem, por vir depois deste, e é por isso que não se gera ontem a partir de hoje. Já no outro caso, eles se revertem. Em ambas as acepções, é impossível se estender ao infinito, pois, em uma, visto haver intermediários, [5] é necessário haver fim; e, na segunda, um se reverte no outro, porque a destruição de um é a geração do outro. **994b**

E é conjuntamente impossível que o primeiro, em sendo eterno, se corrompa, pois dado que a geração não é infinita a montante, é necessário que o primeiro de cuja corrupção algo foi gerado não seja eterno. Além disso, o que é visado é fim, e tem essa característica o que não é em vista [10] de outro, mas os outros são em vista dele, de modo que, se houver algum extremo desse tipo, a sequência não será infinita, e se nada for desse tipo, não haverá o que é visado. Os que sustentam que a sequência é infinita não se atentam para a natureza do bem, suprimindo-a. Afinal, ninguém se empenharia em fazer nada se não fosse para chegar a um limite. Tampouco haveria inteligência [15] nos seres, porque é sempre em vista de algo que age quem tem inteligência. E esse algo é o limite, porque o fim é limite. E não é logicamente possível reduzir o *o que era ser* a outra definição mais abrangente na explicação, porque a que mais se aproxima do definido é sempre a mais explicativa, e não a ulterior, e aquilo de que não há o primeiro tampouco haverá [20] o subsequente.

Os que defendem esse ponto de vista suprimem a ciência, visto que não haveria como saber antes de chegar aos insecáveis. E sequer haveria como conhecer, já que, afinal, como seria logicamente possível inteligir os que são infinitos no sentido descrito? Pois não se trata aqui do caso da linha, cuja divisibilidade não para, em que pese ela só seja inteligida quando se parou de dividir (razão pela qual [25] não é enumerando as secções que se transpõe o infinito). Mas, ademais, é no que é movido que é necessário inteligir a matéria[21]. E não há ser para nenhum infinito, pois, caso houvesse, o ser para infinito não seria infinito. Tampouco haveria conhecimento se as espécies de causas fossem quantitativamente infinitas, pois julgamos [30] saber quando conhecemos as causas, e não há como percorrer o infinito por acréscimo em um intervalo finito.

3

995a
É em conformidade com os costumes que as audiências decorrem, pois é como estamos acostumados que apreciamos que se fale. [995a1] O que se afasta disso não se afigura assimilável, e, sim, o que há de mais ignoto e estranho, em virtude da falta de costume, pois o costumeiro é um conhecimento. A força do hábito é revelada pelas normas, cuja coercitividade repousa, [5] em virtude do costume, mais na tradição e no que nos foi incutido na infância do que no conhecimento delas. Assim é que, enquanto para alguns, se alguém não se pronunciar à maneira dos matemáticos não responderá ao que foi dito, para outros isso acontece se não recorrer a exemplos e, para outros, ainda, se não apelar para

---

21. Em contraste com os códices, Ross (Aristóteles, 1997) sugere que aqui se leia "ὅλην" (todo), ao invés de "ὕλην" (matéria).

o testemunho de um poeta. E ao passo que uns exigem que se fale com precisão, outros a repelem, seja por não serem capazes de [10] acompanhar um encadeamento discursivo, seja por considerá-la firula. Com efeito, a precisão comporta algo desse teor, e por isso parece a alguns que, tal como acontece nos negócios, também nos discursos a precisão atravanca. Por isso, é preciso já ter sido instruído sobre a maneira adequada de demonstrar cada assunto, visto que é absurdo buscar conjuntamente a ciência e a maneira de empreendê-la. Ora, nenhuma delas é fácil de se adquirir, e não [15] se deve exigir a precisão matemática em tudo, mas apenas no que não tem matéria. Eis por que o procedimento matemático não é o da ciência natural, visto que, obviamente, toda a natureza tem matéria. Por isso é preciso investigar primeiro o que é natureza, pois assim também resultará claro de quais assuntos trata a Física, e também se compete a uma ou a muitas ciências especular sobre as causas e [20] os princípios.

LIVRO B (III)

1

995a [995a24] Com respeito à ciência que procuramos, é necessário [25] começarmos abordando as dificuldades que devem ser examinadas em primeiro lugar. Trata-se de dificuldades que já foram concebidas por alguns, mas de modo diverso do nosso, e também alguma além dessas que porventura tenha sido negligenciada. E os que desejam se desembaraçar dessas dificuldades devem esquadrinhá-las da maneira correta, já que a desenvoltura em solucionar dificuldades futuras depende do êxito na solução das que as precedem. Ora, não há como desatar [30] um nó quando ele é desconhecido. E a dificuldade enfrentada no âmbito do pensamento revela, acerca do fato, que um pensamento envolto em aporia assemelha-se a quem se encontra amarrado, já que, em ambos os casos, fica impossível avançar. Por isso é preciso que todos os impasses tenham sido previamente examinados, tanto por esses motivos quanto também porque [35] os que investigam sem terem previamente esquadrinhado as dificuldades são como os que ignoram para onde devem ir. Eles sequer chegam a conhecer se porventura 995b encontraram ou não o que buscavam, [995b1] porque o fim não lhes é claro. Já para quem se desembaraçou previamente das dificuldades o fim é claro. De resto, necessariamente estará em melhores condições para julgar quem tiver ouvido todos os litigantes, isto é, todas as versões divergentes.

Uma primeira aporia é [5] a exposta no preâmbulo tecido precedentemente, a saber, se a ciência que especula sobre as causas é uma só ou muitas, e se essa ciência se restringe a inspecionar os primeiros princípios da essência, ou se lhe competem também os princípios a partir dos quais todos tecem as provas, tais como *se é ou não logicamente possível conjuntamente afirmar e negar um só e o mesmo* [10] *conteúdo*, bem como outros princípios desse tipo. E, se ela versar sobre a essência, se seria uma única ciência a versar sobre todas as essências ou se seriam mais de uma; e se forem mais de uma, se seriam todas congêneres ou se algumas delas deveriam cair sob a rubrica de sabedoria e outras receberem alguma outra designação. Dentre o que é necessário investigar estão também as questões: se devem ser ditas essências [15] apenas as sensíveis ou se também outras além delas, e se é único ou se são mais de um os gêneros de essências, como se afigura para os que sustentam as espécies e os conteúdos matemáticos como intermediários entre elas e os sensíveis. Então, como já dissemos, deve-se examinar isso e também se a investigação é apenas das essências ou se inclui também [20] os acidentes por si mesmos das essências. Deve-se averiguar ainda a que ciência compete a investigação sobre o idêntico e o distinto, o semelhante e o dessemelhante, a identidade[22] e a contrariedade, e sobre o anterior e o posterior, bem como todos os outros predicados desse tipo, que os dialéticos se empenham em examinar embasando sua inquirição apenas [25] nas opiniões acatadas. E deve-se também investigar os respectivos acidentes por si mesmos, e não apenas o que é cada um deles, mas inclusive se cada um tem um só contrário. E, além disso, se os princípios e os elementos são os gêneros ou se são os componentes nos quais cada qual é dividido. E se forem gêneros, seriam eles os gêneros que, ao se aplicarem aos insecáveis, seriam os que são ditos finais [30] ou os primeiros? Quero dizer, por exemplo, entre animal e humano, qual seria princípio e mais genuinamente ser além do singular? E uma investigação importante, que deve, aliás, ser minuciosa, é se há alguma causa por si mesma além da matéria, ou não; se seria separada ou não; se seria numericamente uma só ou mais de uma; e se, além do [35] todo articulado (digo *todo articulado* quando algo for predicado da matéria), há algo ou nada, ou se em alguns casos há, em outros não; e quais seres teriam essa característica.

---

22. Ross (Aristóteles, 1997) elimina a ocorrência de ταυτότητος, que, segundo ele, consta apenas nos códices mais recentes.

996a [996a1] Além disso, cumpre investigar se os princípios – tanto os concernentes aos discursos quanto os concernentes aos sujeitos sobre os quais os discursos versam – são definidos em número ou em espécie. E se os princípios do que é corruptível e do que é incorruptível seriam os mesmos ou se seriam distintos, e se seriam todos incorruptíveis, ou se os princípios do que é corruptível seriam corruptíveis. Ademais, dentre todas as dificuldades, [5] a maior e que mais aporias encerra é: seriam o um e o ser, tal como afirmavam os pitagóricos e Platão, a essência dos seres, e não algo distinto? Ou não, mas o sujeito a que eles se aplicam seria algo distinto, tal como Empédocles afirmou ser a amizade, outro afirmou ser o fogo, outro, a água ou o ar? Cumpre investigar, ainda, se os princípios [10] seriam universais ou se seriam como os fatos singulares, e se seriam em possibilidade ou em atuação, e isso segundo o movimento ou de outro modo. Essas questões envolvem muitas aporias. Além delas, cumpre investigar se os números, os comprimentos, as figuras e os pontos seriam essências ou não, e se forem essências, se [15] seriam separáveis dos sensíveis ou componentes deles. A respeito de todas essas dificuldades, não apenas é difícil encontrar a solução verdadeira, como sequer concatenar um discurso percorrendo as dificuldades é tarefa fácil.

2

Comecemos pela primeira das dificuldades que mencionamos, a saber, se compete a uma só ou a muitas ciências investigar todos os gêneros [20] de causas. Ora, como competiria a uma só ciência conhecer os princípios se eles não são contrários entre si? Além disso, há muitos seres aos quais nem todos os princípios pertencem. Por exemplo, cumpriria indagar de que maneira o princípio do movimento ou a natureza do bem pertenceriam aos seres imóveis, se tudo o que é bem por si e por sua própria natureza é fim, [25] sendo, desse modo, causa enquanto aquilo em vista do que o resto é gerado e se, ademais, o fim, isto é, o que é visado, é fim de alguma ação, e todas as ações se dão com movimento. Sendo assim, não seria logicamente possível haver esse princípio, nem algum bem ele próprio, nos seres imóveis. É também por isso que em Matemática nada se prova por meio [30] dessa causa, nem há qualquer demonstração que recorra a alegações sobre o melhor ou pior, mas, antes, ninguém sequer se lembra de alegações desse tipo. Por isso, alguns dos sofistas, como Aristipo, desprezaram a Matemática, porque, ao passo que nas outras técnicas, inclusive nas atividades manuais, como na carpintaria e na sapataria, tudo [35] o que se alega leva em consideração o melhor ou o pior, na Matemática, por seu turno, [996b1] nenhuma argumentação tem **996b** por foco os bens e os males.

Por outro lado, se as ciências das causas forem muitas, e para cada princípio houver uma ciência distinta, convém perguntar qual delas deve ser apontada como a que se busca, ou quem dentre os cientistas que as dominam é o mais abalizado a respeito do fato [5] ora investigado. Afinal, é logicamente possível que a um mesmo assunto pertençam todos os modos de explicar causalmente. Assim, por exemplo, da casa, aquilo de que provém o movimento é a técnica e o construtor; o que é visado é o ato; a matéria é terra e pedra; e a espécie, o enunciado explicativo. E se for para responder qual dentre as ciências deve ser chamada de sabedoria, as distinções tecidas anteriormente proporcionam argumentos [10] em favor de cada uma. Efetivamente, se o critério for a que mais ordena e dirige, sendo justo que as demais ciências, estando a seu serviço, não a desdigam, a que tem essa característica é a ciência do fim e do bem, dado que o restante é em vista deste. Se o critério for a que concerne às primeiras causas e ao que é mais conhecido, a que tem essa característica é a ciência da essência, pois, [15] visto que o mesmo conteúdo presta-se a abordagens científicas diversas, dizemos que quem conhece o que é o fato pelo que ele é sabe mais sobre ele do que quem o conhece pelo que ele não é; e dentre aqueles, um conhece mais do que outro, e quem conhece o *o que é* conhece mais do que quem conhece a quantidade ou a qualidade, ou o que, por natureza, o produz ou padece. E também nos outros casos, inclusive nos passíveis de demonstrações, [20] julgamos que o saber nos pertence quando sabemos o que é. Por exemplo, o que é determinar a quadratura: é descobrir a média proporcional. Igualmente também nos outros casos. Já no caso das gerações e das ações, enfim, de todas as mudanças, julgamos que o saber nos pertence quando sabemos o princípio do movimento, e este é distinto e oposto ao fim. Desse modo, [25] pareceria que a investigação de cada uma dessas causas remete a uma ciência distinta.

Quanto aos princípios demonstrativos, é controverso se compete a uma ou a muitas ciências tratá-los. Chamo de demonstrativas as opiniões comuns a partir das quais todos efetuam as provas; por exemplo, que para tudo é necessário ou afirmar ou negar, e que [30] é impossível conjuntamente ser e não ser e todas as outras proposições desse tipo.

A questão é, então, se é uma só a ciência que trata desses princípios e da essência ou se são ciências distintas, e, se não for uma só, qual delas será preciso apontar como a ciência buscada aqui. Ora, não é razoável que seja uma só. Afinal, por que seria próprio da geometria, ao invés de qualquer outra ciência, indagar sobre eles? [35] Assim, se as ciências estiverem todas igualmente habilitadas, mas não for logicamente possível que a todas cumpra indagar sobre os princípios, [997a1] então, assim como conhecê-los não será próprio das restantes ciências, tampouco o será da ciência que conhece a essência.

997a

Paralelamente a essas questões convém também perguntar como será a ciência deles. Afinal, qual é cada princípio já nos é conhecido, visto que as demais técnicas se servem deles [5] como já conhecidos. Se a ciência deles for demonstrativa, será preciso haver um gênero enquanto sujeito, bem como os respectivos axiomas e afecções (já que é impossível haver demonstração sobre tudo), visto ser necessário que a demonstração parta de algo, seja sobre algo e demonstre algo. Daí decorre que haveria algum gênero único de tudo o que fosse [10] demonstrável, visto que todas as ciências demonstrativas se servem dos axiomas.

Por outro lado, se a ciência da essência e a ciência acerca dos princípios forem distintas uma da outra, qual delas seria por natureza superior e anterior? Ora, os axiomas são os princípios de tudo e o que há de mais universal. Então a quem mais caberia, senão ao filósofo, [15] investigar o que é verdadeiro e o que é falso a seu respeito?

E das essências em geral, seria uma só ou mais de uma ciência a se ocupar de todas elas? Se não for só uma, de qual essência deve ser a ciência de que estamos tratando? Não é razoável que a ciência de todas as essências seja uma só, pois, então, haveria uma única ciência demonstrativa a respeito de todos os acidentes, se toda ciência demonstrativa investiga [20] os acidentes por si mesmos de algum sujeito a partir das opiniões comuns. Portanto, acerca do mesmo gênero, investigar seus acidentes por si mesmos é alçada da mesma ciência, partindo das mesmas opiniões. Afinal, se é uma só ciência quanto ao assunto de que trata e é uma só, seja a mesma que a anterior, seja outra, quanto ao ponto de partida, também quanto aos acidentes, ou serão elas a investigar, ou será [25] uma só, constituída delas.

Além disso, acaso a especulação seria a respeito apenas das essências ou também de seus acidentes? Quero dizer, por exemplo, se o sólido for alguma essência, bem como as linhas e os planos, acaso competiria à mesma ciência que os conhece também conhecer os acidentes atinentes a cada qual dos gêneros acerca dos quais a Matemática [30] tece as demonstrações, ou isso competiria a outra? Se for à mesma, a ciência da essência também seria alguma ciência demonstrativa. Contudo não parece haver demonstração do *o que é*. E se forem ciências distintas, qual será a que especula sobre os acidentes atinentes à essência? É muito difícil dar uma resposta a essa questão.

Também é preciso responder se as únicas essências seriam as sensíveis [35] ou se haveria outras além delas, e se seria [997b1] **997b** único o gênero das essências ou se seria muitos, como sustentam os partidários das espécies e dos intermediários, para quem estes últimos seriam da alçada das ciências matemáticas. Quanto à acepção sob a qual dizemos que as espécies são causas e essências por si mesmas, isso já foi tratado nas considerações precedentes [5] a esse respeito[23].

Dentre as inúmeras dificuldades suscitadas por essa vertente, nenhuma é mais absurda do que dizer que, além das naturezas que estão no céu, há algumas que são idênticas às sensíveis, exceto por

---

23. Segundo D. Ross (Aristóteles, 1997), em *Metafísica*, A 6.

serem eternas, ao passo que as sensíveis são corruptíveis. E afirmam haver humano ele próprio e nada mais, cavalo ele próprio e nada mais, saúde ela própria e nada mais, procedendo [10] mais ou menos como aqueles que afirmam haver deuses, mas sob a forma humana. Pois estes outra coisa não fazem senão homens eternos, e aqueles não fazem das espécies senão sensíveis eternos. E quem propuser intermediários além das espécies e dos sensíveis se enredará em muitas aporias. Pois é claro que, então, haverá linhas além das linhas elas próprias e [15] das sensíveis, o mesmo valendo para cada um dos outros gêneros. Desse modo, se a astronomia for uma dessas ciências, haverá também algum céu além do céu sensível, e também algum sol e alguma lua além dos sensíveis, o mesmo valendo para os restantes seres celestes. Ora, como se há de dar crédito a isso? Afinal, se já não é razoável que sejam imóveis, é completamente impossível [20] que sejam móveis. Igualmente no caso dos assuntos de que se ocupa a Ótica e de que se ocupa a Harmonia na Matemática, pois é impossível que existam para além dos seres sensíveis, e isso em virtude das mesmas causas. Afinal, se houver sensíveis intermediários e as sensações correlativas, claro que haverá também animais intermediários entre os animais eles próprios e os corruptíveis. [25] E cabe indagar sobre o tipo de seres que essa ciência deve investigar. Pois se a agrimensura e a geometria se distinguem apenas por uma se ocupar dos seres que sentimos e a outra dos que não são sensíveis, é óbvio que haverá também alguma ciência além da medicina que será intermediária entre a medicina ela própria e tal [30] medicina, e, assim, a respeito de todas as ciências restantes. Mas como isso seria possível? Pois, então, haveria saudáveis além dos sensíveis e do saudável em si. Conjuntamente com isso, sequer é verdadeiro que a agrimensura trate de grandezas sensíveis e corruptíveis, já que, se assim fosse, ao se corromperem estas, ela também se corromperia.

998a Por outro lado, a astronomia não se ocupa das grandezas sensíveis [35] nem do céu que nos circunda. [998a1] Afinal, nem as linhas sensíveis são tais como diz o geômetra – pois nenhum dos sensíveis é retilíneo ou esférico à maneira dos geômetras nem o círculo sensível se conecta à reta tangente pelo ponto, mas sim como Protágoras disse ao refutar os geômetras. Tampouco os movimentos e [5] as órbitas celestes são iguais aos que a astronomia emprega em suas explicações nem os sinais que representam os astros têm a mesma natureza deles.

Alguns sustentam esses ditos intermediários entre as espécies e os seres sensíveis, mas afirmam não serem separados dos sensíveis, e, sim, neles. Percorrer todas as inconsistências [10] que daí decorrem requer uma discussão mais extensa, mas basta aqui ponderar o seguinte. Não é razoável posicionar-se dessa maneira apenas com respeito a eles, mas é claro que também resultaria logicamente possível às espécies estarem nos sensíveis, visto que o argumento que embasa ambas as teses é o mesmo. Ademais, resultará necessário que dois sólidos estejam no mesmo lugar e que não sejam imóveis, [15] já que estarão nos sensíveis, que são movidos.

Em suma, em vista de que alguém proporia haver esses intermediários com a ressalva de que estariam nos sensíveis? Afinal, daí decorrem os mesmos absurdos já expostos, pois, então, haveria algum céu além do céu, não, porém, separado, mas no mesmo lugar, o que, contudo, é ainda mais impossível.

3

[998a20] Em torno desses pontos, muitas aporias se erguem, 998a atinentes a como se deve lograr a verdade uma vez que eles tenham sido postos. Quanto aos princípios, uma aporia é se se deve conceber como elementos e princípios os gêneros ou aqueles primeiros componentes dos quais cada qual se constitui. Por exemplo, no caso da fala, os elementos e os princípios parecem ser aqueles constituintes primeiros dos quais se constituem [25] as falas, e não a noção comum *fala*. E no caso das figuras geométricas, dizemos serem elementos as representações cujas demonstrações entram nas demonstrações das outras representações, seja de todas, seja de boa parte. E também dos corpos, tanto os que dizem que os elementos são muitos quanto os que dizem ser um só, dizem ser princípios aqueles dos quais eles se constituem e a partir dos quais foram concatenados. [30] É o caso, por exemplo, de Empédocles, que afirma que o fogo, a água e outros com eles seriam elementos componentes dos quais os seres

seriam compostos, mas não que eles seriam gêneros dos seres. Além disso, caso alguém deseje perscrutar a natureza também em **998b** outros casos, [998b1] por exemplo, da cama, será quando desvendar de que partes ela foi montada e como é constituída que conhecerá sua natureza. Desses argumentos segue-se, portanto, que não seriam os gêneros os princípios dos seres. Em contrapartida, se por meio [5] das definições conhecemos tudo o que conhecemos, e se os gêneros são princípios das definições, é necessário que eles sejam também princípios dos definidos. E mesmo que ter a ciência dos seres seja ter a ciência das espécies pelas quais os seres são explicados, ainda assim são os gêneros os princípios das espécies. Ademais, alguns dos que dizem que os elementos dos seres são [10] o um ou o ser, ou o grande e o pequeno, evidenciam servirem-se deles como gêneros.

Não há, porém, como enunciar os princípios sob ambas as acepções, pois o enunciado explicativo da essência é só um, ao passo que são distintas a definição por meio dos gêneros e a que enuncia os componentes dos quais algo se constitui.

E admitindo que os princípios sejam, sobretudo, os gêneros, uma ulterior aporia é [15] se se deve considerar princípios os primeiros gêneros ou os predicados últimos que se aplicam aos insecáveis. Aqui reside um dilema, pois, se princípios forem sempre sobretudo os universais, é evidente que serão princípios os gêneros mais elevados, visto que estes são ditos de tudo. E os princípios dos seres serão tantos quantos são [20] os primeiros gêneros, de modo que *ser* e *um* serão princípios e essências, pois são eles que mais são ditos de todos os seres. Ora, não há como ser um gênero dos seres nem *ser* e nem *um*, porquanto é necessário que cada diferença de cada um dos gêneros seja e seja uma, e é impossível predicar das diferenças respectivas, sejam as espécies dos [25] gêneros, seja o gênero tomado à parte de suas espécies. De sorte que, se *um* ou *ser* forem gêneros, nenhuma diferença será nem será uma. Por outro lado, se eles não forem gêneros, tampouco serão princípios se os princípios forem os gêneros.

Além disso, serão gêneros também os intermediários tomados conjuntamente com as diferenças, e isso até os insecáveis. [30]

Ora, uns parecem ser assim, outros não. E as diferenças serão mais princípios do que os gêneros. E se também elas forem princípios, os princípios resultarão, por assim dizer, infinitos, inclusive se se estabelecer o [999a1] gênero primeiro como princípio. **999a**

Por outro lado, se *um* tiver mais a forma de princípio, visto que o indivisível é um, e todo indivisível o é ou quanto à quantidade ou quanto à espécie, sendo anterior o que é quanto à espécie, e sendo os gêneros divisíveis em espécies, será um sobretudo [5] o predicado último. Com efeito, *humano* não é gênero dos que são *algum humano*.

Além do mais, onde há anterior e posterior não há como haver algo além deles que os recubra. Assim, por exemplo, se o dois for o primeiro dos números, não haverá algum número para além das espécies dos números. Do mesmo modo, tampouco haverá uma figura para além das espécies [10] de figuras. E se não houver nesses casos, dificilmente nos restantes haverá gêneros para além das espécies, porquanto parece ser sobretudo naqueles que há gêneros. E nos insecáveis não há anterior e posterior, e onde há melhor e pior, o melhor sempre será primeiro, de modo que tampouco destes haveria gênero.

Essas considerações [15] evidenciam que os predicados dos insecáveis seriam mais princípios do que os gêneros. Não é fácil, contudo, dizer de que maneira se deve conceber esses princípios. Com efeito, o que é princípio e causa deve estar para além dos fatos dos quais é princípio e ter a possibilidade de ser separado deles. Ora, por que alguém conceberia algo assim para além dos singulares, [20] a não ser porque ele se predica universalmente e de todos? No entanto, se for por isso, serão os mais universais os que mais devem ser estabelecidos como princípios. Nesse caso, os princípios seriam os gêneros primeiros.

4

Essas questões trazem uma aporia que é, dentre todas, a mais difícil e [25] a que mais requer investigação. É dela que trataremos doravante. É que, se não houver algo para além dos singulares, visto que eles são infinitos, como seria logicamente possível alcançar ciência do que é infinito? Pois tudo o que conhecemos, conhecemos enquanto algum um e o mesmo, e enquanto algum universal lhe pertence. No entanto, se isso [30] for necessário, isto é, se for preciso haver algo para além dos singulares, necessariamente há de haver gêneros – ou os últimos ou os primeiros – para além dos singulares. Mas isso é impossível, como acabamos de coligir.

999b E se for sobretudo quando algo for predicado da matéria que deverá haver algo além do todo articulado, uma dificuldade será determinar se, caso haja algo além, ele deve ser para além de todos, ou de alguns sim e de outros não, ou se de nenhum. [999b1] Se nada houver além dos singulares, nada será inteligido, mas tudo será sensível, e de nada haverá ciência, a não ser que se diga que a sensação é ciência. Além disso, nada será eterno nem imóvel, porquanto todos os sensíveis [5] se corrompem e estão em movimento. No entanto, se nada for eterno, tampouco a geração será possível, visto ser necessário nela que tanto o gerado quanto aquilo de que é gerado sejam algo, e que o último deles seja ingerável, se o processo houver de parar e for impossível ser gerado a partir do que não é. E se houver geração e movimento, será necessário haver também limite, porquanto [10] nenhum movimento é infinito, todos têm fim. Ora, não há como ser gerado aquilo para o que é impossível ter sido gerado; e o gerado, por seu turno, necessariamente é já no primeiro instante em que foi gerado. E se o que houver além dos singulares for a matéria em virtude de ser ingerável, por mais forte razão o será a essência, que, afinal, é no que culmina, em algum momento, a matéria na geração. Se nem uma [15] nem outra o forem, absolutamente nada o será. E se isso for impossível, é necessário haver algo além do todo articulado: a forma e a espécie.

Se alguém adotar a tese, enfrentará dificuldade para determinar a quê ela se aplica e a quê não se aplica, pois é evidente que não se aplica a tudo. Afinal de contas, não admitiríamos haver alguma casa para além das que são [20] alguma casa. Some-se a essa dificuldade a dúvida se a essência é uma só para todos, por exemplo, se é uma só a essência dos humanos. Isso soa absurdo, visto serem um só todos aqueles cuja essência é uma só. Seriam, então, muitas e diferentes? Isso também é absurdo, pois há que se indagar como a matéria se torna cada uma delas e, conjuntamente, o todo articulado é ambas.

Quanto aos princípios, [25] poderiam suscitar a dificuldade a seguir. Se forem um apenas quanto à espécie, nada será numericamente um, nem mesmo o um ele próprio e o ser ele próprio. Nesse caso, como se efetuaria o conhecimento científico, já que não haveria algo que fosse um só a recobrir todos? Por outro lado, se forem um em número, vale dizer, se cada um dos princípios for um só, e não tal como sucede no caso dos sensíveis, em que a sensíveis tomados de modos diversos correspondem princípios tomados de modos diversos – por exemplo, desta sílaba, [30] sendo ela a mesma em espécie, também os princípios serão os mesmos em espécie, sendo, porém, numericamente distintos ao pertencerem a sílabas numericamente distintas –, então, se não for desse modo, mas se os princípios dos seres forem um só quanto ao número, nada distinto haverá além dos elementos. Pois em nada difere dizer *numericamente um* e dizer *singular*, pois dizemos que o singular é o numericamente um, e o universal, em contrapartida, o que os recobre. [1000a1] Seria como se os elementos da fala **1000a** fossem numericamente definidos: seria necessário que as letras todas fossem tantas quantas fossem os elementos, não havendo duas ou mais para os mesmos elementos.

[5] Não é de somenos uma aporia que, contudo, foi negligenciada tanto pelos atuais quanto pelos primeiros pensadores, a saber, se os princípios do que é corruptível e do que é incorruptível são os mesmos ou distintos. Se forem os mesmos, como explicar que algumas coisas sejam corruptíveis e outras incorruptíveis? E qual seria a causa?

O entorno de Hesíodo e os teólogos todos [10] somente se preocuparam com o que lhes soava persuasivo, pouco se importando conosco. E alçando os princípios ao estatuto de deuses, aos quais remontaria a geração, afirmaram que aqueles que não provaram o néctar e a ambrosia tornaram-se mortais. E embora essas palavras obviamente expressem conhecimentos para os que as pronunciaram, o que disseram sobre o uso [15] dessas causas, no entanto, ultrapassa nosso alcance. Afinal, se for por causa de seu prazer que se servem de néctar e ambrosia, estes não serão causas do ser dos deuses; e se forem causas do ser dos deuses, como seria eterno o que precisa de alimento?

Contudo não vale a pena examinar acuradamente os que imprimem às suas lucubrações um teor místico. Já dos que se [20] pronunciam de forma demonstrativa deve-se procurar haurir as lições indagando por que, caso tenham as mesmas proveniências, alguns entre os seres seriam eternos em sua natureza, outros seriam corruptíveis. Visto, porém, que nem eles explicam a causa, nem é razoável que seja tal como descrito, é claro que esses seres não partilhariam os mesmos princípios nem as mesmas causas. E até Empédocles, que se reputaria pronunciar-se [25] do modo mais coerente, incorreu na mesma dificuldade. Pois, embora proponha o ódio como algum princípio e causa da corrupção, nem por isso parece deixar de considerá-lo gerador, salvo do um, já que, à exceção de Deus, tudo o mais proviria dele. Diz Empédocles: "deles brotou tudo o que era, tudo o que é [30] e tudo o que será: árvores, homens e mulheres, feras, pássaros e peixes aquáticos e os deuses longevos"[24].

1000b E isso fica nítido mesmo sem esses versos, [1000b1] pois se o ódio não estivesse nos fatos, todos seriam um, conforme afirma: quando confluíram, então "enfim estancou-se o ódio"[25]. Eis por que, segundo ele, o deus mais feliz decorre ser menos prudente do que os outros, visto que não conhece [5] tudo[26], pois não tem ódio e o conhecimento é do semelhante pelo semelhante. Diz ele: "pois é com terra que vemos a terra, com água a água, com éter o éter divino, com fogo o fogo destruidor, o amor com amor, e o ódio com o ódio devastador"[27].

Retomando a discussão, é evidente que, [10] a seus olhos, o ódio decorre ser causa da corrupção não mais do que do ser. Do

---

24. Empédocles, Fragmento 21 (Diels, H., 1960, vol. I, p. 320).

25. Empédocles, Fragmento 36 (Diels, H. 1960, vol. I, p. 328).

26. Sigo aqui, com Ross (Aristóteles, 1997), Ab, que traz "πάντα". Em EJΓ lemos: "todos os elementos" [τὰ στοιχεῖα πάντα].

27. Empédocles, Fragmento 109 (Diels, H., 1960, vol. I, p. 351).

mesmo modo, tampouco a amizade é mais causa do ser, porque, ao conduzir ao um, corrompe tudo o mais. Paralelamente, a propósito da causa da mudança ela própria, ele nada diz, a não ser que assim é por natureza: "Mas quando o grande ódio tem robustecidos os seus membros, lança-se à honra [15] ao cumprir-se o tempo que a ambos foi concedido pelo longo juramento"[28]. E sustenta ser necessário mudar, sem, contudo, fornecer alguma causa dessa necessidade. Por outro lado, ele é o único que se pronuncia coerentemente a respeito, pois não considera alguns dos seres corruptíveis e outros incorruptíveis; considera-os todos [20] corruptíveis, exceto os elementos. No entanto a aporia ora discutida é: por que alguns são corruptíveis e outros não, se resultam dos mesmos princípios?

Que, portanto, os princípios não são os mesmos, fique dito por essas ponderações. Por outro lado, se forem distintos, uma aporia será se são incorruptíveis ou corruptíveis. Se forem corruptíveis, é claro que [25] também eles necessariamente consistirão de alguns integrantes, visto que tudo o que se corrompe corrompe-se naquilo de que consiste, donde decorre haver princípios distintos anteriores aos princípios. Ora, isso é impossível, tanto se o regresso parar quanto se estender-se infinitamente. E como ficarão os seres corruptíveis se seus princípios forem suprimidos?

Se, em contrapartida, os princípios forem incorruptíveis, por [30] que, sendo incorruptíveis, de uns incorruptíveis resultarão corruptíveis e de outros incorruptíveis resultarão incorruptíveis? Isso não é razoável; antes, ou é impossível ou requer muitas explicações. De resto, ninguém se empenha em defender que sejam princípios [1001a1] distintos, mas dizem que são os mesmos **1001a** os princípios de tudo. Quanto ao problema inicialmente erguido, eles apenas o tangenciam, tratando-o como algo desimportante.

De todas, a aporia cuja investigação é a mais difícil e a mais necessária para [5] o conhecimento da verdade é se ser e um são essências dos seres, isto é, se cada um deles, sem ser algo distinto, é, respectivamente, um e ser, ou se é preciso investigar o que

---

28. Empédocles, Fragmento 30 (Diels, H., 1960, vol. I, p. 325).

porventura seriam ser e um, presumindo-se que outra natureza lhes serve de sujeito. Alguns julgam que a natureza se comporta daquele primeiro modo, outros, deste. Para Platão [10] e os pitagóricos, nem ser nem um seriam algo distinto, mas a natureza deles seria tal que seria a essência do próprio um e do próprio ser. Por seu turno, os que se ocuparam da natureza julgaram diferentemente. Empédocles, por exemplo, explica o que é um remontando ao mais conhecido. Com efeito, ele parece dizer que o um é a amizade, já que seria ela a causa [15] pela qual tudo é um. Outros disseram que o um e o ser seriam o fogo, outros o ar, como aquilo a partir de que os seres são e são gerados. Os que sustentam serem muitos os elementos defendem a mesma tese, porque lhes é necessário afirmar que o um e o ser são tantos quantos eles afirmam serem os princípios. Decorre que, [20] se não for admitido que o um e o ser são alguma essência, tampouco se admitirá ser alguma essência qualquer dos outros universais – pois aqueles são de todos os mais universais e, se não houver algum um ele próprio, nem algum ser ele próprio, dificilmente algum dos restantes universais será para além dos assim chamados singulares. Ademais, se o um não for essência, [25] é claro que tampouco o número será alguma natureza separada dos seres, pois o número constitui-se de unidades numéricas, e a unidade numérica é precisamente algum um. E se o um ele próprio e o ser ele próprio forem algo, será necessário que a essência deles seja o um e o ser, pois são eles próprios, e não algo distinto, que se predica universalmente.

Por outro lado, se houver [30] algum ser ele próprio e algum um ele próprio, resultará muito difícil explanar como haverá algo distinto para além deles, quer dizer, como os seres serão muitos. Pois o que é distinto do ser não é, de modo que decorre necessariamente o argumento de Parmênides, segundo o qual todos os seres seriam um e [1001b1] este um seria o ser.

Ambas as alternativas envolvem dificuldade, pois tanto se o um não for essência quanto se houver o próprio um, será impossível que o número seja essência. Já foi dito antes o porquê disso, no caso de o um não ser essência. Se ele for essência, ergue-se a mesma aporia que se ergue a propósito do ser, pois do que mais, [5] além do um, resultaria outro um? Será necessariamente não um. Ora, todos os seres são ou um ou muitos e destes cada qual é um.

E se o um ele próprio for indivisível, ele nada será, segundo o axioma de Zenão. Zenão afirma que aquilo que, ao ser acrescentado ou subtraído, não faz algo maior nem menor não está dentre os seres, [10] claramente assumindo que o ser é grandeza. E sendo grandeza, é corporal, porquanto o corporal é grandeza em todas as acepções, ao passo que as outras grandezas, como o plano e a linha, de certo modo fazem algo maior ao serem acrescentadas e, de certo modo, não. Já ponto e unidade não tornam algo maior ao lhe serem acrescentados. Visto, contudo, que Zenão empreende uma investigação rudimentar e que é logicamente possível que algo indivisível seja, [15] pode-se objetar seu argumento inclusive neste caso, na medida em que o acréscimo de algo assim, embora não aumente o tamanho, aumenta, em contrapartida, a multiplicidade. Mas, então, de que maneira a grandeza resulta desse tipo de um ou desse tipo de muitos? Seria o mesmo que dizer que a linha resulta de pontos. E mesmo que se conceba, [20] tal como sustentam alguns, que o número seja gerado a partir do um ele próprio e de algo outro que não seja um, nem por isso é desnecessário investigar por que e como o gerado será ora número, ora grandeza, se o não um era a mesma natureza, vale dizer, a desigualdade. Pois é claro que as grandezas nem seriam geradas do um e dela, [25] nem de algum número e dela.

5

Uma aporia relacionada a essas questões é se os números, os corpos, os planos e os pontos seriam algumas essências ou não. Se não forem, escapa-nos o que seria o ser e quais seriam as essências dos seres, visto que as afecções, os movimentos, [30] as relações, as disposições e as proporções, nada disso parece significar essência, pois todos são ditos de algum sujeito, nenhum sendo algum tal. O que mais pareceria significar essência seriam a água, a terra, o fogo e o ar, dos quais [1002a1] os corpos compostos são compostos. Destes, o calor, o frio e semelhantes são afecções, não **1002a** essências, ao passo que o corpo, único passível delas, subsistiria sendo algum ser e alguma essência. Em contrapartida, o corpo pareceria menos essência do que a superfície, [5] esta do que a linha e esta do que a unidade e o ponto. Pois o corpo é definido por estes e se, por um lado, parece logicamente possível que eles sejam sem o corpo, por outro parece impossível um corpo sem eles. Eis por que, ao passo que a maioria e os investigadores mais antigos consideram que a essência e o ser seriam o corpo e que o restante [10] seria afecções dele, de modo que os princípios dos corpos seriam os princípios dos seres, os mais recentes, e mais sábios do que aqueles, por seu turno, opinam que a essência e o ser seriam os números. Assim, como já dissemos, se eles não forem essências, nada em geral será essência nem ser, visto que seus acidentes não se credenciam ao título de seres.

[15] E, caso se concorde que os comprimentos e os pontos são mais essências do que os corpos, mas não vemos a que corpos pertenceriam – afinal, é impossível que estejam nos sensíveis –, não haveria nenhuma essência. Ademais, é evidente que eles são todos divisões dos corpos, seja em profundidade, [20] seja em largura, seja em comprimento. Junte-se a isso que qualquer figura está – e uma não mais do que a outra – no sólido. Desse modo, se a imagem de Hermes não está na pedra, tampouco a metade do cubo está no cubo, enquanto já delimitada, nem, portanto, a superfície. Afinal, se uma superfície qualquer estivesse no cubo, também estaria a que delimita a metade dele. O [25] mesmo argumento também se aplica à linha, ao ponto e à unidade. De sorte que, se for essência principalmente o corpo, e aqueles forem mais essências do que o corpo, caso eles não sejam algumas essências, escapa-nos o que seria o ser e o que seria a essência dos seres.

Além das aporias mencionadas, alguns absurdos decorrem também com respeito à geração e à corrupção. [30] Com efeito, parece que se a essência, sem ser antes, for agora, ou sendo primeiro, não for depois, padece disso ao gerar-se e ao corromper-se. Por seu turno, a pontos, linhas e superfícies não é logicamente possível serem gerados nem corrompidos ao ora serem e ora não serem. Pois, quando os corpos são conectados ou divididos

[1002b1], se forem conectados, são conjuntamente tornados um, **1002b**
e se forem divididos, são conjuntamente tornados dois. De modo
que, se os corpos forem conjugados, os pontos, as linhas e as
superfícies não permanecerão, serão destruídos; já se os corpos forem divididos, os pontos, as linhas e as superfícies, que antes não
eram, serão. Afinal, sendo indivisível, o ponto não se dividiu em
dois. E se forem gerados e [5] corrompidos, a partir de que serão
gerados? O caso aqui é similar ao do agora no tempo, visto que a
este tampouco é logicamente possível ser gerado e corrompido, e,
no entanto, ele parece ser sempre outro, não sendo, então, alguma
essência. E é claro que isso também vale para os pontos, as linhas
e os planos, dado que o [10] argumento é o mesmo, porquanto
todos são ou limites ou divisões.

6

Pode-se em geral questionar por que é preciso buscar outras
coisas além das sensíveis e dos intermediários, como as espécies
que apresentamos. Pois, suponhamos que seja porque os seres
matemáticos, [15] embora se distingam dos que nos cercam de
algum modo, em nada diferem deles quanto a serem muitos a
partilhar a mesma espécie, de sorte que seus princípios não serão
delimitados em número (assim como os princípios de todas as
letras efetivas não são definidos em número, mas em espécie –
salvo se alguém considerar essa sílaba precisa [20] ou esse som
preciso, já que, deles, os princípios serão definidos também em
número; o caso dos intermediários é o mesmo, visto que também
aí são infinitos os que partilham uma mesma espécie. Nessas condições, se, além dos sensíveis e dos seres matemáticos não houver
algo distinto, que alguns denominam *espécies*, não haverá essência que seja uma só numericamente, mas apenas especificamente;
tampouco os princípios dos [25] seres terão alguma quantidade
numericamente, mas apenas especificamente. Se isso for necessário, então também será necessário, por isso, admitir as espécies.
E embora os que sustentam essa tese não a esmiúcem adequadamente, é isso o que querem dizer. E são forçados a dizer que cada
uma das espécies é uma essência e nenhuma é por acidente. [30]

Mas já discorremos[29] sobre as inconsistências que necessariamente decorrem se estabelecermos que há espécies e que os princípios são um numericamente, mas não especificamente.

Uma dificuldade ligada a essas questões é se os elementos são em possibilidade ou de alguma outra maneira. Se forem de outra maneira, algo distinto dos princípios lhes será anterior, visto que a possibilidade é anterior [1003a1] a essa causa, e não é necessário que todo possível se comporte dessa outra maneira. E se os elementos forem em possibilidade, é logicamente possível que nenhum dos seres seja, pois é em possibilidade, inclusive, o que ainda não é. Afinal, gera-se o [5] que não é, mas não se gera nenhum daqueles para os quais é impossível ser.

São essas as aporias que é necessário enfrentar a respeito dos princípios. E precisamos indagar também se eles são universais ou como o que chamamos de singulares. Se forem universais, não serão essências, visto que nenhum dos predicados comuns significa algum tal, mas, sim, de tal qualidade, ao passo que a essência é algum tal. E caso se [10] proponha que o predicado comum seja algum tal e um, Sócrates será muitos animais, a saber, ele próprio, homem e animal, se cada um desses significar algum tal e um. Eis, portanto, o que decorre se os princípios forem universais. Se não forem universais, mas como os singulares, não serão conhecidos cientificamente, pois em todos os casos [15] a ciência é do universal. Por conseguinte, se é para haver ciência dos princípios, há de haver, anteriores aos princípios, outros princípios que sejam predicados universais.

---

29. Ross (Aristóteles, 1997) nos remete aqui a 999b27-1000a4.

LIVRO Γ (IV)

1

[1003a21] Há uma ciência que especula sobre o ser enquan- **1003a**
to ser e o que lhe pertence por ele mesmo. E ela não é idêntica a
nenhuma das ciências ditas particulares, pois nenhuma das outras
ciências investiga universalmente a respeito do ser enquanto ser,
mas, tendo recortado [25] uma parte dele, examinam o acidente respectivo. É o caso, por exemplo, das ciências matemáticas.
Ora, visto que investigamos os princípios e as causas supremas,
é obviamente necessário que eles concirnam a alguma natureza
por ela mesma. Se, pois, também os que investigavam os elementos dos seres investigavam esses mesmos princípios, é necessário
também que os [30] elementos sejam do ser não por acidente,
mas enquanto ser. Eis por que também a nós cumpre apanhar as
primeiras causas do ser enquanto ser.

2

Diz-se *ser* sob muitas acepções, mas com relação a um, isto é,
alguma natureza que é uma só, e não por homonímia, exatamente como [35] *saudável* também se diz todas as vezes em relação
à saúde: ora por preservar, ora por produzir, ora por ser sinal de
saúde, ora por ser passível de ter saúde. [1003b1] E também *mé-* **1003b**
dico em relação à medicina, pois ora se diz *médico* por ter a espe-
cialidade médica, ora por ser propício para ela, ora por ser ato ou
procedimento da medicina. E podemos mencionar ainda outras expressões ditas de maneira semelhante. [5] Assim também *ser* é dito
sob muitas acepções, mas todas em relação a um único princípio:
uns são ditos *seres* por serem essências, outros por serem afecções
de essência, outros por serem vias para a essência, ou corrupções,

ou privações, ou qualidades, ou, ainda, produtores ou geradores de essência, ou dos predicados ditos em relação à essência, ou, também, negações de alguns desses [10] ou da essência. Eis por que até o não ser dizemos ser não ser.

E tal como de todos os saudáveis é uma só a ciência, assim também nos outros casos, pois cumpre a uma só ciência investigar não apenas os que são ditos de um só, mas também os que são ditos em relação a uma única natureza. Afinal, de certa maneira, também estes [15] são ditos de um só. É claro, portanto, que cumpre a uma única ciência investigar os seres enquanto seres.

E em todos os casos, a ciência trata, sobretudo, do que é primeiro, vale dizer, daquilo de que depende o restante e pelo que este é explicado. Se for isso a essência, será das essências que o filósofo deverá ter os princípios e as causas.

De todo gênero que é um só, a sensação é uma só, [20] bem como a ciência. É o caso, por exemplo, da gramática, que é única a especular sobre todas as falas. Eis por que também especular sobre o ser enquanto ser é alçada de uma única ciência, e especular sobre as espécies daquele é alçada das espécies desta. E se *ser* e *um* são idênticos e uma só natureza por implicarem um ao outro tal como *causa* e *princípio*, e não por serem elucidados pelo mesmo enunciado explicativo – [25] e não faz diferença se os concebermos indistintos (antes, isso até favoreceria o presente exame), pois são idênticos *um homem* e *homem*, bem como *homem sendo* e *homem*, isto é, reiterar *um homem* e *um homem sendo* não exprime algo diferente quanto ao que é dito, sendo óbvio, ademais, que não se separam nem na geração, [30] nem na corrupção. Isso também vale para *um*, de modo que é evidente que o acréscimo nesses casos redunda em exprimir a mesma coisa, e *um* em nada difere de *ser*, e a essência de cada qual é um não por acidente, tampouco sendo por acidente, igualmente, que ela é algum ser –, se assim é, as espécies de ser serão tantas quantas as espécies de um. E a respeito destes, especular sobre *o que é* compete à mesma ciência [35] quanto ao gênero. Quero dizer que, por exemplo, compete à mesma ciência quanto ao gênero especular sobre *idêntico*, *igual* e outros que tais. E *grosso modo*,

todos os contrários se reduzem a esse princípio [1004a1], o que **1004a**
já examinamos na catalogação dos contrários.

As partes da Filosofia são tantas quantas são as essências, de
modo que é necessário que dessas partes alguma seja primeira e
alguma a suceda, pois pertence [5] diretamente a ser e a um comportar gêneros. É por isso, aliás, que também as ciências seguem
esse padrão, visto que o filósofo é tal qual se diz ser o matemático,
porquanto também a Matemática tem partes, e nas ciências matemáticas, alguma é primeira, outra segunda, e assim sucessivamente para as restantes.

Visto que compete a uma só ciência especular [10] acerca dos
opostos, e a *um* opõe-se *múltiplo*, e visto também que compete a
uma só ciência especular acerca da negação e da privação, porque
em ambos os casos aquilo a que se dirigem a negação ou a privação é o um sobre o qual se investiga – pois ou dizemos que aquele
não pertence em sentido absoluto, ou que não pertence a algum
gênero; naquele caso, *no um se inclui a diferença, que, junto com
o um, corresponde ao escopo da negação*[30], porquanto a negação
é [15] a ausência dele, ao passo que na privação alguma natureza
torna-se o sujeito do qual a privação é dita –, e a *um* opõe-se *múltiplo*[31], sendo assim, competirá à ciência em tela conhecer os opostos dos predicados supraditos, a saber, *distinto, dessemelhante,
desigual*, e todos os outros que se explicam com base ou nestes ou
[20] em *múltiplo* e *um*. Dentre eles está também *contrariedade*,
pois *contrariedade* é alguma diferença, e *diferença* é *alteridade*.

Assim sendo, visto que se diz *um* sob muitas acepções, também aqueles serão ditos sob muitas acepções, e mesmo assim
competirá a uma só ciência conhecer todas. Afinal, competirá a
ciências distintas não se for dito sob muitas acepções, e, sim, se
os respectivos enunciados não convergirem, nem acerca de um
só, nem [25] em relação a um só. E visto que todos convergem

---

30. O trecho marcado está corrompido e sua interpretação é alvo de controvérsia. Cf., a respeito, o comentário de Cassin e Narcy *ad loc.* (1998, p. 168-171).

31. Alguns estudiosos suspeitam que este trecho seja uma cópia do trecho cons-
tante em 1004a10, recomendando sua supressão. Cf. o comentário de J. Tricot
ad loc. (Aristóteles, 1991, p. 184, n. 1).

para o que é primeiro – por exemplo, tudo o que é dito um o é em relação à acepção primeira de *um* – é forçoso afirmar que assim vigora também a respeito de *idêntico* e de *distinto*. Desse modo, uma vez dividido sob quantas acepções cada qual é dito, será preciso explicar, em relação ao que é primeiro em cada predicação, sob que acepção ele é dito [30] em relação a *um*, pois umas serão por encerrá-lo, outras por produzi-lo, outras, ainda, serão ditas segundo outras acepções assim. É evidente, portanto, que, tal como foi dito nas aporias, compete a uma única ciência discorrer a respeito desses seres e da essência (esse foi, aliás, um dos assuntos tratados nas aporias), e a possibilidade de investi-
1004b gar sobre todos compete ao filósofo. [1004b1] Afinal, se não competisse ao filósofo, a quem caberia examinar se *Sócrates* e *Sócrates sentado* são idênticos, ou se do que é um só há um só contrário, ou o que é *contrário* e sob quantas acepções se diz *contrário*? Isso vale para as restantes questões desse tipo. [5] Por conseguinte, visto que essas são afecções de um enquanto um e de ser enquanto ser, e não enquanto números, linhas ou fogo, é claro que competirá àquela ciência conhecer tanto o que são quanto seus acidentes.

E aqueles que os examinam enganam-se nisso não por não filosofarem, mas porque, em que pese seja a essência o que é primeiro, [10] nada perscrutam a seu respeito. Com efeito, visto que há afecções próprias do número enquanto número, tais como imparidade, paridade, comensurabilidade, equivalência, excesso e falta, e elas pertencem aos números tanto por si mesmos quanto to em suas relações recíprocas – e do mesmo modo há também afecções distintas próprias de sólido, de imóvel, de móvel, e tanto do que não tem [15] peso quanto do pesado –, assim também algumas propriedades pertencem a ser enquanto ser, e é acerca delas que compete ao filósofo examinar o que é verdadeiro. Sinal disso é que tanto os dialéticos quanto os sofistas se investem da mesma figura que o filósofo, pois a sofística é a mera aparência de sabedoria, ao passo que os dialéticos [20] discutem sobre tudo e ser é comum a tudo, sendo claro que discutem sobre isso por ser atinente à Filosofia. Pois a sofística e a dialética voltam-se para o mesmo gênero que a Filosofia, mas esta difere de uma pelo tipo de possibilidades que encerra, e da outra pela vida [25] que escolhe, pois a dialética é ensaística naquilo que a Filosofia é conhecedora, e a sofística parece Filosofia mas não é.

Ademais, dos contrários um polo é privação, e todos se reduzem a ser e não ser, um e múltiplo. Assim, por exemplo, repouso reduz-se a um e movimento, a múltiplo. E quase todos concordam que os seres e a [30] essência constituam-se de contrários, visto que todos afirmam que os princípios são contrários, uns sustentando serem ímpar e par, outros quente e frio, outros limite e infinito, outros amizade e ódio. Além disso, todos os outros contrários mostram-se reduzidos a um e múltiplo – retomemos essa [1005a1] redução, já assumida por nós[32] –, e sob esses, a título **1005a** de gêneros, caem todos aqueles que os outros estudiosos consideraram princípios. É evidente, portanto, também por isso, que compete a uma só ciência investigar o ser enquanto ser, pois tudo é ou contrário ou constituído de contrários, e os princípios dos contrários são um [5] e múltiplo, e competem a uma só ciência, sejam eles ditos de um só ou não, como é seguramente verdadeiro. Assim, mesmo se *um* for dito sob várias acepções, será em relação a uma acepção primeira que se explicará os outros *um*. Isso vale também para seus contrários, aliás (e bem por isso), inclusive se *ser*, como *um*, não for universal, isto é, o mesmo em todos os casos ou [10] separado, como certamente não é, mas, antes, for por vezes dito em relação a um só, ou, ainda, por vezes segundo uma acepção que sucede a essa. Eis por que não compete ao geômetra investigar sobre o que é *contrário* ou *finalizado*, ou *um*, ou *ser*, ou *idêntico*, ou *distinto*, salvo sob hipótese.

É claro, pois, que é alçada de uma única ciência investigar o ser enquanto ser e o que lhe é pertencente enquanto ser. E é claro também que [15] ela será especulativa não apenas acerca das essências, mas também do que lhes é pertencente, tanto o já mencionado quanto também o anterior e o posterior, gênero e espécie, todo e parte e outros semelhantes.

---

32. Tricot (Aristóteles, 1991, n. 5 *ad loc.*) remete aqui a 1004a1. Calvo Martínez (Aristóteles, 1994, n. 8 *ad loc.*) evoca um escrito aristotélico perdido que, segundo ele, seria provavelmente o que Diógenes Laércio denominaria *Peri enantión*.

3

Convém responder se é uma só ou se são distintas as ciências que versam sobre [20] os assim chamados axiomas na Matemática e sobre a essência: é evidente que é uma só e que compete ao filósofo a investigação sobre eles, visto que pertencem a todos os seres, e não a algum gênero peculiar separado dos demais. E todas as pessoas se servem deles, porque concernem ao ser enquanto ser, e cada gênero [25] é. E servem-se deles o quanto lhes basta, isto é, até onde se estende o gênero acerca do qual tecem suas demonstrações. Dessa maneira, visto ser claro que eles pertencem a todos os seres enquanto são (pois é isso que lhes é comum), a investigação que compete a quem conhece o ser enquanto ser é também acerca deles.

Eis por que nenhum dos que tecem uma investigação particular [30] se empenha em dizer algo sobre eles, se são verdadeiros ou não, nem o geômetra, nem o aritmético. Alguns dos físicos o fizeram, mas é admissível terem procedido assim, já que apenas eles julgaram que investigar a respeito de toda a natureza fosse também investigar a respeito do ser. Contudo, visto haver algum estudioso acima do físico – já que a natureza é algum gênero de ser –, [35] a saber, o que investiga sobre o universal e o que concerne à essência primeira, há de haver também investigação sobre eles. [1005b1] Afinal, também a Física é alguma sabedoria, conquanto não primeira.

1005b

Alguns dos que se pronunciam sobre esses assuntos, vale dizer, todos os que se ocupam do modo de demonstrar sua verdade, fazem-no por falta de formação nos assuntos tratados nos *Analíticos*. Pois é preciso chegar já tendo [5] previamente ciência deles e não os procurar ao ouvir as respectivas alusões.

Que, portanto, compete ao filósofo, isto é, àquele que por natureza especula a respeito de toda essência, também investigar os princípios dos raciocínios, já está claro. E acerca de cada gênero, compete a quem mais o conhece ter a palavra sobre os princípios mais cogentes do [10] fato respectivo. De sorte que também a respeito dos seres enquanto seres, a quem mais os conhecer competirá ter a palavra sobre o princípio mais cogente de todos. Esse é o filósofo. E o princípio mais cogente de todos é aquele a respeito do qual é impossível incorrer em falsidade. Pois é necessário que um princípio assim seja maximamente conhecido – visto ser a respeito do que não conhecem que todos se enganam – e seja não hipotético. [15] Afinal, não é uma hipótese aquilo que é necessário ter quem entende seja o que for; e o que é necessário conhecer ao conhecer seja o que for também é necessário que se possua já ao chegar. Está claro, portanto, que o princípio mais cogente de todos é o que tem esse perfil.

Qual é ele, digamos a seguir: é impossível que o mesmo conjuntamente pertença e não [20] pertença ao mesmo e segundo o mesmo. E sejam feitas aqui todas as eventuais especificações relativas às dificuldades lógicas. Esse é o mais cogente de todos os princípios, visto satisfazer a especificação supradita. Pois é impossível a quem quer que seja conceber o mesmo sendo e não sendo, tal como [25] alguns julgam que Heráclito dizia. Afinal, não é necessário que alguém conceba aquilo que diz. E se não é logicamente possível que contrários conjuntamente pertençam ao mesmo (e assumamos já estabelecidas a respeito desta premissa as especificações habituais); e se, ademais, contrária a uma opinião é a opinião que lhe é contraditória, é evidente que é impossível conceber [30] conjuntamente o mesmo sendo e não sendo o mesmo, porque quem a esse respeito incorresse em falsidade teria opiniões contrárias conjuntamente. Eis por que todos aqueles que demonstram fazem apelo a essa opinião última, porque ela é por natureza o princípio de todos os demais axiomas.

4

[35] Alguns, como dissemos, dizem ser logicamente possível que o mesmo seja e não seja [1006a1] e também se conceber algo assim. Valem-se desse discurso muitos dos que investigam a respeito da natureza. Já nós, assumimos que é impossível conjuntamente ser e não ser e por isso mostramos que esse [5] é o mais cogente de todos os princípios. **1006a**

É por falta de formação que alguns estimam que também isso se demonstra, já que é falta de formação não conhecer do que se deve buscar a demonstração e do que não se deve. Afinal, é impossível haver demonstração de absolutamente tudo, porque se prosseguiria ao infinito, de sorte que assim sequer haveria demonstração. [10] Se, então, de algumas proposições não se deve buscar a demonstração, quais proposições eles estimam mais serem tal tipo de princípio, eis o que não conseguem dizer.

Mas há um modo refutativo de efetuar demonstração sobre isso, e que é impossível, bastando que o objetor diga algo. Afinal, se nada disser, será risível buscar discurso no que não tem nenhum discurso, na medida em que não o tem, pois alguém assim, [15] na medida em que for assim, será semelhante a uma planta. E afirmo que demonstrar de modo refutativo é diferente de demonstrar, visto que demonstrar pareceria encerrar petição de princípio, mas se for outro o autor de algo assim, haverá refutação, não demonstração.

O princípio para todos os procedimentos desse tipo não é anuir em dizer ou que algo é [20] ou que não é – já que não se tardaria a conceber isso como uma petição de princípio –, mas significar algo para si próprio e para outrem. Afinal, isso é necessário se disser algo. Caso contrário, não haveria discurso por parte de alguém assim, nem dele consigo mesmo, nem dele com outro. E se alguém conceder isso haverá demonstração, pois então haverá algo [25] definido. Mas o autor dessa demonstração não se põe a demonstrar, e sim a esperar, já que, ao suspender o discurso, põe-se a esperá-lo. E quem concordar com isso já terá concordado que algo é verdadeiro independentemente de demonstração, de modo que nem tudo se comportaria assim e não assim. Em primeiro lugar, portanto, é claro que isto é verdadeiro: que o nome significa [30] ser ou não ser isso, de modo que nem tudo se comportaria assim e não assim.

Efetivamente, se *homem* significar um, seja isso *animal bípede*. E chamo de *significar um* isto: se isso for *homem*, caso *homem* seja algo, isso será o ser para *homem*. E nenhuma diferença faz se alguém disser que significa mais de um, desde que sejam definidos, [1006b1], pois então se estabeleceria para cada enunciado um nome distinto. Quero dizer, por exemplo, se disser que *homem* significa não um, mas muitos, de um dos quais o enunciado explicativo é um só, a saber, *animal bípede*, restando também vários outros, mas em número definido. [5] Nesse caso, estabelecer-se-ia um nome exclusivo para cada enunciado explicativo. Se não estabelecer, mas disser que significa infinitos, é claro que não haverá enunciado explicativo, pois não significar um é significar nada. E se os nomes não significarem, suprimir-se-á o dialogar uns com os outros e, na verdade, até consigo próprio. [10] Pois não é logicamente possível inteligir nada sem inteligir um. E se for logicamente possível inteligir, pode-se estabelecer um só nome para esse fato.

Fique assentado, pois, como foi dito no princípio, que o nome significa algo, isto é, significa um. Ora, então não será possível que o ser para *homem* signifique o não ser para *homem*, se *homem* significar não apenas de um, [15] mas também um. Pois não estimamos que significar um seja significar de um, visto que assim *músico*, *branco* e *homem* teriam um só significado, de modo que todos seriam um só, já que seriam sinônimos.

E não haverá ser e não ser o mesmo, a não ser por homonímia, tal como se aquilo que chamamos de *homem* [20] outros chamassem de *não homem*. Mas a dificuldade não é se é logicamente possível que o mesmo conjuntamente seja e não seja homem quanto ao nome, mas quanto ao fato. Com efeito, se *homem* e *não homem* não tiverem significados distintos, é claro que tampouco o não ser para *homem* teria significado distinto do ser para *homem*, de sorte que o ser para *homem* [25] seria o ser para *não homem*. Seriam um só, pois *ser um* significa, tal como *traje* e *roupa*, que o enunciado explicativo é um só. E se forem um só, ser para *homem* e para *não homem* teriam um só significado. Contudo foi mostrado que têm significados distintos. Assim é necessário, se é verdadeiro dizer algo, e que é *homem*, que seja *animal bípede* [30], pois era esse o significado de *homem*. E se isso é necessário, então não é logicamente possível não ser o próprio *animal bípede*, pois *ser necessário* significa ser impossível não ser[33]. Portanto não é

---

33. Sigo aqui a recomendação de D. Ross (Aristóteles, 1997), em sua edição (*ad loc.*), para suprimir a ocorrência de "ἄνθρωπον" em 1006b32-33.

logicamente possível ser conjuntamente verdadeiro dizer que o mesmo é e não é homem.

A mesma explicação aplica-se também a *não ser homem*. 1007a [1007a1] Com efeito, o ser para *homem* e o ser para *não homem* têm significados distintos, se também *ser branco* e *ser homem* são distintos. Pois aquele opõe-se muito mais, de modo que tem significado distinto. E se o interlocutor também [5] disser que *branco* significa um e o mesmo, novamente diremos o já dito antes, a saber, que todos serão um só e não apenas os opostos. Porém, se isso não é logicamente possível, decorre o já dito se responder o que foi perguntado. Mas se, tendo-lhe sido dirigida uma pergunta em termos absolutos, acrescentar também as negações, não responderá [10] o que foi perguntado, pois nada impede a um mesmo de ser homem, branco e uma miríade de outros predicados. Contudo, tendo sido perguntado se é verdadeiro dizer que isso é *homem* ou não, deve responder o que significa um, e não deve acrescentar que é também *branco* e *grande*, pois, visto serem infinitos [15] os acidentes, é impossível percorrê-los. Ora, que se percorram todos ou nenhum. Do mesmo modo, ainda que seja uma miríade de vezes homem e não homem, ainda assim, a quem perguntar se é *homem*, não deve responder acrescentando que é conjuntamente *não homem*, a não ser que acrescente tudo o mais que lhe seja acidental, os que é e os que não é. Mas se [20] fizer isso, não dialogará.

Os que afirmam isso suprimem totalmente a essência, isto é, o *o que era ser*, pois é-lhes necessário afirmar que tudo é acidental e que não há o ser para *homem* ou o ser para *animal*, pois, se algo for o ser para *homem*, ele não será o ser para *não homem* nem o não ser para *homem*. [25] Com efeito, estes são as negações daquele. Pois ele significava um, e era isso a essência de algo. E significar essência é significar que o ser para algo não é nenhum outro. Ora, se para o mesmo o ser para *homem* for ou o ser para *não homem* ou o não ser para *homem*, ele será outro. De sorte que, aos olhos daqueles, será necessário [30] afirmar que de nada haverá enunciado desse tipo, mas tudo será por acidente. Pois a essência distingue-se do acidente em que *branco* é acidental a *homem*, porque homem é branco, mas não o que *branco* é. E se tudo for dito por acidente, nada será primeiro o universal, se [35] *acidente* significar sempre a predicação de algum [1007b1] 1007b sujeito.

Seria necessário, então, prosseguir ao infinito, o que, contudo, é impossível. Afinal, os predicados combinados não são mais do que dois, visto que o acidente não é acidente de acidente, a não ser que ambos sejam acidentes do mesmo sujeito. Por exemplo, digo *branco é músico* e *músico é branco* [5] por serem ambos acidentes de *homem*. Por seu turno, *Sócrates é músico* não é tal que ambos sejam acidentes de algum outro. Visto, portanto, que uns são ditos acidentes desse modo, outros daquele, aos que são ditos tal como *branco* de *Sócrates* não é logicamente possível ser infinito a montante, por exemplo, como se algo distinto fosse acidente de [10] *Sócrates branco*, porque não resulta algum um deles todos. E tampouco de *branco* algo distinto será acidente, por exemplo, *músico*, porquanto em nada este será mais acidente daquele do que aquele deste, ficando, conjuntamente, delimitado que uns são acidentes assim, outros como *músico* de *Sócrates*. Ora, os que são desse modo não [15] são acidentes acidentais a acidentes, embora o sejam os que são daquele. Desse modo, nem tudo será dito por acidente e, portanto, algo significará a título de essência.

Se assim for, resulta provado ser impossível predicar as contraditórias. Afinal, se todas as contraditórias forem conjuntamente verdadeiras segundo o mesmo, é claro que [20] tudo será um, porquanto *trirreme, parede* e *homem* serão idênticos, se, a respeito de tudo, for logicamente possível seja afirmar, seja negar algo, tal como se faz necessário para os que defendem o discurso de Protágoras. Pois, se a um parecer que homem não é trirreme, claro que não será trirreme e, por conseguinte, também o será se [25] sua contraditória for verdadeira. Surge o "toda a diversidade do mesmo" de Anaxágoras, de sorte que nada pertencerá verdadeiramente. Portanto, afiguram-se enunciar o indefinido e, julgando dizer o que é, falam sobre o que não é, pois o indefinido é o que é em possibilidade, e não em entelequia. Mas é-lhes forçoso dizer, a respeito de [30] tudo, a afirmação ou a negação, visto que seria absurdo se, a respeito de cada predicado, sua negação lhe pertencesse, mas não lhe pertencesse a negação de outro que não lhe pertence. Quero dizer, por exemplo, se for verdadeiro dizer de homem que não é homem, claro que também será verdadeiro dizer que não é trirreme. Se, pois, a afirmação, necessariamente também a negação. [35] E se a afirmação não pertencer, sua negação pertencerá ainda mais. [1008a1] E se ela também pertencer, a de trirreme também pertencerá. E se esta pertencer, também pertencerá sua afirmação.

1008a

São esses, enfim, os resultados que decorrem para os que sustentam esse discurso, a saber, que não é necessário ou afirmar ou negar. Pois, se for verdadeiro dizer que é homem e [5] não homem, claro que também será verdadeiro dizer que nem homem nem não homem, pois estas são as duas negações daquelas duas asserções. E se aquela compõe uma só asserção das duas, também essa compõe uma só asserção de ambas as negações.

E ou seria assim a respeito de todos os casos, isto é, que é branco e não branco, ser e não ser, e valendo o mesmo para as outras afirmações e [10] negações, ou não, mas a respeito de alguns casos sim, de outros, não. E se não for a respeito de todos os casos, haveria acordo sobre eles. Já se for a respeito de todos, novamente, ou os que se afirmam se negam e os que se negam também se afirmam, ou os que se afirmam também se negam, mas nem todos os que se negam [15] se afirmam. Se for assim, haverá algo que firmemente não é e essa seria uma opinião cogente. Ora, se o não ser for algo cogente e conhecido, ainda mais conhecida será a afirmação que lhe é oposta.

E se o que se negar igualmente se afirmar, necessariamente, ou será verdadeiro enunciar dividindo – por exemplo, enunciar que [20] é branco e, então, que não é branco –, ou não. Se não for verdadeiro enunciar dividindo, não as enuncia e não é nada. Ora, o que não é, como poderia pronunciar-se ou andar? E tudo seria um, tal como já dito precedentemente, e *homem*, *deus* e *trirreme* seriam idênticos, [25] bem como as contraditórias deles, visto que, se se predicarem indiferentemente de cada qual, nada distinguirá um do outro, porque, se distinguir, isso será verdadeiro e próprio.

E se for logicamente possível ser verdadeiro enunciar dividindo, também decorre igualmente o já dito. E decorre, na esteira disso, que todos diriam a verdade e todos incorreriam em falsidade, e a mesma pessoa concordaria que ela própria [30] incorre em falsidade. Resulta conjuntamente evidente que a investigação com alguém assim redunda ser sobre nada, porque nada diz. Pois diz nem assim nem não assim, mas assim e não assim, e, então, nega ambos, a saber, que nem assim nem não assim. Pois senão algo seria definido. E se quando a fala [35] for verdadeira, a negação for falsa, e quando esta for verdadeira, a afirmação for falsa, não seria verdadeiro conjuntamente falar e [1008b1] negar o mesmo. Mas talvez diria ser isso uma petição de princípio. **1008b**

E acaso quem concebe que algo se comporta ou não se comporta de certo modo incorre em falsidade e quem assume que se comporta de ambos os modos diz a verdade? Se diz a verdade, que tal dizer que tal é a natureza [5] dos seres? E se não diz a verdade, mas, antes, está com a verdade quem concebe daquela outra maneira, os seres já se comportariam de certo modo, e isso seria verdadeiro, e não conjuntamente não verdadeiro. E se todos, indiferentemente, disserem a falsidade e a verdade, para alguém que assim crê, não haverá como pronunciar-se nem dizer, pois diz conjuntamente isto e [10] não isto. E se nada concebe, mas indiferentemente julga e não julga, em que diferiria das plantas?

Que ninguém se comporta assim, nem dos outros, nem dos que sustentam esse discurso, fica ainda mais evidente a partir do seguinte: por que alguém caminha para Mégara e não fica parado [15] ao julgar que deve caminhar? E se acontecer de, na madrugada, rumar na direção de um poço ou um fosso, por que não o faz com determinação, mas se mostra precaver-se, como se não considerasse cair indiferentemente não bom e bom? É claro, então, que concebe que um é melhor e o outro não é melhor. E se assim é, é necessário também conceber que uma coisa é homem e outra não homem [20], e uma coisa é doce e outra não doce. E não é tudo que igualmente se busca e concebe quando, tendo julgado ser melhor beber água e ver homem, em seguida busca isso. No entanto deveria ser assim, se fosse o mesmo indiferentemente homem e não homem. Mas, como já dito, ninguém é tal que não [25] se mostre precaver-se em uns casos e em outros não. De sorte que, ao que parece, todos concebem em termos absolutos, se não a respeito de tudo, ao menos a respeito do melhor e do pior. E se o fazem sem ter a ciência, mas apenas opinando, deveriam ocupar-se muito mais ainda da verdade, como quem está enfermo deve ocupar-se da saúde ainda mais do que o saudável, [30] visto que, com respeito à verdade, quem opina está para quem conhece cientificamente assim como quem não tem saúde.

E se tudo for assim e não assim, mas o mais e o menos forem intrínsecos à natureza dos seres – afinal, não diríamos da mesma maneira que dois é par e três é par, nem é da mesma maneira que incorre em falsidade quem [35] julga que quatro é cinco e quem julga que é mil; se não for, pois, da mesma maneira –, é claro que um incorrerá menos em falsidade, de modo que estará mais com **1009a** a verdade. Ora, se o que é mais for mais próximo, [1009a1], algo seria verdadeiro, do qual estaria mais próximo o mais verdadeiro. E se não for, ainda assim algo seria mais cogente e mais verdadeiro, e estaríamos, enfim, desembaraçados desse discurso débil que impede de definir algo por meio [5] do pensamento.

5

A argumentação de Protágoras parte dessa mesma opinião, a saber, de que é necessário que ambas igualmente ou sejam ou não sejam, pois se todas as opiniões forem verdadeiras, bem como as aparências, necessariamente todas serão conjuntamente verdadeiras e falsas. Afinal, muitas pessoas [10] têm, umas em relação às outras, concepções contrárias e consideram que as que não opinam o mesmo que elas incorrem em falsidade. Dessa forma, necessariamente o mesmo será e não será. E se for assim, necessariamente todas as opiniões serão verdadeiras, visto que têm opiniões opostas entre si os que incorrem em falsidade e os que estão com a verdade. Se, pois, assim se [15] comportarem os seres, todas as pessoas estarão com a verdade.

É claro, portanto, que ambos os discursos derivam do mesmo pensamento, mas não é da mesma maneira que se enfrenta todos, visto que uns precisam ser convencidos e os outros devem render--se à força persuasória. É fácil resgatar da ignorância os que assim conceberam por terem se deparado com aporias, porque a resposta, nesse caso, não se dirige [20] à linguagem, mas ao pensamento. Já no caso dos que se pronunciam assim por se preocuparem com a linguagem, a refutação requer corrigir o argumento na sua formulação e na sua terminologia.

Os que estão em aporia chegaram à opinião de que as contraditórias e os contrários pertencem conjuntamente a partir dos sensíveis, ao verem os contrários [25] serem gerados do mesmo. Pois, se não for logicamente possível que o não ser seja gerado, o fato igualmente preexistia sendo ambos os contrários, como diz Anaxágoras, para quem tudo é misturado em tudo, e também Demócrito, para quem o vazio e o pleno pertencem igualmente a toda e qualquer parte, sendo que deles um é ser e o outro [30] não ser. Assim, aos que concebem com base nisso, respondemos que de certo modo falam corretamente, de certo modo estão na ignorância, pois *ser* se diz sob duas acepções, de tal maneira que sob uma é logicamente possível que algo seja gerado do que não é, de outra, não, e que o mesmo conjuntamente seja e não seja, mas não segundo a mesma acepção de *ser*. Afinal, em possibilidade [35] é logicamente possível ser conjuntamente os contrários, mas não em entelequia. E demandaremos que concebam alguma outra essência dos seres, à qual não pertença nem movimento, nem corrupção, nem geração.

É assim também que, [1009b1] para alguns, a verdade acerca **1009b** do que aparece veio dos sentidos. Pois consideram que maioria e minoria não são critério bastante para discriminar a verdade, já que, então, se o mesmo for doce para alguns e amargo para outros, se todos estiverem doentes [5] ou desvairados, e apenas dois ou três estiverem saudáveis ou em sã consciência, opinar-se-ia que seriam estes os doentes e desvairados, e não os outros; e que, a respeito do mesmo, a muitos outros animais aparece o oposto do que nos aparece; e mesmo para cada qual, e em relação ao mesmo, nem sempre a opinião é a mesma no que tange à sensação. Resultaria obscuro qual dessas opiniões seria verdadeira [10] ou falsa, visto que em nada uma é mais verdadeira do que outra, mas elas o são igualmente. Eis por que Demócrito disse que ou nada é verdadeiro ou, no mínimo, isso é obscuro para nós.

E em geral, por conceberem a prudência como sensação e esta como alteração, sustentam que o que aparece segundo a sensação é necessariamente [15] verdadeiro. Empédocles, Demócrito – e bem se poderia dizer que todos os outros – estão enredados por tais opiniões. Pois Empédocles afirma que a prudência muda ao mudar o comportamento: "é em face do que se apresenta que se desenvolve a engenhosidade nos homens"[34]. E alhures afirma [20] que "dos que passam por alterações, também a prudência paralelamente se altera"[35]. Parmênides também parece considerar da mesma maneira: "tal como cada qual tem a capacidade de agitar os membros, assim se apresenta a inteligência nos homens, porque nos homens compreender é o mesmo que a natureza dos membros, [25] em todos e tudo. Pois o que prepondera é a intelecção"[36]. De Anaxágoras, por seu turno, chega notícia da sentença que proferiu a alguns de seus discípulos, de que os seres serão para eles tais como conceberam. E dizem que ele revela partilhar a mesma opinião de Homero, que fez Heitor, quando desnorteado pelo [30] ferimento sofrido, jazer prudenciando diferentemente, presumindo que quem desatina também exerce a prudência, mas não sobre as mesmas coisas. Portanto é claro que, se em ambos os casos se tratar de prudência, também os seres serão conjuntamente assim e não assim. O que daí decorre é assaz incômodo, pois se os que viram a verdade com a máxima clarividência que se pode alcançar – e esses [35] são os que mais a buscam e a amam – tiveram tais opiniões e assim se manifestam a respeito da verdade, como evitar que se desencorajem os que se lançam a filosofar? Afinal, investigar a verdade seria como perseguir aves em pleno voo.

1010a   [1010a1] O que neles causa essa opinião é que, embora perscrutassem a verdade dos seres, concebiam como seres apenas os sensíveis. Ora, a estes é imanente, em grande medida, a nature-

---

34. Empédocles Fr. 106 (DIELS, H., 1960, vol. I, p. 350).

35. Empédocles Fr. 108 (DIELS, H., 1960, vol. I, p. 351).

36. Parmênides Fr. 16 (DIELS, H., 1960, vol. I, p. 244).

za do indeterminado, vale dizer, do que é sob a acepção que já descrevemos. [5] Por isso, aqueles estudiosos falaram de modo plausível, não obstante não tenham falado com verdade (pois é mais adequado falar assim do que como Epicarmo se pronunciou sobre Xenófanes). E vendo toda essa natureza em movimento e que nada é verdadeiro a respeito do que muda, viram que a respeito do que muda totalmente em tudo não é logicamente possível alcançar a verdade. [10] Dessa concepção brotou a opinião mais extremista dentre as mencionadas, a saber, a opinião dos chamados heraclitianos, sustentada por Crátilo, que julgava que nada poderia ser dito terminantemente e limitava-se a mover o dedo, censurando Heráclito por sustentar que não se entra duas vezes no mesmo rio, já que, segundo Crátilo, [15] não se entra sequer uma única vez.

De nossa parte, responderemos a essa argumentação que o que muda, quando muda, confere a esses estudiosos algum argumento em favor de julgarem que não é, ainda que haja dificuldade aí, visto que o que está deixando de ser tem algo do que está sendo deixado e, do que está sendo gerado, necessariamente algo já é. E, em geral, [20] se está se corrompendo, algum ser lhe pertencerá, e se está sendo gerado, é necessário ser a partir daquilo de que está sendo gerado e daquilo sob o que é gerado, e isso não se estende ao infinito. Mas deixando isso de lado, diremos que mudar em quantidade e mudar em qualidade não são idênticos. Admitamos, então, que, em quantidade, não haja permanência. [25] No entanto é segundo a espécie que conhecemos tudo o que conhecemos. Resulta válido, portanto, censurar os que assim concebem por, tendo observado apenas os sensíveis, e mesmo um pequeno número deles, afigurarem estender o que aí enxergaram igualmente a todo o universo, pois o lugar sensível que nos circunda é o único a consumar-se em corrupção [30] e geração, mas é uma parte nula, por assim dizer, do todo. Por isso, seria mais justo absolvê-lo por causa do universo do que condenar este último por causa dele.

E obviamente responderemos, então, o mesmo que já foi dito: é preciso mostrar-lhes que há certa natureza imutável e é preciso persuadi-los [35]. Com efeito, para os que afirmam conjuntamente ser e não ser decorre a afirmação de que tudo estaria em repouso, antes que em movimento, visto que, então, não haveria aquilo em que culmina o que muda, porque assim tudo pertenceria a tudo.

1010b [1010b1] A respeito da verdade, que nem tudo o que aparece é verdadeiro, sublinhemos, em primeiro lugar, que, embora a sensação do que lhe é próprio não seja falsa, a imaginação, por seu turno, tampouco é idêntica à sensação. E é de se surpreender que se fique em dúvida se porventura as grandezas [5] e as cores são tais quais aparecem para os que estão longe ou para os que estão perto, ou se são tais quais aparecem para os que estão saudáveis ou para os que estão doentes; ainda, se mais pesados são os que aparecem tais para os fracos ou para os fortes, e se verdade é o que aparece para quem dorme ou para quem está acordado. Que não é [10] assim que consideram é evidente. Afinal, ninguém que em sonho se concebesse em Atenas, estando na Líbia, colocar-se-ia a caminho do Odeon.

Sobre o que está por vir, como diz também Platão, de modo algum gozam de igual embasamento a opinião do médico e a do leigo – sobre, por exemplo, o que está ou não está prestes a curar-se. E a respeito das [15] sensações elas mesmas, não gozam de igual embasamento a sensação do sensível que lhe é estranho e a do que lhe é próprio, ou a do que lhe é aproximado e do que é dela mesma. Ao invés disso, a respeito das cores, é a vista, e não o paladar, que tem autoridade, ao passo que a respeito do sabor é o paladar, não a vista, que tem autoridade. Cada uma delas, ao mesmo tempo e a respeito do mesmo jamais diz ser conjuntamente assim e não assim. Aliás, nem em tempos [20] distintos há dúvida a respeito da afecção e, sim, apenas a respeito daquilo de que a afecção é acidente. Por exemplo, o mesmo vinho, ou ao mudar, ou ao mudar o corpo, pareceria ser ora doce, ora não doce. Mas não o próprio doce, que, quando for, será, jamais mudando, sempre se guardando a verdade [25] a seu respeito, e será necessariamente desse tipo o que houver de ser doce. Suprimem isso todos aqueles discursos. E assim como sustentam que de nada há essência, também sustentam que nada é necessário. Pois é necessário o que não é logicamente possível ser ou se comportar de outro modo, de sorte que, se algo for necessariamente, não se comportará assim e [30] não assim.

Em geral, se somente o sensível for, nada seria se não houvesse os animados, porque não haveria sensação. Afinal, é certamente verdadeiro que, se os sensíveis não forem, tampouco as afecções sensíveis hão de ser, pois sensação é afecção do que sente. Mas que sem a sensação também os sujeitos que produzem a sensação não [35] serão, eis o que é impossível. Com efeito a sensação não é de si própria e além da sensação há algo distinto que é necessariamente anterior à sensação, [1011a1] pois o motor é, por natureza, anterior ao móvel, pouco importa que sejam ditos um em relação ao outro.

1011a

6

Alguns – tanto dentre os que estão persuadidos disso quanto dentre os que se restringem a propalar esse discurso – se veem em aporia ao investigarem [5] a quem cabe discriminar o saudável e, em geral, no que tange a cada assunto, quem discrimina corretamente. Dúvidas desse tipo assemelham-se a perguntar se estamos agora dormindo ou acordados, e todas têm a mesma dinâmica, porque o que esses estudiosos estimam é que haja explicação para tudo. Pois buscam o princípio e tentam [10] obtê-lo mediante demonstração. E que não estão persuadidos fica manifesto em suas ações.

Como dissemos, o que os afeta é que eles buscam discurso explicativo para o que não o tem, visto que o princípio da demonstração não é demonstração. Seria fácil se persuadirem disso, pois não é algo de difícil apreensão. [15] Ademais, quem busca força persuasória unicamente no discurso busca o impossível. E eles admitem válido afirmar opostos, eles próprios sustentando explicitamente enunciados opostos.

Se nem tudo for relativo, mas alguns forem também eles próprios por si mesmos, então nem tudo o que aparece será verdadeiro, pois o que aparece é o que aparece para alguém, de modo que quem diz que tudo o que [20] aparece é verdadeiro torna relativos todos os seres. Eis por que os que buscam força persuasória no discurso e conjuntamente estimam sustentar um discurso devem acautelar-se de que não é apenas a aparência, mas a aparência para quem aparece, quando aparece, enquanto aparece, o que aparece e como aparece. E se sustentarem um discurso, mas não o [25] sustentarem desse modo, logo decorrerá dizerem enunciados contrários. Afinal, é logicamente possível que um mesmo apareça como mel à vista, mas não ao paladar, e que, sendo dois os olhos, o mesmo objeto não apareça idêntico para ambos se eles forem dessemelhantes.

E àqueles que, pelas causas já mencionadas, dizem que o que aparece [30] é verdadeiro e, por isso, que tudo é indiferentemente verdadeiro e falso, já que nem os mesmos aparecem idênticos para todos, nem sequer aparecem sempre idênticos para um mesmo, mas muitas vezes aparecem como contrários ao mesmo tempo – afinal, dos dedos cruzados, o tato diz serem dois, ao passo que a vista, um –, pode-se responder que, no entanto, algo assim não aparece à mesma sensação [35] segundo o mesmo, do mesmo 1011b modo e ao mesmo [1011b1] tempo. Por conseguinte, essa ressalva seria verdadeira.

Talvez por isso, seja necessário aos que se pronunciam desse modo – não os que se veem em aporia, mas os que se aferram à discursividade – dizerem não que isso é verdadeiro, mas que é verdadeiro para certa pessoa. E seja necessário também, tal como dito antes, tornar [5] tudo relativo, tanto à opinião quanto à sensação, de modo que nada foi gerado nem será nada antes de se ter opinado. Porém, se foi gerado ou será, é claro que nem tudo será relativo à opinião. E se for um, será em relação a um ou em relação ao definido. Se o mesmo for metade e igual, não será, contudo, em relação ao seu dobro, que será igual. E se, em relação a quem opina, [10] homem e o conteúdo da opinião forem idênticos, homem será não quem opina, mas o conteúdo da opinião. E se tudo for relativo a quem opina, este último será infinito em espécie[37].

Portanto, que afirmações opostas não são conjuntamente verdadeiras seja a opinião mais cogente de todas, bem como o

---

37. Amparando-se em Laurentianus, Alexandre e Guilherme de Moerbeke, Ross (Aristóteles, 1997) inclui "πρός" antes de "ἄπειρα", o que proporciona do trecho uma formulação como "quem opina será relativo a infinitos em espécie".

que decorre para os que se [15] pronunciam assim e por que se pronunciam assim, fique dito por essas considerações. E visto ser impossível que a contraditória seja conjuntamente verdadeira, é evidente que tampouco será logicamente possível que predicados contrários conjuntamente pertençam ao mesmo sujeito, porquanto um dos contrários é ademais privação, e privação de essência: a privação é negação de [20] algum gênero definido. Se, pois, é impossível conjuntamente afirmar e negar verdadeiramente, também é impossível aos contrários pertencerem conjuntamente; ou ambos pertencem em certo sentido, ou um pertence em certo sentido e, o outro, em sentido absoluto.

7

Tampouco é logicamente possível haver intermediário entre as contraditórias, mas é necessário ou afirmar ou negar um de um, quaisquer que sejam. Isso é claro em primeiro lugar para os que definem o que é verdadeiro e o que é falso. Pois dizer que não é o que é ou que é o que não é, é falso; já dizer que é o que é e que não é o que não é, é verdadeiro. Por conseguinte, também quem diz que é ou que não é diz uma verdade ou uma falsidade, mas aí nem o que é é dito ser ou não ser, nem o que não é. Ademais, [30] um intermediário entre contraditórias seria ou tal como o cinza entre preto e branco, ou tal como nem um nem outro entre homem e cavalo. Ora, se fosse assim, não haveria mudança, pois muda-se de não bom para bom, ou de bom para não bom. No entanto a mudança sempre se mostra e não há mudança senão para os opostos ou para [35] o intermediário. E se houvesse intermediário entre as contraditórias, também haveria igualmente [1012a1] alguma geração para branco que não seria a partir de não branco. Mas não é o que se vê. **1012a**

Além disso, tudo o que é pensado ou inteligido é ou afirmado ou negado pelo pensamento – isso resulta claro por definição – quando se expressar com verdade ou com falsidade. E quando compuser de certo modo, seja afirmando, seja negando, será verdadeiro, [5] e quando compuser de certo outro, será falso.

E todo par de contraditórias haveria de ter intermediário, a não ser que se discorra tendo em vista apenas o discurso. De sorte que haverá quem nem esteja com a verdade, nem não esteja, e, então, estará além do ser e do não ser. E haverá também, portanto, alguma mudança além da geração e da corrupção. E em todos os gêneros em que a negação produz o contrário, [10] também haverá intermediário. Assim, por exemplo, nos números, haverá o número nem ímpar, nem não ímpar. Ora, isso é impossível, como fica claro a partir da definição.

E se progredirá ao infinito e o número de seres será incrementado não apenas em cinquenta por cento, mas ainda mais, pois se poderá novamente negar o intermediário com respeito à afirmação e à negação, e essa negação será algo, visto que sua [15] essência será distinta. E quando, ao ser perguntado se é branco, disser que não, nada terá negado senão que é branco; ora, a negação é o não ser.

Alguns chegaram a essa opinião da mesma maneira que chegaram a outros paradoxos, pois quando não são capazes de resolver os argumentos erísticos, cedem ao argumento e admitem a conclusão como verdadeira. Então uns professam essa opinião por essa causa, outros por buscarem explicação para tudo.

O princípio para enfrentar todas essas dificuldades parte da definição. A definição é formulada ao se verem na necessidade de significar algo, pois será definição o enunciado do qual o nome é um sinal. E parece que o discurso [25] de Heráclito, ao veicular que tudo é e não é, torna tudo verdadeiro, ao passo que o de Anaxágoras, ao sustentar um intermediário entre as contraditórias, torna tudo falso. Pois, quando se misturar, a mistura nem será boa, nem será não boa, de modo que nada que se disser será verdadeiro.

8

Feitas essas distinções, resulta evidente ser impossível que tanto o que é dito univocamente quanto o que é dito universalmente sejam da maneira como alguns sustentam, uns dizendo que nada é verdadeiro – pois nada impede, dizem, que tudo seja como a diagonal ser comensurável –, outros dizendo que tudo é verdadeiro. Em linhas gerais, esses são os mesmos discursos de Heráclito, pois quem diz [35] que tudo é verdadeiro e tudo é falso diz também cada um desses enunciados separadamente. [1012b1] **1012b** Por conseguinte, se a primeira alternativa for impossível, a última também será. E, por óbvio, as contraditórias são aquelas que não há como serem conjuntamente verdadeiras nem conjuntamente falsas. No entanto, partindo dos discursos supramencionados, isso pareceria logicamente possível.

[5] Em face de todos os discursos assim, deve-se pedir, tal como já foi dito precedentemente, não que responda se algo é ou não é, mas, sim, que signifique algo e, por conseguinte, é partindo da definição que se deve dialogar, estando já de posse do que significa *falso* ou *verdadeiro*. E se afirmar o verdadeiro não é senão negar o falso, será impossível [10] que tudo seja falso, pois será necessário que, de uma contradição, apenas uma das partes seja verdadeira. E se, com respeito a todo enunciado, for necessário ou afirmar ou negar, será impossível que ambos sejam falsos, porquanto apenas uma das partes de uma contradição é falsa.

De todos os discursos desse tipo decorre, então, o já reiterado, a saber, que eles [15] anulam a si próprios, pois quem diz que tudo é verdadeiro torna verdadeiro também o contrário do que diz, de modo que o que diz resulta não verdadeiro. Afinal, o enunciado contrário enuncia que seu contrário não é verdadeiro. Isso também se aplica a quem diz que tudo é falso. E se excetuarem respectivamente, um o discurso contrário, sob a alegação de que apenas ele não é verdadeiro, outro o próprio discurso, sob a alegação de que apenas ele não é falso, [20] nem por isso deixará de decorrer que estão fadados a demandar infinitos enunciados, respectivamente verdadeiros e falsos, porque quem disser que o discurso verdadeiro é verdadeiro dirá a verdade, e isso prosseguirá ao infinito.

É também evidente que nem os que dizem que tudo está em repouso, nem os que dizem que tudo está em movimento, falam verdadeiramente. Pois se tudo estiver em repouso, as proposições verdadeiras serão as mesmas, bem como [25] as falsas. No entanto, isso se mostra mudar. Aliás, a própria pessoa que assim fala não era antes e não será depois.

E se tudo estiver em movimento, nada será verdadeiro e, portanto, tudo será falso. Contudo já foi mostrado que isso é impossível. E necessariamente é o que é que muda, pois a mudança é de algo para algo. E não é a tudo que se aplica estar ora em repouso, [30] ora em movimento, nada havendo que seja sempre em repouso ou sempre em movimento, pois há algo que sempre move os que são movidos, e o primeiro motor é ele próprio imóvel.

LIVRO Δ (V)

1

[1012b34] É dito *princípio*, sob uma acepção, aquilo no fato a partir de que [35] se move primeiro; por exemplo, do comprimento ou do percurso, o ponto de partida é esse [1013a1] princípio; do percurso contrário, o princípio é o outro ponto de partida. Sob outra acepção, aquilo de que cada qual é gerado da melhor maneira; por exemplo, do aprendizado, algumas vezes se deve principiar a partir não do que é primeiro, isto é, do princípio do fato, mas de onde mais facilmente se consegue aprender. Sob outra acepção, é dito *princípio* aquele componente a partir do qual se é primeiramente gerado, tal como a quilha, no caso do navio, [5] e o alicerce, no da casa; com os animais, alguns concebem ser o coração, outros, o cérebro, e outros, ainda, algo do tipo. Sob outra acepção, aquilo de que algo é primeiramente gerado e, sem ser componente, é dele que primeiramente principiam por natureza o movimento e a mudança; por exemplo, a criança principia do pai e da mãe, e a cizânia, [10] da ofensa. Sob outra acepção, aquilo pelo que, mediante deliberação, são movidos os moventes e mudados os que mudam. É sob essa acepção que, no âmbito das cidades, os principados, as monarquias e as tiranias são ditos princípios. É também o caso das técnicas, sobretudo, as ordenadoras. Ademais, aquilo a partir de que primeiramente é conhecido [15] o fato é dito princípio do fato; por exemplo, as hipóteses são princípios das demonstrações.

Tantas são também as acepções sob as quais se diz *causa*, dado que todas as causas são princípios. É, portanto, comum a todos os princípios serem o item primeiro do qual algo haure seu ser ou é gerado ou é conhecido. E desses princípios, uns são componentes, outros são [20] extrínsecos. Eis por que são princípios a natureza, os elementos, o pensamento, a deliberação, a essência e o que é visado, pois, em muitos casos, o bom e o belo são princípios do conhecimento e do movimento.

2

É dito *causa*[38], sob uma acepção, aquele componente a partir do qual algo é gerado; [25] por exemplo, o bronze da estátua, a prata da taça e seus gêneros. Sob outra, a espécie e o modelo, e isso é o enunciado do *o que era ser* e os gêneros deste – por exemplo, do intervalo de oitava, o dois por um e, em geral, o número –, e também as partes da explicação. E, ainda, aquilo de que [30] parte o primeiro princípio da mudança ou do repouso. Assim, por exemplo, é causa quem delibera, o pai é causa do filho e, em geral, o que produz é causa do produzido e o agente da mudança é causa do que muda. E diz-se *causa* também enquanto fim, isto é, o que é visado; por exemplo, a saúde é causa do caminhar. Com efeito, à questão *por que caminha?* respondemos: para ser saudável. E, [35] ao responder assim, julgamos estar informando a causa. Diz-se também *causas* aqueles que são gerados como intermediários entre um outro que se moveu e o fim do movimento, como é causa [1013b1] da saúde o emagrecimento, bem como a assepsia, os medicamentos e os instrumentos, pois todos eles são em vista do fim, mas diferem entre si por serem uns instrumentos, outros atos.

1013b

Tantas são, *grosso modo*, as acepções sob as quais se enuncia as causas. E visto que as [5] causas são ditas sob muitas acepções, decorre que do mesmo causado há várias causas, e não por acidente. Por exemplo, tanto a arte de esculpir quanto o bronze são causas da estátua, e o são não segundo algum aspecto diferente, mas enquanto estátua. Em contrapartida, não são causas sob a mesma acepção, mas uma é enquanto matéria e a outra enquanto

---

38. Nos textos aristotélicos é comum a ocorrência do substantivo "αἰτία" para a noção de causa. Neste capítulo, porém, prevalecem as ocorrências do adjetivo neutro "αἴτιον", cujo sentido associa-se às noções de causador, responsável, culpado. Conforme observam Bordéüs e Stevens (2014) em sua tradução de *Metafísica* Δ (*ad loc.*), o texto deste capítulo coincide em grande medida com o trecho 194b23-195b21 que lemos em *Física* II 3.

aquilo de que provém o movimento. Decorre também haver causas recíprocas, como o exercício é causa [10] da boa forma e, esta, do exercício. Contudo não são causas sob a mesma acepção, mas uma é enquanto fim e a outra enquanto princípio do movimento. Ademais, a causa dos contrários é a mesma, pois o que, ao estar presente, é causa de algo, ao estar ausente reputamos, por vezes, ser causa do contrário. Por exemplo, atribuímos o adernamento do navio à ausência do piloto, cuja presença era a causa [15] da salvação. E ambas, tanto a presença quanto a privação, são causas enquanto motoras.

Todas as causas mencionadas até agora caem sob quatro acepções muito evidentes. As letras com respeito às sílabas, a matéria com respeito ao que é fabricado, o fogo, a terra e todos desse tipo com respeito aos corpos, as [20] partes com respeito ao todo e as hipóteses com respeito às conclusões são causas enquanto aquilo de quê. E dessas, umas o são enquanto sujeito, como as partes, e outras enquanto o *o que era ser* – o todo, a composição e a espécie. Já o sêmen, o médico, o que delibera e, em geral, quem faz, são todos aquilo de que parte o princípio da mudança [25] ou do repouso. Outras são causas enquanto fim e bem dos restantes, pois o que é visado pretende ser o melhor e fim dos restantes, e não faz diferença dizer que se trata do bem ou do bem aparente.

Quanto à espécie, portanto, as causas são essas e tantas. E, conquanto os modos de causas sejam numericamente [30] muitos, eles resultam poucos ao serem categorizados. Com efeito, embora as causas sejam enunciadas sob várias acepções, dentre as que partilham a mesma espécie, uma é anterior e outra é posterior. Por exemplo, da saúde são causas o médico e o que domina a técnica; do intervalo de oitava são causas o dobro e o número; e sempre, onde quer que seja, os predicados que suprassumem são causas de quaisquer dos singulares sob eles. Também se categorizam as causas enquanto acidente [35] e seus gêneros. Por exemplo, da estátua, Policleto é causa de um modo e escultor de outro modo, já que decorre ao escultor ser Policleto, [1014a1] e tam- **1014a** bém os predicados que suprassumem o acidente, como homem ser causa da estátua e, em geral, também animal, já que Policleto é homem e homem é animal. E dentre as causas por acidente, também umas são mais próximas ou [5] mais distantes do que outras; por exemplo, branco e músico, caso sejam ditos causas da estátua, e não apenas Policleto ou homem. E todas elas, tanto as ditas em sentido próprio quanto as acidentais, são ditas, umas, causas possíveis, outras, causas em atuação. Assim, por exemplo, do construir é dito causa o construtor bem como o construtor que está construindo. [10] E isso se há de dizer também a propósito daqueles cujas causas são, respectivamente, causas das maneiras descritas; por exemplo, dessa estátua, ou de estátua, ou da réplica em geral, e desse bronze, de bronze ou da matéria em geral. E se há de dizer, ademais, a propósito dos causados por acidente.

E estes e aquelas também são ditos em combinação, como não Policleto nem escultor, [15] mas o escultor Policleto. E, ao todo, perfazem seis em número, mas ditos de duas maneiras. Com efeito, são ditos ou enquanto singular, ou enquanto gênero, ou enquanto acidente, ou enquanto gênero do acidente, ou enquanto uma combinação deles, ou em sentido absoluto. E cada qual é dito ou enquanto [20] em atuação, ou em possibilidade. E distinguem-se na medida em que, ao passo que as causas em atuação e as singulares são, bem como não são, conjuntamente àqueles de que são causas – por exemplo, é conjuntamente que este que cura e este que convalesce são, e é conjuntamente que este que cura e este que convalesce não são; e é conjuntamente que este construtor e esta construção são, bem como é conjuntamente que este construtor e esta construção não são –, nem sempre é conjuntamente que os que são em possibilidade são ou não são. Afinal, não é conjuntamente que são destruídos a casa e o [25] construtor.

3

É dito *elemento* aquele primeiro componente a partir do qual algo é composto e que, quanto à espécie, é indivisível em espécies distintas, como os elementos da fala, dos quais a fala é composta, e os extremos nos quais ela é exaustivamente dividida. Eles já não são mais divididos em outras falas deles distintas quanto à [30] espécie, e caso sejam divididos, suas partes serão homomorfas, como é o caso da água, cuja parte é água – o que não se passa com a sílaba.

É sob essa acepção também que se pronunciam os que dizem que elementos dos corpos seriam os componentes últimos em que os corpos seriam exaustivamente divididos, os quais já não mais seriam divididos em outros diferentes quanto à espécie. E pouco importa que seja um só ou sejam muitos os que exibem essa característica, [35] eles dirão que se trata de elementos.

É mais ou menos assim que são ditos também os elementos das figuras geométricas e, em geral, das demonstrações. Pois as primeiras demonstrações e que compõem muitas demonstrações [1014b1] são ditas elementos das demonstrações. Tais são os ra- **1014b** ciocínios primeiros, que se efetuam a partir de três termos por meio de um médio.

E a partir daí, por extensão, chamam de elemento aquilo que, sendo um só e pequeno, for útil em diversos casos. [5] É por isso que o que é pequeno, simples e indivisível é dito elemento. Disso resulta serem elementos os itens maximamente universais, já que cada um deles é um, simples e pertence a muitos, seja a todos, seja à maioria. Daí resulta também que, aos olhos de alguns, o um e o ponto sejam princípios. E visto que os assim chamados gêneros são [10] universais e indivisíveis (por não terem enunciado explicativo), alguns dizem que os gêneros são elementos, e o são ainda mais do que a diferença, já que o gênero é mais universal, pois aquilo a que a diferença pertence, o gênero também acompanha, ao passo que aquilo a que o gênero pertence, nem toda diferença acompanha.

O que todos esses casos comungam é que ser elemento de cada qual é [15] ser seu primeiro componente.

4

Diz-se *natureza*, sob uma acepção, a geração daquilo que nasce, por exemplo, se alguém prolongasse o "υ"[39] ao pronunciá-lo.

---

39. Trata-se aqui da letra "υ" na sílaba "φύ" de "φύσις" [natureza]. Bordéus e Stevens (2014) esclarecem em sua tradução (nota *ad loc.*) que, na palavra "φύσις", "υ" é breve, ao passo que é longa no verbo cognato "φύεσθαι", de sorte

Sob outra acepção, o primeiro componente a partir do qual nasce o que nasce, e também aquilo de que provém o primeiro movimento em cada um dos seres por natureza, e que lhe pertence enquanto [20] tal. Por seu turno, diz-se que *nasce* o que haure seu crescimento de algo distinto ao qual está conectado e que ou lhe é conatural ou concorre para seu nascimento, tal como os embriões. E a conaturalidade difere da conexão porque nesta nada distinto é necessário além dela mesma, ao passo que nos que são conaturais há algo que é um só e o mesmo em ambos e que, em contraste com a [25] conexão, fá-los serem conaturais e um só por continuidade, vale dizer, quantidade, não, porém, por qualidade.

E ainda é dito *natureza* aquele item primeiro do qual algum dos seres naturais ou é ou é gerado e que, por sua própria possibilidade, é sem estrutura e sem movimento. É assim que o bronze é dito ser natureza da estátua e dos [30] artefatos de bronze, e a madeira, das estátuas e dos artefatos de madeira. O mesmo vale nas outras naturezas assim, pois em tudo o que é a partir delas a matéria primeira é conservada. É sob essa acepção também que dizem ser natureza os elementos dos seres por natureza – uns dizem ser o fogo, outros a terra, outros o ar, outros a água, outros algum outro do tipo e outros, ainda, [35] alguns desses ou todos eles.

E sob outra acepção ainda, diz-se *natureza* a essência dos seres por natureza, como os que dizem ser natureza a composição primeira, [1015a1] ou, como Empédocles, para quem "de nenhum dos seres há natureza, mas apenas mistura e separação do que está misturado, sendo natureza um nome empregado pelos homens"[40]. Eis por que, a propósito do que é ou é gerado por natureza, mesmo já lhe pertencendo aquilo de que naturalmente é ou é gerado, não dizemos já [5] ter a natureza se ainda não tiver a espécie e a forma respectivos. É, portanto, por natureza o que se constitui a partir de ambos, como os animais e as suas partes.

1015a

---

que seria possível derivar o verbo do substantivo mediante o prolongamento da pronúncia de "υ" neste.

40. Empédocles, Fragmento 8 (DIELS, 1960, vol. I, p. 312). A citação não reproduz integralmente o trecho do poema de Empédocles. Sem deturpar o sentido das palavras de Empédocles, Aristóteles parece ter pinçado os termos que corroboram o que deseja enfatizar.

E também é natureza a matéria primeira – e esta é dita sob duas acepções: é primeira em relação àquilo de que é matéria ou é primeira em geral; por exemplo, no caso dos produtos de bronze, em relação a eles, o bronze é primeiro, mas, em geral, [10] talvez seja matéria primeira a água, se tudo o que for fundível for água –, bem como a espécie e a essência. E é esse o fim da geração. Aliás, em geral, toda essência é dita natureza por extensão, em referência a isso, porque também a natureza é alguma essência.

Do exposto resulta que natureza, dita na acepção primeira e mais fundamental, é a essência dos que têm [15] o princípio do movimento em si mesmos enquanto tais. É por ser passível dele que a matéria é dita natureza; já as gerações e o nascer são ditos natureza por serem movimentos a partir dele. Ela é o princípio do movimento dos seres naturais, sendo, de certo modo, imanente a eles, seja em possibilidade, seja em enteléquia.

5

[20] É dito *necessário* aquilo sem o que não é logicamente possível viver, enquanto uma concausa, como o respirar ou a alimentação são necessários para o animal, visto lhe ser impossível viver sem eles. E também aquilo sem o que não é logicamente possível ao que é bom ser ou se gerar e ao que é mau ser evitado ou eliminado, como ingerir um medicamento é necessário [25] para não ficar doente e navegar até Egina é necessário para receber um pagamento. É também dito *necessário* o que é forçado e a força, e isso é o que, ante a inclinação e a escolha, entrava e impede, pois o forçado é dito necessário e, por isso, também doloroso – como diz Eveno, "pois tudo o que é necessário é por natureza [30] penoso" –, e a força é alguma necessidade – como diz Sófocles: "mas a força necessitou-me a fazer isso". E a necessidade parece ser algo impersuadível, o que é correto, visto ser ela o contrário do movimento por escolha e segundo o cálculo.

E daquilo para o que não é logicamente possível comportar--se de outro modo dizemos que é necessário comportar-se como [35] se comporta. E é segundo essa acepção de necessário que, de certo modo, enunciam-se também todas as outras acepções de necessário, pois o forçado é dito necessitado, seja a fazer, 1015b seja a padecer, [1015b1] quando, por se ser forçado, não lhe é logicamente possível seguir a inclinação; e eis a necessidade pela qual não é logicamente possível ser de outro modo. O mesmo vale para as concausas do viver e do bom, pois quando não é logicamente possível, em alguns casos, [5] o bom, em outros, viver e ser, sem algumas condições, estas são necessárias e essa causa é alguma necessidade.

Além disso, a demonstração é do que é necessário, visto que não é logicamente possível ao que foi demonstrado em sentido absoluto comportar-se de outro modo. E a causa disso são as primeiras premissas se, afinal, não é possível às premissas a partir das quais se efetua o raciocínio se comportarem de outro modo.

E de uns, [10] a causa de serem necessários é algo deles distinto; de outros nada é causa, mas, antes, é graças a eles que outros são necessariamente.

Desse modo, necessário, em sentido primeiro e fundamental, é o simples, pois a este não é logicamente possível comportar-se de muitas maneiras, de sorte que tampouco lhe é logicamente possível comportar-se ora de uma maneira, ora de outra, já que, nesse caso, comportar-se-ia de muitas maneiras. Se, pois, algumas coisas forem eternas e imóveis, [15] nada para elas será forçado nem antinatural.

6

Um é dito, sob uma acepção, por acidente, sob outra, por si mesmo. Diz-se por acidente, por exemplo, *Corisco* e *músico* e *Corisco músico*, porque redunda no mesmo dizer *Corisco e músico e Corisco músico*, e também *músico e* [20] *justo e Corisco músico e Corisco justo*. Pois é por acidente que todos eles são ditos um só: *justo e músico*, porque são acidentes de uma só essência, e *músico e Corisco*, porque são acidentes reciprocamente um do outro. De certa maneira, é também assim que *Corisco músico* e

Corisco são um só, porque decorreu a um deles [25] figurar como parte da explicação do outro, como *músico* entra na descrição de *Corisco*; e também *Corisco músico* e *Corisco justo* são ditos um só porque decorreu que parte de cada qual resulta ser um com o mesmo um. Isso também vale se o acidente for dito a propósito de gênero ou de algum nome universal, por exemplo: *homem* é o mesmo [30] que *homem músico*. Isso ou porque a *homem*, sendo uma essência, é acidental *músico*, ou porque ambos seriam acidentais a algum singular, como a *Corisco*, com a ressalva de que eles não pertencem ambos sob a mesma acepção, mas um certamente enquanto gênero e na essência, e o outro enquanto comportamento ou afecção da essência.

É desse modo que [35] são ditos os que são ditos um por acidente. Já dos que são ditos em si mesmos um, alguns são ditos o serem por continuidade, como o feixe pelo nó e a madeira pela cola. [1016a1] E também a linha, mesmo se flexionada, será dita **1016a** uma se for contínua, como também é o caso de cada qual das partes, como perna e braço. E dentre esses casos, serão um mais os que forem contínuos por natureza do que os que o forem graças à técnica. [5] É dito *contínuo* aquilo cujo movimento é um por si mesmo e não pode ser diferentemente. É um o movimento que é indivisível, e indivisível quanto ao tempo. São por si mesmos contínuos os que são um não por mero contato. Pois caso se disponha pedaços de madeira em contato uns com os outros, nem por isso se dirá que eles são um: não se dirá ser uma madeira, nem um corpo, nem nenhum outro contínuo.

Em geral, os contínuos são ditos [10] um mesmo que tenham flexões, e mais ainda se não tiverem flexões, como a tíbia ou uma parte da perna são mais contínuas, já que é logicamente possível não ser um só o movimento da perna. E o reto é mais contínuo do que o flexionado. Já o flexionado, isto é, o que tem ângulos, é dito tanto um quanto não um, visto ser logicamente possível que [15] o movimento do que é flexionado se dê tanto não conjuntamente quanto conjuntamente. Já o movimento do que é reto dá-se sempre conjuntamente, isto é, nenhuma de suas partes que possua grandeza fica em repouso enquanto outra se move, como pode acontecer no movimento do flexionado.

Sob outra acepção, é dito um aquilo cujo sujeito é indiferenciável quanto à espécie. São indiferenciáveis aqueles cuja espécie é indivisível segundo a sensação. Quanto ao sujeito, trata-se [20] seja do primeiro, seja do que, em relação ao fim, é final. Assim, vinho é dito um e também a água é dita uma enquanto indivisíveis em espécie. E também os líquidos são todos ditos um, como óleo, vinho, assim como o que é fundido, visto que em todos esses casos o sujeito último é o mesmo, pois todos eles são ou água ou ar.

São também ditos um aqueles cujo gênero é um, [25] os quais se diferenciam por diferenças opostas. São todos ditos um porque é um só o gênero que é o sujeito das diferenças. Assim, por exemplo, cavalo, homem e cachorro redundam ser algum um porque são todos animais. E, de certo modo, é mais ou menos assim também que a matéria é uma, pois se diz *um* nesses casos ora sob essa acepção, ora porque se diz que é o mesmo o gênero mais elevado, isto é, que está sobre elas, [30] caso sejam, por seu turno, espécies finais do gênero. É assim que isósceles e equilátero são uma e a mesma figura por serem ambos triângulos, embora não sejam triângulos idênticos.

Também é dito um aquilo cujo enunciado que veicula o *o que era ser* for indivisível em relação a outro que elucida o que era ser o fato – afinal, por si mesmo, [35] todo enunciado é divisível. É assim que tanto *crescido* quanto *decrescido* são um, já que o enunciado explicativo é um, tal como, no caso dos planos, o enunciado [1016b1] da espécie. Em geral, aqueles cuja intelecção que capta o *o que era ser* é indivisível e não comporta a possibilidade de separar um do outro nem quanto ao tempo, nem quanto ao lugar, nem quanto ao enunciado, são os que mais genuinamente são um, e, deles, sobretudo, as essências. Pois absolutamente tudo o que não comporta divisão, na medida em que não comporta, é nessa medida dito um. [5] Por exemplo, se não comportar divisão enquanto homem, será um homem; se não comportar divisão enquanto animal, será um animal; se enquanto grandeza, será uma grandeza. Por conseguinte, em sua maioria, o que é dito um o é por ou fazer, ou ter, ou padecer, ou ser relativo a algum outro um. E os que são ditos um em sentido primeiro o são por sua essência ser uma só, e uma só ou pela continuidade, ou em espécie, ou quanto ao enunciado, porque [10] computamos como muitos ou aqueles que não são contínuos, ou cujas espécies não são uma só, ou cujos enunciados não são um só.

E há um modo segundo o qual dizemos que algo qualquer é um, se for quantidade e, ademais, contínua. E há também um modo segundo o qual não, se não for algum todo, isto é, se não comportar uma espécie. Por exemplo, ao vermos as partes de um calçado dispostas de qualquer maneira, não diremos serem um [15] a não ser por continuidade, mas diremos serem um se estiverem dispostas de modo a serem um calçado, isto é, se encerrarem alguma espécie que for uma só. É por isso também que dentre as linhas, a do círculo é mais genuinamente uma, por ela se apresentar toda, isto é, ser finalizada.

Ser para *um* é ser algum princípio[41] de número, pois a primeira medida é princípio, visto que aquilo pelo que primeiramente conhecemos é a primeira medida [20] em cada gênero. Em cada caso, portanto, *um* é: princípio do que é conhecido. Mas não se trata do mesmo *um* em todos os gêneros, já que em uns será um o semitom, em outros a vogal ou a consoante; no gênero do peso será outra coisa, e no do movimento ainda outra. Mesmo assim, em todos os casos, *um* é o que é indivisível, seja quanto à quantidade, seja quanto à espécie.

No que tange ao indivisível em quantidade, [25] o que é totalmente indivisível e carente de posição é dito *unidade*; o que é totalmente indivisível e tem posição é dito *ponto*; já o que é divisível de uma única maneira é dito *linha*; o que o é de duas é dito *plano*; e o que é totalmente, isto é, é divisível de três maneiras segundo a quantidade, é dito *corpo*. E inversamente, o divisível de duas maneiras é dito *plano*; o que o é de uma só maneira é dito *linha*; o que de nenhuma maneira é divisível segundo a [30] quantidade é dito ou *ponto* ou *unidade*: o que é carente de posição é dito *unidade* e o que tem posição, *ponto*.

---

41. Lendo "ἀρχή", como prefere Bekker (1831), seguindo Parisinus e Vinobonensis, ao invés de Ross (Aristóteles, 1997), que sugere "ἀρχῇ", seguindo Laurentianus.

Ademais, alguns são um quanto ao número, outros quanto à espécie, outros quanto ao gênero, outros por analogia. São numericamente um aqueles cuja matéria é uma só; são especificamente um aqueles cujo enunciado explicativo é um só; são um quanto ao gênero os que partilham a mesma figura da predicação; e são um por analogia os que se comportam entre si tal como outros em [35] relação entre si. E sempre os posteriores acompanham os que os precedem. Assim, por exemplo, os que são um numericamente também o são especificamente, mas nem todos os que são um especificamente o são também numericamente. [1017a1] E são um quanto ao gênero todos os que o são também especificamente, mas nem todos os que são um quanto ao gênero são um quanto à espécie, embora o sejam por analogia. E nem todos os que são um por analogia o são também quanto ao gênero.

1017a

É evidente também que *muitos* será dito por oposição a *um*, pois alguns são ditos assim por não serem contínuos, outros por sua matéria [5] ser passível de divisão em espécie, seja a matéria primeira, seja a final; e outros, ainda, por serem vários os enunciados que veiculam seus *que era ser*.

7

Ser é dito ora por acidente, ora por si mesmo. Por acidente, por exemplo, dizemos *o justo é músico, o homem é músico* ou *o músico* [10] *é homem*, e de modo semelhante dizemos *o músico constrói*, porque decorreu a construtor ser músico ou ao músico ser construtor, porque *tal ser qual* significa *qual decorrer a tal*.

Isso se estende ao já abordado antes, pois quando dizemos *o homem é músico, o músico é homem*, [15] e seja *o branco é músico* seja *o músico é branco*, dizemo-lo, neste último caso, porque ambos decorreram ao mesmo, no primeiro, por um deles ter decorrido ao que é, e em *o músico é homem* porque a *homem* decorreu ser *músico*. É assim também que se diz *o não branco é*, porque aquilo a que *não branco* decorreu é. Os que são ditos serem por acidente, [20] portanto, são assim ditos seja porque ambos pertencem ao mesmo ser, seja porque um dos ditos pertence ao outro, que é, seja porque o que é predicado é aquele a que pertence o sujeito do qual ele é predicado.

Ser por si mesmo se diz sob tantas significações quantas são as figuras da predicação, pois *ser* tem tantos significados quantas são as acepções sob as quais é dito. Portanto, visto que, dos [25] predicados, uns significam o que é, outros qual, outros quanto, outros relativos, outros fazer ou padecer, outros onde e outros quando, com respeito a cada um desses predicados, *ser* assume um significado que lhe é idêntico. Afinal, em nada diferem *o homem é convalescente* e *o homem convalesce,* nem *o homem está caminhando* ou *cortando* e *o homem* [30] *caminha* ou *o homem corta.* Isso vale também nos demais casos.

Além disso, *ser,* assim como *é,* significa que é verdadeiro, ao passo que *não ser* significa que não é verdadeiro e, sim, falso. Isso também vale para a afirmação e para a negação. Assim, por exemplo, *Sócrates músico é* significa que isso é verdadeiro, ou *Sócrates é não branco,* que *Sócrates não branco é* verdadeiro. Já *diagonal não é comensurável* significa que *diagonal comensurável é* falso.

Ademais, *ser,* [1017b1] bem como *sendo,* significa também, **1017b** com respeito aos casos supramencionados, o que é dito tanto em possibilidade quanto em enteléquia. Com efeito, dizemos que vê tanto quem vê em possibilidade quanto quem vê em enteléquia. Do mesmo modo, dizemos conhecer cientificamente tanto quem tem a possibilidade de exercer a ciência quanto quem [5] a está exercendo, e em repouso tanto aquele ao qual já pertence o repouso quanto o que tem a possibilidade de repousar. O mesmo vigora também a respeito das essências, pois dizemos que a figura de Hermes está no bloco de pedra, que a metade da linha está na linha, e dizemos ser trigo o que ainda é semente. Por seu turno, distinguir quando é em possibilidade e quando ainda não o é, eis o que deve ser feito em outra ocasião.

8

[10] São ditos *essências* os corpos simples, como terra, fogo, água e todos do mesmo tipo e em geral os corpos e os que são

concatenados a partir deles, a saber, os animais, os entes celestiais[42] e suas partes. Todos eles são ditos essências porque não são ditos de um sujeito, mas os outros são ditos deles. [15] Sob outra acepção, será dito *essência* também o que for causa do ser, sendo imanente nos que são tais que não são ditos de um sujeito, como a alma nos animais; e também as partes imanentes dos que têm essa característica, as quais definem e significam algum tal e que, se suprimidas, resulta suprimido também o todo, como alguns afirmam ser o plano no caso do corpo e, no caso dos planos, [20] a linha. E em geral o número afigura-se, para alguns, ter essa característica, pois opinam que ele define tudo e, uma vez suprimido, nada será. Enfim, o *o que era ser*, cujo enunciado é a definição, também é dito ser a essência de cada coisa.

Decorre que *essência* se diz sob duas acepções: o sujeito último, que não mais é dito de outro, e também o que [25] for algum tal e separado. Desse tipo são a forma e a espécie de cada qual.

9

Idênticos se diz ora por acidente, como se diz que *branco* e *músico* são idênticos por serem acidentais ao mesmo, e também *homem* e *músico*, porque um é acidental ao outro, [30] e *músico é homem* porque *músico* é acidental a *homem*. E este é dito idêntico a cada qual daqueles e cada qual daqueles a este, porque tanto *homem* quanto *músico* são ditos idênticos a *homem músico* e, este, àqueles. Por isso, em nenhum desses casos se diz universalmente, pois não é verdadeiro dizer que *todo homem* é idêntico a [35] *músico* – com efeito, os universais pertencem por si mesmos, ao passo que os acidentes não são por si mesmos. [1018a1] Já a propósito dos casos singulares, *idêntico* é dito por acidente em sentido absoluto. Afinal, *Sócrates* e *Sócrates ser músico* parecem idênticos. Ora, *Sócrates* não recobre muitos, e por isso não se diz *todo Sócrates* como se diz *todo homem*. Uns, pois, são ditos *idênticos* [5] sob essa acepção. Outros são ditos *idênticos* por si

1018a

---

42. "δαιμόνια". Calvo Martínez sugere que essa expressão é empregada aqui em referência aos corpos celestes (*ad loc.*, 1994, p. 226, n. 35).

mesmos, e sob tantas acepções quantas também *um* é dito por si mesmo, pois aqueles cuja matéria é uma só, seja quanto à espécie seja numericamente, são ditos *idênticos*, bem como aqueles cuja essência é uma só. Resulta evidente que a identidade é alguma unidade, seja unidade do ser de muitos, seja quando este é tomado enquanto muitos, tal como quando se diz que algo é idêntico a si mesmo, pois, nesse caso, ele é tomado como dois. Por seu turno, *distintos* [10] se diz daqueles cujas espécies, matéria ou enunciados explicativos da essência são muitos. E, em geral, *distinto* se diz por oposição a *idêntico*.

São ditos *diferentes* os que, sendo distintos, guardam, porém, alguma identidade, não apenas numérica, mas também ou em espécie, ou em gênero, ou por analogia. São também ditos *diferentes* aqueles cujo gênero é distinto, bem como os contrários e todos aqueles cujas respectivas essências [15] comportam uma distinção. São ditos *iguais* aqueles cujas afecções são totalmente idênticas, bem como aqueles cujas afecções idênticas são em maior número do que as distintas, e também aqueles cuja qualidade é uma só. E daqueles para os quais é logicamente possível alterar-se entre contrários, são iguais os que têm em comum mais contrários ou os contrários mais preponderantes. Por fim, *desiguais* opõem-se a *iguais*.

10

[20] São ditos *opostos* a contradição, os contrários, os relativos, a privação e a posse, e também os extremos dos quais e para os quais se efetuam as gerações e as corrupções. E aqueles para os quais não é logicamente possível estar conjuntamente no subjacente passível de ambos são ditos opor-se, sejam eles próprios entre si, sejam aqueles dos quais se constituem. É desse modo que cinza e branco não pertencem [25] conjuntamente ao mesmo, porque aqueles dos quais eles se constituem se opõem.

São ditos *contrários*: os que, sendo diferentes quanto ao gênero, não têm possibilidade de incidirem conjuntamente; os que guardam a máxima diferença dentro do mesmo gênero;

os que guardam a máxima diferença dentre os que podem incidir no mesmo subjacente; os que guardam a máxima diferença dentre os que estão sob a mesma [30] possibilidade; e, enfim, os que encerram a maior diferença, seja em sentido absoluto, seja quanto ao gênero, seja quanto à espécie. No que tange aos restantes contrários, são assim ditos seja por terem o que tem essa característica, seja por serem passíveis do que tem essa característica, ou por serem aptos a fazer ou a padecer, ou estarem fazendo ou padecendo, o que tem essa característica, ou por serem perdas ou aquisições, [35] posses ou privações, do que tem essa característica. Ademais, visto que *um* e *ser* são ditos sob muitas acepções, é necessário que todas as restantes predicações ditas segundo *um* e *ser* também acompanhem essas muitas acepções, inclusive, por conseguinte, *idêntico*, *distinto* e *contrário*, de modo que estes serão distintos conforme cada predicação.

São ditos *distintos em espécie*: os que, partilhando o mesmo gênero, não estão subsumidos um sob o outro; [1018b1] os que, estando no mesmo gênero, guardam diferença entre si; aqueles cujas essências encerram uma contrariedade. São ainda distintos em espécie: os contrários entre si, seja todos, seja os que são ditos contrários no primeiro sentido; aqueles que, [5] na divisão final do gênero em espécie, têm enunciados explicativos distintos – é o caso, por exemplo, de *humano* e *cavalo*, que são insecáveis quanto ao gênero, embora seus respectivos enunciados explicativos sejam distintos; e também aqueles na mesma essência que guardam diferença entre si. Já *idênticos em espécie* são os ditos em oposição a esses.

11

São ditos *anteriores* e *posteriores* alguns porque, admitindo que algo [10] é primeiro e princípio em cada gênero, são os mais próximos de algum princípio definido, seja em sentido absoluto e por natureza, seja em relação a algo, ou em algum lugar, ou sob algumas condições. Por exemplo, os anteriores segundo o lugar o são ou por serem mais próximos de algum lugar definido, ou por natureza (por exemplo, do meio ou do extremo), ou pela circunstância. Posterior, por seu turno, é o mais distante.

Outros são ditos *anteriores* ou *posteriores* segundo o [15] tempo. Alguns por serem mais distantes do agora, como é o caso do que já veio a ser; por exemplo, as guerras de Troia são anteriores às Médicas, porque estão mais distantes do agora. Outros por serem mais próximos do agora, como é o caso do que está por vir; por exemplo, os jogos de Nemeia são anteriores aos Píticos, porque estão mais próximos do agora, visto que, nesse caso, o agora é empregado como princípio e como o que é primeiro.

Outros [20] são ditos *anteriores* ou *posteriores* segundo o movimento, pois o mais próximo do que primeiramente se moveu é anterior. Assim, por exemplo, criança é anterior a adulto, pois, em sentido absoluto, ela é algum princípio.

Outros o são segundo a possibilidade, pois o que supera em possibilidade é anterior e mais possível. Tem essa característica aquilo a cuja escolha o outro, a saber, o posterior, necessariamente acompanha, de modo que, se aquele não se mover, [25] tampouco este será movido, e se aquele se mover, este será movido. Aí o princípio é a escolha.

Outros o são segundo a ordem. E o são todos os que são dispostos em relação a algum um definido, segundo alguma razão. Assim é que, em relação ao corifeu, o corista que o ladeia é anterior ao que está na terceira posição, e na lira, a penúltima corda é anterior à última, porque, naqueles casos, o corifeu é o princípio, ao passo que nesses é a corda do meio que é princípio. Esses, portanto, [30] são ditos *anteriores* sob essa acepção.

Outra acepção de anterior é segundo o conhecer, que é considerado como anterior também em sentido absoluto. Nessa acepção, o que se diz *anterior* segundo o discurso e o que se diz *anterior* segundo a sensação são diversos. Segundo o discurso, são anteriores os universais, e segundo a sensação, os singulares. Ademais, segundo o discurso, o acidente é anterior ao [35] todo. Desse modo, por exemplo, *músico* é anterior a *homem músico*, visto que a locução toda não será sem suas partes, ainda que não seja logicamente possível ser músico sem ser algum músico. As afecções do que é anterior também são ditas respectivamente *anteriores*. Assim, por exemplo, *retidão* é anterior a *lisura*, porque aquela [1019a1] é afecção por si mesma da linha e esta da superfície. Alguns são ditos *anteriores* e *posteriores* sob essa acepção, e outros segundo a natureza, isto é, a essência. Trata-se daqueles para os quais é logicamente possível ser sem outros, mas a estes não é logicamente possível ser sem aqueles. Essa divisão já era empregada por Platão. E visto que se diz *ser* [5] sob várias acepções, em primeiro lugar, o sujeito é anterior, e é por isso que a essência é anterior. Em segundo lugar, visto que *anterior* em possibilidade é distinto de *anterior* em enteléquia, alguns anteriores o são em possibilidade, outros em enteléquia. Assim, por exemplo, segundo a possibilidade, a semirreta é anterior à reta, a parte ao todo e a matéria à essência, ao passo que, segundo a enteléquia, [10] elas são posteriores, já que é ao dissolver-se o todo que serão em enteléquia.

De certo modo, tudo o que é dito *anterior* e *posterior* é dito sob essas acepções. Pois, em alguns casos, é logicamente possível a alguns serem sem outros segundo a geração, como o todo sem as partes; em outros, segundo a corrupção, por exemplo, a parte sem o todo. Isso também vale nos outros casos.

12

[15] É dito *possibilidade*, por um lado, o princípio do movimento ou da mudança que está em outro ou[43] enquanto é outro. Por exemplo, a edificação é uma possibilidade que não pertence ao que está sendo edificado, ao passo que a terapêutica é uma possibilidade que até pode pertencer ao que está sendo curado, mas não enquanto está sendo curado. Portanto diz-se *possibilidade*, em geral, o princípio da mudança ou do movimento [20] em outro ou[44] enquanto é outro. Mas também é dito *possibilidade* o

---

43. Ross (Aristóteles, 1997) sugere inserir este "ou" [ἤ], que não consta na edição de Bekker (Aristóteles, 1831). A partícula consta em Parisinus gr. 1853 e em Vaticanus 256. Sua inclusão permite acomodar melhor o texto aos exemplos.

44. Tampouco consta em Bekker (Aristóteles, 1831). Consta em Parisinus gr. 1853.

princípio da mudança ou do movimento sob outro ou[45] enquanto é outro. Afinal, é conforme a ele que o paciente padece algo, e dizemos que o paciente tem possibilidade de padecer ora quando padece uma afecção qualquer, ora quando padece não uma afecção qualquer, mas, sim, para melhor.

Também se diz *possibilidade* o princípio pelo qual se consuma esse movimento ou mudança, seja adequadamente, seja conforme à escolha, pois, às vezes, dos que se deslocam ou falam, mas não [25] adequadamente ou não por terem escolhido, não dizemos que têm possibilidade de falar ou de andar. E isso também vale no caso do padecer.

São ainda ditos *possibilidades* os comportamentos consoante os quais em geral se é impassível, imutável ou não facilmente suscetível de mudança para pior, pois quebra-se, rompe-se, verga-se e, em geral, corrompe-se, não por [30] se ter a possibilidade, mas por não a ter e carecer de algo. Afinal, o que só a custo e superficialmente padece de processos assim é impassível graças à possibilidade, vale dizer, por tê-la e por comportar-se de certo modo.

Visto que se diz *possibilidade* sob essas tantas acepções, também *possível* será dito, sob uma acepção, como o que comporta o princípio do movimento ou da mudança – pois também [35] o que ocasiona o repouso é algum possível – em outro ou[46] enquanto outro. Sob outra acepção, algo é dito possível se algo diverso tiver [1019b1] tal tipo de possibilidade sobre ele. Sob outra, se **1019b** encerrar a possibilidade de mudar em um sentido qualquer, seja para pior, seja para melhor. Afinal, ao que se corrompe parece ser possível corromper-se, já que, se lhe fosse impossível, não se corromperia. Ele tem, então, alguma [5] disposição, causa ou princípio para esse tipo de afecção. Parece, pois, que é de tal tipo ora por comportar, ora por ser privado de algo. Se, pois, a privação for em certo sentido comportamento, todo possível o será por comportar algo. Desse modo, o possível será possível tanto por ter algum comportamento e princípio quanto por ter a privação respectiva, se

---

45. Idem.
46. A partícula não consta na edição de Bekker (Aristóteles, 1831), mas figura em Vaticanus 256.

[10] é que é logicamente possível ter privação. Se não for, o privado será dito possível por homonímia[47]. Ainda sob outra acepção, algo é dito possível por não residir em outro ou[48] nele enquanto outro a possibilidade ou princípio apto a corrompê-lo. E todos esses são ditos possíveis, seja por decorrer meramente serem gerados ou não serem gerados, seja por decorrer serem ou não gerados adequadamente. E tal possibilidade está, inclusive, nos inanimados, por exemplo, nos instrumentos. Assim é que dizem que uma lira tem a possibilidade [15] de soar e que outra não tem caso sua sonoridade não seja boa.

Impossibilidade é a privação da possibilidade, isto é, do princípio que tem a característica supradita, ou em geral, ou por parte daquilo a que é natural comportá-lo, ou quando seria natural já comportá-lo. Afinal, não é sob a mesma acepção que se diz da criança, do adulto e do eunuco que lhes é impossível se reproduzirem.

Além disso, para cada [20] possibilidade há uma impossibilidade que lhe é contrária, uma para a possibilidade que é meramente apta a mover e outra para a que é apta a mover bem. E dos impossíveis, alguns são ditos sob essa acepção de impossibilidade, outros sob outra, como *possível* e *impossível* ditos de tal maneira que *impossível* seria aquilo cujo contrário é necessariamente verdadeiro. Por exemplo, à diagonal é impossível ser comensurável com o lado do quadrado, [25] porque é falso algo tal que seu contrário seja não apenas verdadeiro, mas também necessário. Ora, é necessário ser incomensurável[49], donde ser comensurável é não apenas falso, mas necessariamente falso. E o contrário disso, a saber, *possível*, é quando não for necessário que o contrário seja

---

47. O trecho tem versões diversas. Sigo a sugestão de Ross (Aristóteles, 1997), que se escora na interpretação de Alexandre. Bekker (Aristóteles, 1831) traz a formulação: ὁμωνύμως δὲ λεγόμενον τὸ ὂν ὥστε τῷ τε ἔχειν ἕξιν τινὰ καὶ ἀρχήν ἐστι δυνατὸν καὶ τῷ ἔχειν τὴν τούτου στέρησιν, εἰ ἐνδέχεται ἔχειν στέρησιν [Ser é dito homonimamente, de sorte que é tanto por ter algum comportamento e princípio quanto por ter a privação respectiva que o possível é possível, se é que é logicamente possível ter privação]. É essa formulação que corresponde também à tradução de G. De Moerbeke.

48. Esta partícula não consta na edição de Bekker (Aristóteles, 1831).

49. Sigo aqui a sugestão de Bordéüs e Stevens em sua tradução (Aristóteles, *ad loc.*, 2014, p. 52, n. 1), na esteira de Jaeger.

falso. Por exemplo, a homem é possível sentar-se, pois [30] não se sentar não é necessariamente falso. *Possível* significa, portanto, sob uma acepção, conforme foi dito, o não necessariamente falso; sob outra, o ser verdadeiro; e, sob outra, o logicamente possível ser verdadeiro.

Em geometria também se emprega a palavra *possibilidade*[50], em sentido metafórico. Aí, *possível*[51] não se toma segundo a acepção de possibilidade. [35] Por seu turno, os que são ditos *possíveis* segundo a acepção de possibilidade o são todos em relação à acepção primeira, qual seja: [1020a1] princípio da mudança em outro ou[52] enquanto outro, pois o que é dito *possível* sob as restantes acepções o é ou por algo distinto ter uma possibilidade assim sobre ele, ou por não a ter, ou por a ter sob certa condição. O mesmo vale para as acepções de impossível. De modo que o termo fundamental [5] da acepção primeira de possibilidade seria: princípio de mudança em outro ou enquanto outro.

1020a

13

Diz-se *quantidade* o que é divisível em componentes, cada um dos quais é por natureza algum um e algum tal. E alguma quantidade será multiplicidade se for numerável, e grandeza se for [10] mensurável. O que é divisível em possibilidade é dito *multiplicidade* se o for em ingredientes não contínuos e *grandeza* se o for em ingredientes contínuos. E das grandezas, a contínua divisível em possibilidade de uma maneira é dita *comprimento*; de duas, *largura*, e de três, *profundidade*. Das quantidades, a que for finita será dita *número* se for multiplicidade; *linha*, se for comprimento; *superfície*, se for largura; e *corpo* se for profundidade.

Além disso, [15] das quantidades, umas são ditas por si mesmas e outras por acidente. Por exemplo, linha é alguma quantidade

---

50. Nesse uso, a expressão seria mais adequadamente vertida em português para "potência".

51. Correlativamente, no contexto matemático essa expressão é mais adequadamente vertida por "potência".

52. Esta partícula não consta na edição de Bekker (Aristóteles, 1831).

por si mesma, ao passo que músico o é por acidente. Dentre as por si mesmas, algumas são por sua essência – por exemplo, a linha é alguma quantidade porque *alguma quantidade* pertence ao enunciado que veicula o que é *linha* –, outras são afecções e comportamentos [20] desse tipo de essência. É o caso, por exemplo, de muito, pouco, longo, curto, largo, estreito, profundo, raso, pesado, leve, e outras desse tipo. Grande e pequeno, bem como maior e menor, tanto ditos por si mesmos quanto em relação um ao outro, são afecções [25] por si mesmas de quantidade. Mas esses nomes também são empregados por metáfora sob outras acepções.

Dentre os que são ditos quantidades por acidente, alguns são ditos quantidades, tal como já dissemos a propósito de *músico* e *branco*, em virtude de aquilo a que pertencem ser alguma quantidade; outros são enquanto movimento e tempo, porque estes são ditos quantidades, e, ademais, [30] contínuas, por serem divisíveis aqueles de que são afecções. E refiro-me aqui não ao móvel, mas àquilo com respeito a que ele é movido, pois é por este ser quantidade que também o movimento é quantidade, e é por este ser quantidade que também o tempo o é.

14

É dita *qualidade*, sob uma acepção, a diferença da essência; por exemplo, humano é animal de alguma qualidade, a saber, bípede, e cavalo, quadrúpede; [35] e círculo é figura de alguma qualidade, a saber, sem ângulos. Assim entendida, qualidade seria, então, a [1020b1] diferença segundo a essência.

Essa é, então, uma acepção sob a qual essa palavra é dita, a saber, *diferença da essência*. Sob outra acepção usa-se *qualidade* para o que é imóvel, isto é, para os objetos matemáticos. É assim que os números são algumas qualidades, como, por exemplo, os compostos – não apenas os que são por um único fator, mas aqueles dos quais o plano [5] e o sólido são expressões, já que esses são tantas vezes tanto ou tantas vezes tantas vezes tanto –, e, em geral, o que pertence à essência juntando-se à quantidade, visto que a essência de cada número é o que ele é de uma só vez. Assim, por exemplo, a essência do seis não é o que é em duas ou em três vezes, mas o que é de uma só vez, pois seis é de uma só vez seis.

Também são ditas qualidades as afecções das essências em movimento – como calor, frio, [10] brancura, negrura, gravidade, leveza e tudo o que é desse tipo – com respeito às quais os corpos em mudança são ditos se alterarem. Emprega-se *qualidade* também para virtude e vício e, em geral, o mau e o bom.

Em linhas gerais, portanto, diz-se *qualidade* sob duas acepções, das quais uma é a mais fundamental, pois em sua acepção primeira, [15] *qualidade é diferença da essência*. E é alguma parte dela a qualidade que se aplica aos números, pois ela é alguma diferença de essências, embora não das essências em movimento, ou não delas enquanto em movimento. Segundo a outra acepção, são qualidades as afecções das essências em movimento enquanto em movimento, bem como as diferenças dos movimentos. A virtude e o vício são alguma parte dessas afecções, visto que revelam diferenças [20] do movimento e da atuação com respeito às quais os seres em movimento fazem ou padecem adequada ou precariamente. Com efeito, o que tem a possibilidade para mover-se ou atuar de tal modo é bom, e de tal outro, isto é, do modo contrário, é ruim. E *bom* e *mau* significam qualidade principalmente a propósito dos animados e, dentre estes, sobretudo dos que são dotados de [25] escolha.

15

Relativos a algo, sob uma acepção, são ditos tais como *dobro* em relação a *metade*, *triplo* em relação a *terço* e, em geral, *múltiplo* em relação a *divisor*, e também *excedente* em relação a *excedido*. Sob outra acepção, como *calorífero* em relação a *aquecível*, *cortante* em relação a [30] *cortável* e, em geral, *ativo* em relação a *passivo*. Sob outra, como *mensurável* em relação a *medida*, *cognoscível* em relação a *conhecimento* e *sensível* em relação a *sensação*.

Sob a primeira acepção, diz-se *relativo* em sentido numérico, seja em sentido absoluto, seja em sentido definido, em relação ou ao próprio número ou a um. Por exemplo, diz-se *dobro* em relação a um número definido, ao passo que se diz *múltiplo* [35] em sentido numérico em relação a um número, mas não definido, vale dizer, a este ou [1021a1] àquele número. E *dízimo* em relação a *décuplo* guarda uma relação numérica com um número definido, ao passo que *dividendo* em relação a *divisor* guarda uma relação indefinida[53], assim como *múltiplo* em relação a *um*. Já *excedente* em relação a *excedido* mantém uma relação totalmente indefinida quanto ao número, [5] pois número é comensurável, então o que cai sob o incomensurável não é dito número. E o excedente, em relação ao excedido, é este e mais um tanto, que é indefinido, pois calhou ser um qualquer, seja equivalente, seja não equivalente ao divisor.

Todos esses relativos a algo são ditos, portanto, em sentido numérico, isto é, são afecções de número. É o caso também, mas sob outra acepção, de *equivalente*, [10] *semelhante* e *idêntico*. Afinal, são todos ditos com respeito a um: são ditos *idênticos* aqueles cuja essência é uma só; *semelhantes* os que partilham uma qualidade; e *equivalentes* os que partilham uma só quantidade. E o um é princípio e medida do número, de modo que todos eles são ditos relativos a algo em sentido numérico, embora não sob a mesma acepção.

Os que são ditos relativos [15] produtivos e passivos o são segundo as possibilidades produtiva e passiva e as atuações dessas possibilidades. Por exemplo, diz-se *calorífero* relativamente a *aquecível* porque é possível, ao passo que se diz *o que aquece* em relação a *em aquecimento* e *divisor* em relação a *dividendo*, enquanto atuam.

---

53. Diferentemente da língua grega, não há em português nome específico para as relações aritméticas mencionadas neste trecho. No caso da primeira, entre um número e a soma dele com sua metade, ambos os termos relacionados recebem em português o nome de "sesquiálteros", mas não há um nome específico para cada um deles como há em grego "ὑφημιόλιον" e "ἡμιόλιον". No caso da segunda relação aludida por Aristóteles, o exemplo que mais parece se aproximar do par "ἐπιμόριον" e "ὑπεπιμόριον" afigurou-se o par "dividendo" e "divisor".

Dentre os que são ditos relativos em sentido numérico não há atuações, a não [20] ser na acepção já mencionada alhures[54], tampouco lhes pertencem as atuações segundo o movimento. Por seu turno, os que são ditos relativos segundo a possibilidade também são ditos relativos segundo o tempo; por exemplo, diz-se *o que produziu* em relação a *produzido*, e *o que vai produzir* em relação a *o que vai ser produzido*. É assim também que *pai* é dito *pai* em relação a *filho*, visto que um é *o que produziu* e o outro [25] o *algo produzido*. Alguns relativos, por seu turno, são assim ditos segundo a privação da possibilidade, tais como *impossível* e todos os que são ditos desse jeito, como *invisível*.

Os que são ditos relativos a algo em sentido numérico e segundo a possibilidade são todos relativos a algo porque o que eles são é precisamente serem ditos de outros, mas não por outros serem ditos em relação a eles. Já *mensurado, conhecido* e [30] *pensado* o são por outros serem ditos relativos a eles. Com efeito, *pensado* significa *aquilo sobre o que versa o pensamento*, ao passo que *pensamento* não é relativo àquilo sobre o que versa o pensamento. Senão, o mesmo seria dito duas vezes. Igualmente, *vista* é vista de algo, mas não daquilo de que é vista (em que pese seja verdadeiro dizer isso), e, sim, em relação a cor ou em relação a algum outro desse tipo. Com efeito, daquela maneira anterior, o mesmo seria dito duas vezes, a saber, que vista é daquilo de que é vista.

[1021b1] Dos que são ditos relativos a algo por si mesmos, **1021b** alguns são ditos assim, outros se seu [5] gênero tiver essa característica. Por exemplo, medicina está dentre os relativos a algo porque seu gênero, a saber, ciência, parece ser relativa a algo. São também ditos relativos a algo por si mesmos todos os que são comportados pelos que são ditos relativos, como *equivalência*, porque *equivalente* encerra *equivalência*, e *semelhança*, porque *semelhante* encerra *semelhança*. Alguns relativos a algo são assim ditos por acidente, como *homem* é dito relativo a algo por decorrer-lhe ser dobro, [10] sendo que *dobro* está dentre os relativos a algo. Isso vale para *branco*, se ao mesmo decorrer ser dobro e branco.

---

54. Bonitz sugere aqui *Metafísica* Θ 9, 1051a30 (cf. Aristóteles, 1849, p. 261, v. 2). Cf., a respeito, o comentário de D. Ross ao trecho (Aristóteles, 1997, p. 329-330).

16

Em uma acepção, é dito *finalizado* aquilo fora do que não há como tomar algo, sequer uma pequena parte. Assim, por exemplo, de cada intervalo, o tempo de duração é *finalizado* se não houver como considerar qualquer tempo fora dele que seja parte dessa duração. E também o que [15] não tem superior em seu próprio gênero no que tange à virtude e a bem. Desse modo, dizemos *médico finalizado* e *flautista finalizado*[55] quando nada está faltando no que tange à espécie de virtude respectiva. Transpondo para os vícios, também dizemos *finalizado detrator* ou *finalizado ladrão*[56], visto que também os dizemos bons; por exemplo, dizemos *bom* [20] *ladrão* e *bom detrator*. E a virtude é alguma finalização, pois cada finalizado o é e toda essência é finalizada quando, com respeito à espécie de virtude respectiva, nenhuma parte de sua grandeza natural faltar.

Também aqueles aos quais pertence o fim, sendo este positivo, são ditos finalizados, já que é por terem [25] fim que são finalizados. Por conseguinte, porque o fim é algum dentre os que são últimos, transpondo também aqui para os males, dizemos finalizada a destruição e finalizada a corrupção quando nada faltar para a corrupção e para o mal, mas estes atingirem seu último nível. Eis por que o finamento é metaforicamente dito fim, porque ambos são extremos últimos. É também dito fim [30] o último da série do que é visado.

O que é dito por si mesmo finalizado o é, então, sob estas tantas acepções: uns por nada faltar nem exceder, nem restar algo fora quanto ao critério do bem; outros [33] por não haver, em cada caso, no respectivo gênero, algo que supere ou fique de fora. 1022a [1022a1] As restantes acepções sob as quais *finalizado* é dito conformam-se a estas, ou por produzir algo assim, ou por tê-lo ou

---

55. Em português não soa familiar o emprego de "finalizado" em ocorrências assim. Mais comum é empregar sinônimos como "acabado", "rematado" ou "consumado".

56. Igualmente nessas ocorrências correlatas, em português o familiar seria empregar os sinônimos de "finalizado" supramencionados.

por se ajustar a ele, ou por, de uma ou outra maneira, ser dito em relação aos que são ditos finalizados segundo as primeiras acepções de finalizado.

17

É dito *limite* o extremo último de cada qual, isto é, a primeira extremidade fora da qual nada [5] do caso pode ser assinalado e também a primeira aquém da qual tudo dele está. E, ainda, o que for espécie de grandeza ou do que tiver grandeza, bem como o fim de cada qual. Tem essa característica aquilo para o que se dirige o movimento e a ação, e não aquilo de onde eles partem, conquanto, por vezes, ambos tenham essa característica, vale dizer, tanto aquilo a partir de que quanto aquilo para o que e o que é visado. Também se diz *limite* a essência de cada qual e *o que era ser* para cada qual, porque é este o limite [10] do conhecimento e, se o é do conhecimento, também é o limite do fato. É evidente, por conseguinte, que se diz *limite* sob tantas acepções quantas se diz *princípio*, e também outras mais, visto que princípio é algum limite, mas nem todo limite é princípio.

18

Pelo quê[57] se diz sob diversas acepções, uma das quais é a espécie [15] e a essência de cada fato. É assim, por exemplo, que aquilo pelo que se é bom é ele próprio bom. Sob outra acepção, diz-se *pelo quê* aquilo em que, por natureza, primeiramente se

---

57. A língua portuguesa carece de uma expressão que percorra a diversidade de sentidos que Aristóteles reúne aqui sob a expressão "καθ' ὅ", cuja grafia resulta da contração da preposição "κατά" com o pronome "ὅ" no caso acusativo. A composição de "κατά" com o acusativo imprime a acepção de conformidade ou subordinação, ensejando sua tradução por expressões como *conforme, segundo, sob, por*. Neste capítulo, preferiu-se preservar a mesma expressão *pelo que* em todas as ocorrências de "καθ' ὅ", por vezes em desfavor da clareza. Em outras passagens desta tradução, preferiu-se resguardar a clareza, o que obrigou o emprego de outras alternativas, dentre as quais as mencionadas acima, como *"segundo [o que]"*, *"conforme [o que]"*.

é gerado, como a cor é gerada na superfície. E aquilo pelo que primeiramente se é dito é a espécie, em segundo lugar, a matéria de cada qual e o primeiro sujeito em cada caso. E em geral, *pelo que* pertencerá sob tantas acepções [20] quanto *causa*; com efeito, diz-se "fez pelo quê?" ou "fez em vista do quê?", e "pelo que incorreu em paralogismo?" ou "pelo que raciocinou?", ou, ainda, "qual é a causa do raciocínio?" ou "qual é a causa do paralogismo?". "Pelo quê" se diz também pela posição: "pelo que se mantém ereto?" ou "transita pelo quê?". Todos esses, com efeito, significam lugar e posição.

Correlativamente, também [25] *por si mesmo*[58] será dito necessariamente sob várias acepções. Sob uma, é dito por si mesmo o *o que era ser* para cada qual, por exemplo, Cálias é por si mesmo Cálias e também *o que era ser* para Cálias. Sob outra acepção, o que pertence ao *o que é*, por exemplo, Cálias é por si mesmo animal, pois *animal* é componente do enunciado que o explica. Afinal, Cálias é algum animal. E, ainda, [30] aquilo em que primeiramente incidir algo ou que comportar aquilo em que primeiramente incide algo. Assim, por exemplo, superfície é por si mesma luzidia[59] e humano por si mesmo é vivo, dado que *alma* é alguma parte de *humano* e *viver* incide primeiramente em *alma*. Também é dito *por si mesmo* o que não tem causa dele distinta, pois em que pese sejam muitas as causas de hu-

---

58. *Por si mesmo* aplica-se aqui à expressão "καθ᾿ αὑτὸ", resultante da contração da mesma preposição "κατά" que forma "καθ᾿ ὅ", agora com o pronome reflexivo "ἑαυτοῦ" – *si próprio, si mesmo* – no caso acusativo.

59. O vocábulo "λευκός", habitualmente traduzido por "branco", tem o sentido primeiro de "luminoso", "brilhante", "reluzente", "límpido", "claro", e só derivativamente passou a ser empregado para denotar a cor branca. No caso das superfícies, a lisura está intrinsecamente associada à luminosidade e é provável que Aristóteles estivesse pensando nessa coextensão, sobretudo no Livro Z, em que essa conexão será aludida. É razoável suspeitar que, ao empregar a mesma palavra "λευκός" também como acidente de "humano", aqui traduzida por "branco", Aristóteles não considerasse a distinção entre "luminoso" e "branco". E não se deve desprezar a suspeita de que ele se referisse à luminosidade da pele humana, por contraste com a opacidade da cobertura de pelos, escamas ou penas de outros animais. Como quer que seja, preferiu-se aqui verter "λευκός" para "branco" nas ocorrências em que Aristóteles a associa a "ἄνθρωπος", e "luzidio" nas ocorrências em que associa a "λεῖος".

mano, vale dizer, animal, bípede, no entanto humano é humano por si mesmo. É, enfim, dito *por si mesmo* o que pertence a um só sujeito, enquanto é um só em virtude de si mesmo separado por si mesmo[60].

19

[1022b1] Diz-se *disposição* a ordem do que tem partes, seja segundo o lugar, seja segundo a possibilidade, seja segundo a espécie. Afinal, deve haver aí alguma posição, como o próprio nome já revela.

1022b

20

Chama-se *comportamento*, sob uma acepção, alguma atuação, por assim dizer, do [5] que comporta e do que é comportado, como alguma ação ou movimento, pois do mesmo modo que, quando um produz e outro é produzido, o intermediário é a produção, assim também, do que comporta um traje e do traje que é comportado, o intermediário é o comportamento. Disso fica óbvio que não é logicamente possível comportar comportamento, já que se iria ao infinito se ao comportado coubesse comportar [10] o comportamento.

Sob outra acepção, é dita *comportamento* a disposição segundo a qual o que se dispõe dispõe-se bem ou mal, seja por si mesmo, seja em relação a outro. É assim, por exemplo, que saúde é algum comportamento, visto ser esse tipo de disposição. Ademais, é dito *comportamento* o que for parte desse tipo de disposição. Eis por que a virtude das partes é algum comportamento.

---

60. Segundo D. Ross (Aristóteles, 1997, p. 334-335), a passagem recebeu uma variedade de leituras, indicando uma provável rasura na origem. Sigo aqui a sugestão dele para o trecho.

21

[15] É dita *afecção*, sob uma acepção, a qualidade pela qual é logicamente possível alterar-se, por exemplo, branco, preto, doce, azedo, gravidade, leveza e outras desse tipo. Sob outra acepção, o que já são atuações e alterações efetivas desses casos, dentre as quais, sobretudo, os movimentos e as alterações que envolvem sofrimento, [20] especialmente os sofrimentos que envolvem dor. Diz-se também *afecção* as grandes dores e infortúnios.

22

Diz-se *privação*, sob uma acepção, se algo não tiver alguma das características que por natureza se pode ter, mesmo que não lhe seja natural tê-lo. É sob essa acepção que planta é dita privada de olhos. Sob outra acepção, se algo não tiver aquilo que ele ou seu gênero [25] por natureza tem. Assim é que homem cego e toupeira são privados de vista de modos diversos: em um caso, com respeito ao gênero, em outro, por si mesmo. E também se não tiver o que por natureza tem quando for natural tê-lo. Afinal, cegueira é alguma privação, mas alguém será cego não em toda e qualquer idade, e, sim, se não tiver visão na idade em que for natural tê-la. [30] Isso se estende aos casos em que não tiver nas circunstâncias, ou nas condições, ou segundo o aspecto, ou sob a relação, ou da maneira que por natureza teria.

É também dita *privação* a supressão violenta de algo. E as privações serão ditas sob tantas acepções quantas são ditas as negações formadas a partir da anteposição de "a", "des" ou "in"[61] às palavras. Com efeito, diz-se *desigual* por naturalmente não ter

---

61. Aristóteles refere-se aqui ao uso da letra grega "α" como prefixo com sentido negativo ou privativo. Embora só o último dos exemplos amealhados na passagem ilustre caso similar em português, a saber, a palavra "ápode", também a letra correlata "a" desempenha como prefixo esses papéis, conforme atestam palavras como "apatia", "afônico" ou "ateísmo". Para acomodar os exemplos mobilizados por Aristóteles à especificidade da língua portuguesa, acrescentou-se aqui os prefixos "des" e "in", que desempenham a mesma função do "a" anteposto à palavra em grego e em português.

igualdade; [35] *invisível*, por não ter cor ou a ter discretamente; *ápode*, por não ter pés ou os ter de forma rudimentar. E diz-se *privação* também por se ter [1023a1] parcamente, como é o caso de *aspermo*; pois *aspermo* é ter, de certo modo, insuficientemente. E também por não efetuar fácil ou adequadamente, como se emprega, por exemplo, *inquebrável* não apenas por não se quebrar, mas também por dificilmente se quebrar ou não se quebrar do modo adequado. E enfim por absolutamente não ter. Assim é que é dito cego não o que não tem vista [5] em apenas um dos olhos, mas o que não tem vista em ambos. Por isso, nem tudo é ou bom ou mau, ou justo ou injusto, mas há também o intermediário.

1023a

23

Ter[62] se diz sob várias acepções, uma das quais é conduzir segundo a própria natureza ou segundo a própria inclinação. Por isso [10] se diz que a febre tem o homem, os tiranos têm as cidades e quem está vestido tem a roupa. Sob outra acepção, aquilo a que algo pertence enquanto seu subjacente é dito tê-lo. Assim, por exemplo, o mármore tem a espécie da estátua e o corpo tem a enfermidade. Sob outra acepção, ainda, aquele que abarca é dito ter os abarcados, visto que os abarcados são ditos [15] tidos por aquilo em que estão. Dessa maneira, dizemos que o recipiente tem o líquido, que a cidade tem homens e o navio tem tripulantes. É também sob essa acepção que o todo tem as partes.

Ademais, o que impede algo de se mover ou fazer segundo sua própria inclinação é dito tê-lo. Assim, as colunas são ditas terem o peso depositado sobre elas, e os poetas [20] dizem que Atlas tem o céu alegando que caso contrário este desabaria sobre a Terra, como dizem também alguns dos fisicistas. É sob essa acepção também que o que contém é dito ter os conteúdos nele

---

62. "Ter" traduz aqui o verbo "ἔχειν", cognato do substantivo "ἕξις", traduzido acima (Δ, 20) por "comportamento". Em face da versatilidade do verbo grego e em benefício da fluência do texto na língua de chegada, ao longo desta tradução ele recebeu diferentes correlatos, dentre os quais, inclusive, "comportar".

contidos, sob a ponderação de que senão, cada qual, sob sua própria inclinação, desgarrar-se-ia.

Ser em algo é dito sob acepções similares, vale dizer, correlativamente às acepções sob as quais [25] *ter* é dito.

24

Ser de algo é dito, sob uma acepção, aquilo de que se é constituído enquanto matéria, e isso em dois sentidos: ou segundo o primeiro gênero, ou segundo a espécie última; por exemplo, em um caso se diz que tudo que se liquefaz é de água, no outro, que a estátua é de bronze. Sob outra acepção, enquanto provém do [30] primeiro princípio motor; por exemplo: "do que provém a discórdia? – Da injúria", porque esta é princípio da discórdia. Sob outra acepção, do composto de matéria e forma, tal como as partes são do todo, o verso é da Ilíada e as pedras, da casa, pois a forma é fim e finalizado é o que tem fim. [35] E alguns são ditos *serem de algo* tal como se diz que a espécie é da sua parte, tal como se diz que humano é de dois pés e sílaba, de letra. Essa acepção é diversa daquela

1023b sob a qual se diz [1023b1] que estátua é de bronze, pois a essência composta é de matéria sensível, ao passo que a espécie é da matéria da espécie. *Ser de algo* se diz, pois, em certos casos, sob essas acepções. Em outros, se algo for dito pertencer em parte sob alguma dessas acepções. É assim, por exemplo, que se diz que filho é de pai e de mãe [5] e que as plantas são de terra, porque são de alguma parte deles.

Sob outra acepção, é dito *ser de algo* o que sucede no tempo; por exemplo, que do dia vem a noite e da calmaria, a tempestade, porque um é depois do outro. Desses, alguns são ditos assim por comportarem a mudança recíproca de um no outro, como é o caso dos exemplos citados. Outros são assim ditos em virtude apenas da sucessão temporal, como se diz que a navegação partiu [10] do equinócio porque foi depois dele que ela começou, e também que das celebrações dionisíacas vêm as targélias, porque estas acontecem depois das dionisíacas.

25

É dito *parte*, sob uma acepção, aquilo em que uma quantidade é dividida, pouco importa como seja a divisão. Afinal, o que é subtraído de uma quantidade enquanto quantidade é sempre dito parte dela. É nesse sentido que, por exemplo, dois é, de certo modo, dito parte de [15] três. Sob outra acepção, é dito *parte*, dentre o que tem a característica supradita, somente o que serve de medida. É por isso que, em certo sentido, diz-se que dois é parte de três e, em certo sentido, não. Ademais, aquilo em que a espécie for dividida sem ser por um procedimento quantitativo também se dirá que é parte dela. É por isso que dizem que as espécies são partes do gênero. É também dito *parte* aquilo em que se divide ou de que é composto [20] o todo, seja a espécie, seja o que comporta a espécie. Assim, da esfera de bronze, ou do cubo de bronze, o bronze é parte – visto que é a matéria na qual está a espécie –, e o ângulo também é parte. São também ditos *partes* de cada qual os integrantes do enunciado que o elucida, e esses integrantes são partes do todo. Por isso se diz que o gênero é também parte da espécie, mas sob uma acepção distinta [25] daquela sob a qual se diz que a espécie é parte do gênero.

26

É dito *todo*[63] aquilo a que não falta nenhuma das partes a partir das quais ele é por natureza dito todo, e o que inclui aqueles por ele incluídos de tal modo a constituírem algum

---

63. Aristóteles traça neste trecho a diferença entre as significações e usos dos adjetivos "ὅλον" e "πᾶν", aqui apresentados em sua forma neutra, que recebem em português a mesma tradução "todo", em que pese sob acepções diferentes ou, mais precisamente, funções sintáticas diferentes. Traduzindo "ὅλον", "todo" assume papel de adjetivo, com significado próximo de "inteiro", "completo". Como tradução de "πᾶν", "todo" deve ser entendido como pronome indefinido, o que acomoda inclusive o emprego do neutro "tudo", nas ocorrências em que for essa a acepção requerida. Para distinguir na versão portuguesa as ocorrências de "ὅλον" e "πᾶν", optou-se por reservar o singular "todo" para "ὅλον", empregando o plural "todos" e suas variantes, bem como o neutro "tudo", para "πᾶν" e suas variantes.

um, e isso em dois sentidos: ou enquanto cada qual é um, ou enquanto o que deles resulta é um. Pois o universal, isto é, o que é dito universalmente[64] [30] como sendo algum todo, é universal nesse sentido na medida em que abarca muitos por ser predicado de cada singular, e todos serem um enquanto singular. É o caso, por exemplo, de *humano*, de *cavalo* e de *deus*, visto serem todos animais.

Também se diz *todo* o contínuo e finito, quando for algum um composto de muitos, que lhe pertencem sobretudo em possibilidade, quando não em atuação. Dos contínuos e finitos, [35] são sobretudo os que o são por natureza, mais do que os que o são por técnica, que têm a característica em tela. Também vale aqui o que já dissemos a propósito do um[65], visto que a totalidade é alguma unidade.

1024a
[1024a1] Das quantidades que têm princípio, meio e último, aquelas em que as posições das subdivisões não fazem diferença são ditas cada qual *todos* ou *tudo*, e aquelas em que fazem são ditas cada qual *todo*. E aquelas em que ambos os casos são logicamente possíveis são ditas tanto *todo* quanto *todos* ou *tudo*. São aquelas cuja natureza permanece na permuta, mas não [5] a forma, como é o caso de cera e de roupa, que são ditas, cada qual, tanto *todo* quanto *todos* ou *tudo*, visto comportarem ambos os casos. Já a água e o que é líquido, bem como o número, são ditos cada qual *todos* ou *tudo*, mas nem o número nem a água são ditos cada qual *todo*, a não ser metaforicamente. Diz-se *todos* no plural daqueles dos quais se diz *tudo* no singular, neste caso aplicando-lhes *todos* ao tomá-los como divididos. Assim, dizemos *tudo isso* tratando do número e *todas elas* ao tratar das unidades.

---

64. "Universal" traduz a palavra "καθόλου", resultante da fusão da preposição "κατά", "conforme", "sob", com "ὅλον", "todo", no caso genitivo. É o que Aristóteles parece assinalar na sequência, ao mencionar o "dito com abrangência total" – em grego "τὸ ὅλως λεγόμενον" –, valendo-se do advérbio "ὅλως", cognato do adjetivo "ὅλον". Outras ocorrências do mesmo advérbio são vertidas aqui por "geralmente", "completamente" ou congêneres, conforme o contexto.

65. D. Ross (Aristóteles, 1997) indica aqui 1016a4 supra, em Δ 6.

27

Abscindido se diz das quantidades, mas não qualquer delas e sim da que, embora partida, deve ser também um todo. Por isso não se diz que dois ficará abscindido se lhe for subtraído um, visto que a quantidade que foi submetida à abscisão[66] já não será equivalente à restante após a abscisão. Aliás, nenhum número é dito abscindido, pois nos abscindidos [15] a essência deve permanecer. Afinal, um caneco, mesmo se abscindido, ainda será um caneco, mas um número não mais será o mesmo.

E mesmo do que tiver partes desiguais, nem tudo poderá ser dito abscindido. Afinal, número também é admitido como tendo partes desiguais, como o que se reparte em dois e três. E, em geral, daqueles em que a posição não faz diferença, a nenhum se aplica *abscindido*, como exemplificam a água ou o fogo. [20] Ao invés, para ser abscindido, deve ser tal que acomode posição conforme a essência. E também contínuo; afinal, a harmonia constitui-se de partes desiguais e encerra posição, e nem por isso se torna passível de ser dita abscindida.

Ademais, não é qualquer todo que tenha sido privado de qualquer de suas partes que é abscindido, pois é preciso que não sejam nem as partes fundamentais de sua essência, nem as que preenchem uma posição qualquer. Assim, um caneco furado [25] não será abscindido, mas será se o que faltar for a asa ou alguma de suas partes importantes. E um homem não será abscindido se perder carne ou o baço, mas alguma de suas partes importantes, porém não todas, e, sim, uma que não será gerada se for totalmente subtraída. Eis por que os calvos não são ditos abscindidos.

---

66. A descrição "quantidade que foi submetida à abscisão" traduz "κολόβωμα", em geral explicada como "parte retirada na abscisão" (cf., por exemplo, verbetes em Liddell e Scott, Bailly e Chantraine). Ocorre que todas as fontes consultadas embasam essa explicação no uso que Aristóteles faz da palavra, e algumas das fontes, inclusive, remetem a esta ocorrência precisa (cf. Liddell e Scott). A dificuldade é que o contexto não favorece a explicação oferecida, já que a passagem em tela parece fazer sentido se "κολόβωμα" designar não a parte retirada e, sim, a grandeza que sofreu a abscisão. O exemplo confirma a sugestão, já que, se de dois for subtraída a unidade, a parte extraída será igual ao resto, contrariamente ao que lemos no texto.

28

Gênero se diz, sob uma acepção, se for contínua a geração dos [30] que comportam a mesma espécie; por exemplo, ao se dizer "até onde for o gênero humano", o que se diz é "até onde for a geração contínua dos humanos". Sob outra acepção, aquilo a partir do que se é, tendo ele primeiro movido rumo ao ser. Assim, os helênicos são ditos um gênero, bem como os jônicos, os primeiros por provirem de Heleno como um primeiro progenitor, os segundos, de Jônio. E se diz gênero nessa acepção mais tomando por ponto de partida o que gera do que a matéria, pois também se diz formar o gênero a partir da fêmea, como é o caso dos descendentes de Pirra. *Gênero* se diz também como se 1024b diz que *plano* [1024b1] é o gênero das figuras planas, e *sólido* o das figuras sólidas, pois cada figura é ou figura plana de tal qualidade ou sólido de tal qualidade. Nessa acepção, gênero é o sujeito das diferenças. E nos enunciados explicativos, é dito *gênero* o primeiro componente [5] dito no *o que é*, cujas qualidades são ditas *diferenças*. Tantas são, portanto, as acepções sob as quais se diz *gênero*: uma, segundo a geração contínua da mesma espécie; outra, segundo o que primeiro moveu dentre os que partilham a mesma espécie; outra, enquanto matéria, pois aquilo de que a diferença é diferença e a qualidade é qualidade é o sujeito, que dizemos *matéria*.

São ditos [10] *distintos em gênero* aqueles cujos respectivos sujeitos primeiros são distintos e nem a análise de um pode levar ao outro, nem a de ambos ao mesmo. Assim, a espécie e a matéria são distintas quanto ao gênero, bem como os que são ditos segundo distintas figuras de predicação do ser, pois dos seres, uns significam o que é, outros alguma qualidade e outros tal como já foi distinguido [15] precedentemente. E esses não são analisados de sorte a conduzir um ao outro, nem a algo que seja um só.

29

Falso é dito, sob uma acepção, como um fato falso, e isso ou por seu conteúdo não estar concatenado ou por ser impossível de ser combinado. É desse modo que a diagonal [20] é dita ser comensurável, por um lado, e você é dito estar sentado, por outro, pois, destes, um é falso sempre e o outro, eventualmente, de maneira que eles não são seres. E também os que, não obstante sejam, por natureza se mostram ou não tais como são, ou não o que são. É o caso, por exemplo, das pinturas em trompe-l'oeil e dos sonhos, pois embora sejam algo, não são aquilo de que produzem a imaginação. Fatos são ditos [25] falsos, portanto, sob as seguintes acepções: ou por não serem, ou porque a imaginação que deles resulta não é do que são.

Já *enunciado falso*, por seu turno, é aquele do que não é enquanto é falso. É por isso que todo enunciado falso remete a algo distinto daquilo de que é verdadeiro. Assim, o enunciado de círculo é falso de triângulo. Ora, de cada qual há, por um lado, enunciado enquanto um só, a saber, o enunciado do o que era ser e, por outro, enunciado enquanto [30] muitos, visto que, de certo modo, algo e esse mesmo algo enquanto padece uma afecção são idênticos. Assim, *Sócrates* e *Sócrates músico* são, de certo modo, idênticos. Ora, enunciado falso é, em sentido absoluto, enunciado de nada. Foi por isso que Antístenes considerou ingenuamente que nenhum enunciado seria válido a não ser o que veiculasse a explicação respectiva, vale dizer, veiculasse um de um – donde decorria não haver discordância e, *grosso modo*, tampouco falsidade. No entanto [35] a cada qual pode-se atribuir não apenas o respectivo enunciado explicativo, mas também o enunciado explicativo de outro, e isso tanto falsamente – e até mesmo de modo completamente falso – quanto também verdadeiramente; [1025a1] por exemplo, ao enunciarmos que oito é dobro empregamos o enunciado explicativo de díade. **1025a**

Nesses casos, então, diz-se *falso* sob essas acepções. Por seu turno, *pessoa falsa* é quem não se envergonha ao escolher enunciados desse tipo, não em virtude de algo distinto, mas por si mesmo, e ainda leva outras pessoas a formularem enunciados assim, [5] do mesmo modo que também dizemos serem falsos os fatos que produzem imaginação falsa. Eis por que é enganoso o discurso tecido no *Hípias*[67] de que a mesma pessoa é falsa e verdadeira. Segundo esse argumento, sustenta falsidades quem tem a possibilidade de sustentar falsidades, e este é o que sabe e o prudente; ademais, é melhor quem é ruim voluntariamente. Ele chega a essa [10] falsidade por indução, porque quem é voluntariamente manco é mais apto do que quem o é contra a própria vontade, dizendo que quem imita o manco manca. Ora, visto que quem é voluntariamente manco é seguramente pior, e que isso se estende aos costumes, o mesmo resultado vale também neste caso.

30

É dito *acidente* o que pertence a algo, isto é, é verdadeiro [15] dizer, contudo, não por necessidade, nem no mais das vezes. Por exemplo, se alguém, ao cavar um buraco para plantar, encontra um tesouro. Efetivamente, *encontra o tesouro* é acidente de *quem cava o buraco*, pois não é necessário nem que aquele derive deste, nem que venha depois dele, tampouco é no mais das vezes que alguém encontra um tesouro quando se põe a plantar. E também a quem é músico é acidental [20] ser branco. Visto que não é necessariamente nem no mais das vezes que isso vem a ser, dizemos *acidente*. Por conseguinte, uma vez que algo pertence, e pertence a algo, e que alguns desses pertencem em certo lugar e circunstância, o que pertencer, mas não for em virtude de dado motivo, ou do momento preciso ou da circunstância precisa, será acidente. Afinal, a causa do acidente não [25] é nada de definido, mas, sim, o acaso. E este é indefinido.

E terá sido acidental a alguém chegar a Egina se lá tiver chegado sem ter partido com esse intento, mas por ter sido empurrado pela tempestade ou capturado por piratas. Assim, o acidente veio a ser ou é, mas não enquanto ele próprio e, sim, enquanto

---

67. Conforme destacado por Ross (Aristóteles, 1997), Aristóteles menciona aqui um argumento discutido por Platão no diálogo *Hípias Menor* (365-376).

outro, pois foi a tempestade a causa de ter aportado onde não era o intento, [30] a saber, em Egina.

Diz-se *acidente* ainda sob outra acepção, como o que pertence a cada qual por ele mesmo, porém sem estar em sua essência, como de *triângulo* é acidente *ter a soma dos ângulos internos equivalente a dois retos.* A esses acidentes é logicamente possível serem eternos, ao passo que nenhum daqueles é. A explicação para isso é dada alhures[68].

---

68. D. Ross (Aristóteles, 1997) alude aqui aos *Analíticos Posteriores*, 75a18, 75a39-41 e 76b11-15. Ele também menciona os trechos E 2-3 e K 8 subsequentes, mas os desconsidera por estimar que os Livros E e K foram redigidos depois do Livro Δ.

LIVRO E (VI)

1

1025b   [1025b3] Investigam-se aqui os princípios e as causas dos seres, claro que enquanto seres. Efetivamente, há alguma causa da saúde e da boa disposição, e dos [5] objetos matemáticos há princípios, elementos e causas. E, em geral, todas as ciências dianoéticas, ou que têm alguma participação do pensamento, versam sobre causas e princípios, sejam os mais exatos, sejam os mais simples. Contudo todas elas, tendo se circunscrito a certo ser, isto é, a certo gênero, ocupam-se dele, e nenhuma se ocupa do ser em sentido absoluto nem enquanto [10] ser. Elas tampouco formulam qualquer discurso explicativo a respeito do o que é, mas, partindo dele – algumas, tendo elucidado o que é por meio da sensação, outras tendo-o assumido por hipótese –, tecem demonstrações, sejam estas mais necessárias ou menos rigorosas, dos predicados por si mesmos que pertencem ao gênero respectivo. Resulta por isso evidente que não há demonstração da essência nem do o que é [15] a partir desse tipo de indução, mas é outro o modo de elucidar. Igualmente, essas ciências nada dizem sobre o gênero do qual se ocupam, se ele é ou não, visto que o pensamento que elucida o que é é o mesmo que elucida se é.

Uma vez que a ciência natural versa sobre algum gênero de ser – pois [20] versa sobre a essência que tem a característica de encerrar em si o princípio do movimento e do repouso –, é claro que ela nem é prática, nem é produtiva. Pois o princípio do que é produtivo está no que produz, seja ele a inteligência, ou a técnica, ou alguma possibilidade, e o princípio do que é prático está no que age. E é a escolha, pois *prático* é o mesmo que *concernente à escolha*. [25] Desse modo, visto que todo

pensamento é ou prático, ou produtivo, ou teórico, a Ciência da Natureza seria alguma ciência teórica, mas teórica a respeito de um ser que tem por característica ter a possibilidade de mover--se, isto é, a respeito da essência conforme ao que se enuncia no mais das vezes, e não somente a que é separada. E não se deve descurar do *o que era ser* e da explicação de como é, já que, sem isso, [30] investigar será nada fazer. E, dentre os definidos e dos o que é, alguns são como *adunco*, outros como *côncavo*. Estes diferem em que, ao passo que *adunco* inclui a matéria, pois adunco é nariz côncavo, a concavidade é definida sem a matéria sensível. [1026a1] E se tudo o que for natural for ex- 1026a
plicado de modo semelhante a como se explica *adunco*, como nariz, olho, rosto, carne, osso e, em geral, animal, e folha, raiz, casca e, em geral, planta – pois de nenhum desses a explicação é sem movimento, mas sempre comporta matéria –, resulta claro como se deve investigar e definir no caso dos seres naturais. [5] E também fica óbvio por que até mesmo sobre alguns perfis de alma, a saber, as que não são sem matéria, é ao estudioso da natureza que compete investigar. Que, pois, a Ciência da Natureza é especulativa, é evidente a partir disso.

Ora, a Matemática também é especulativa, mas se ela é voltada para o que é imóvel e separado, eis o que ainda não está certo, conquanto seja claro que, sobre alguns objetos, é enquanto imóveis e separados [10] que ela especula. E se algo for eterno, imóvel e separado, é evidente que cumprirá a uma ciência teórica conhecê-lo, que será, certamente, não Ciência da Natureza (pois é sobre alguns dentre os móveis que a Ciência da Natureza versa), nem Matemática, mas anterior a ambas. Isso porque a Ciência da Natureza versa sobre os seres que são separados, mas não imóveis, e da Matemática, algumas partes [15] versam sobre os imóveis, contudo, não separados, mas enquanto estão na matéria. Já a ciência primeira versa sobre os que são tanto separados quanto imóveis. E é necessário que todas as causas sejam eternas, especialmente estas, dado que são causas do que há de divino nos seres evidentes. Dessa maneira, seriam três as filosofias teóricas: a Matemática, a Ciência da Natureza e a Teologia, pois é [20] claro que, se o divino pertencer a algo, pertencerá a uma natureza desse tipo. E a mais estimada ciência deve ocupar-se do mais estimado gênero. Ora, as teóricas são as preferíveis dentre as ciências, e a mais estimada ciência é a preferível dentre as teóricas.

Poder-se-ia pôr em dúvida se a Filosofia primeira é universal ou se enfoca algum gênero, [25] isto é, alguma natureza una. Afinal, nem mesmo nas matemáticas é um só o modo de abordagem, já que a geometria e a astronomia versam, respectivamente, sobre alguma natureza, ao passo que a Matemática é universal, sendo comungada por todas. Se, pois, não houver outra essência além das que são constituídas por natureza, a Ciência da Natureza seria a ciência primeira. Porém, se houver alguma essência imóvel, [30] a ciência que dela se ocupa será anterior, isto é, Filosofia primeira e, sendo assim, universal, já que primeira. E a ela competiria especular a respeito do ser, bem como do o que é e dos predicados que lhe pertencem enquanto ser.

2

Diz-se *ser*, em sentido absoluto, sob várias acepções, das quais uma é ser por acidente, outra é [35] ser enquanto verdadeiro e, correlativamente, não ser enquanto falso, e, além desses, as figuras das predicações – por exemplo, algum, qual, quanto, quando e, ainda, outra maneira de significar além dessas, se houver –
1026b [1026b1] e, além de todas essas, também se diz ser em possibilidade e em atuação.

Visto, então, que se diz *ser* sob várias acepções, deve-se primeiro falar do que se diz ser por acidente, e falar que nenhuma investigação o tem por foco. Sinal disso é que em nenhuma ciência se está atento [5] a ele, nem na prática, nem na produtiva, nem na teórica. Pois nem quem faz uma casa faz todos os acidentes que se dão conjuntamente à geração da casa, porque eles são infinitos – pois nada impede à casa feita de ser agradável a uns, desagradável a outros, útil a outros, e de ser, por assim dizer, distinta de todos os seres; ora, nada disso [10] compete à arte de edificar produzir; tampouco o geômetra especula sobre os acidentes que se dão conjuntamente às figuras, nem se *triângulo* é distinto de *triângulo cujos ângulos internos somam dois ângulos retos.*

E é razoável que seja assim, visto que o acidente é como que meramente nominal. Eis por que, de certo modo, Platão não estava errado ao classificar a sofística [15] como atinente ao que não é, pois os discursos dos sofistas são, por assim dizer, sobretudo a respeito do acidente. Por exemplo, se *músico* e *gramático* ou *Corisco músico* e *Corisco* são distintos ou idênticos, ou, ainda, se tudo o que for, mas não sempre, veio a ser, de tal maneira que, se sendo músico tornou-se gramático e sendo gramático tornou-se [20] músico, bem como outros enunciados assim. E o acidente evidencia-se algo próximo do não ser. Isso fica claro também a partir de formulações como a de que, dos que são de outro modo, há a geração e a corrupção, mas dos que são por acidente, não. Mesmo assim, é preciso [25] discorrer, na medida do possível, acerca do acidente, qual é a sua natureza e de que causa deriva, porque, decerto, resultará conjuntamente claro daí por que dele não há ciência.

E visto que, dos seres, alguns se comportam sempre da mesma maneira e por necessidade – não aquela necessidade que dizemos ser por constrangimento, mas a que é dita necessidade por não ser logicamente possível ser de outro modo –, e outros [30] nem por necessidade nem sempre, mas no mais das vezes, é esse o princípio e é essa a causa do acidente ser: pois o que for, mas não sempre nem no mais das vezes, dizemos ser acidente. Por exemplo, se na canícula fizesse um frio rigoroso, diríamos que isso teria sido acidental, mas não se fizesse calor intenso, por [35] ser assim sempre ou no mais das vezes, mas não o outro caso. E a humano é acidental ser branco, porque não é sempre nem no mais das vezes, mas não lhe é acidental ser animal. E a construtor é acidental curar, [1027a1] porque curar compete por natureza não **1027a** a construtor, mas a médico; porém aconteceu de construtor ter sido acidentalmente médico. E se alguém, ao cozinhar almejando o prazer, produzir algo saudável, assim fará, mas não em virtude da gastronomia. Eis por que dizemos ter sido acidental, isto é, [5] dizemos ser saudável na medida em que produz o saudável, mas não em sentido absoluto.

E ao passo que nos outros casos eventualmente há possibilidades produtivas, no caso dos acidentes não há nenhuma técnica nem possibilidade determinada, visto que, dos que são ou vêm a ser por acidente, também a causa é acidental. Assim, porque nem tudo é ou vem a ser por necessidade e sempre, mas a [10] maioria é no mais das vezes, é necessário haver o acidental. Por exemplo, nem sempre, nem no mais das vezes, branco é músico, mas visto que, por vezes, branco vem a ser músico, o será por acidente. Caso contrário, tudo seria por necessidade. Desse modo, será a matéria, à qual é logicamente possível ser diversa do que é no mais das vezes, a causa do acidente. [15] E o princípio disso é indagar se nada há que seja nem sempre, nem no mais das vezes, ou se, ao contrário, é impossível não haver algo assim. Há, portanto, algo além dessas alternativas: o que calhou eventualmente, isto é, por acidente.

Por outro lado, será que haveria o mais das vezes, mas a nada pertenceria o *sempre*? Ou há os eternos? Isso deve ser investigado posteriormente. Seja como for, [20] é evidente que não há ciência do acidente, pois toda ciência é ou do que é sempre, ou do que é no mais das vezes. Afinal, como se aprenderia ou se ensinaria outra coisa? Pois é preciso ter sido definido, ou pelo sempre, ou pelo mais das vezes, por exemplo, que leite com mel para o febril é benéfico no mais das vezes. Já o que não se encaixa nisso não há como dizer [25] quando não será – como na lua nova, pois também o que é na lua nova há de ser, ou sempre, ou no mais das vezes. E o acidente está fora dessas alternativas.

Fica dito, portanto, o que é o acidente, por que causa, e que dele não há ciência.

3

É evidente que há princípios e causas que são geráveis e corruptíveis [30] sem terem sido gerados e corrompidos. Caso contrário, tudo seria necessariamente, se do que é gerado e do que é corrompido houver necessariamente alguma causa não acidental. Acaso isso será ou não? Se aquilo for gerado, sim; se não for, não. E será gerado, por seu turno, se outro for gerado. Assim, é claro que sempre, se for subtraído um intervalo de tempo [1027b1] de um tempo finito, se há de chegar ao agora. Dessa **1027b** maneira, por exemplo, fulano perecerá ou por enfermidade ou por violência, se sair; e sairá se sentir sede; e isso se outra coisa; e desse modo chegará ao que é agora ou a algum dos já gerados. Por exemplo, sai se tiver sentido sede e sente sede por comer alimentos picantes. [5] E isso já lhe pertence ou não lhe pertence, de modo que necessariamente ou morrerá ou não morrerá. A mesma explicação aplica-se se saltarmos para o já gerado, pois este já pertence a algo e, portanto, todos os que hão de ser necessariamente serão, tal como há de morrer o que está vivo, visto que algo já foi gerado; [10] por exemplo, os contrários no mesmo corpo. Mas se morrerá por enfermidade ou por violência ainda não é necessário, a não ser se certa condição já tiver sido gerada. É claro, portanto, que se remonta até algum princípio, e este já não mais remete a outro. Será ele, então, o que eventualmente calhou acontecer, e nenhuma outra será a causa de sua geração. Mas a qual princípio e a qual causa se dirige nesse tipo de retrospecção, [15] se é à matéria ou ao que é visado ou ao que moveu, eis o que é preciso investigar mais.

4

Deixemos, então, a investigação sobre ser por acidente, pois esse assunto já foi suficientemente delimitado. E também sobre ser enquanto verdadeiro e não ser enquanto falso, visto que eles vêm com a composição e a separação, e o todo articulado [20] diz respeito aos disjuntos da contradição – pois o verdadeiro contém a afirmação a respeito do que está composto ou a negação a respeito do que está dividido, ao passo que o falso é a contraditória respectiva. Ora, a explicação de como decorre inteligir o que é conjuntamente e o separado é outra (emprego *conjuntamente* e *separado* para indicar não mera sucessão, [25] mas, sim, algum um), pois o falso e o verdadeiro não estão nos fatos – por exemplo, o bem sendo diretamente verdadeiro e mal sendo diretamente falso –, e, sim, no pensamento, ao passo que o que concerne ao simples e ao o que é sequer está na alçada do pensamento. Portanto será preciso examinar adiante acerca de ser e não ser sob essa acepção[69].

E visto que a articulação [30] e a separação estão não nos fatos, mas no pensamento, e *ser* sob essa acepção é distinto de *ser* nas acepções fundamentais (pois o que o pensamento conecta ou aparta é o o que é, ou que é tal, ou que é tanto, ou algum outro), e visto também que ser enquanto acidente e enquanto verdadeiro devem ser deixados de lado (pois a causa de um é indefinida, a de outro é [1028a1] alguma afecção do pensamento, e ambas dizem respeito a esse outro gênero de ser, não elucidando alguma natureza de ser que seja extrínseca), por esses motivos, deixemos de lado essas acepções de ser. O que cumpre investigar são as causas e os princípios do ser ele próprio enquanto ser. E já ficou evidente nos discursos em que falamos acerca [5] de quantas acepções sob as quais cada locução é dita que *ser* se diz sob muitas acepções.

---

69. Ross (Aristóteles, 1997, comentário *ad loc.*) remete aqui a Θ 10.

LIVRO Z (VII)

1

[1028a10] Diz-se *ser* sob muitas acepções, como dividimos 1028a
precedentemente ao tratar da diversidade das acepções. Com efeito, *ser* significa ora *o que é*, isto é, *algum tal*, ora *qual*, ou, ainda,
quanto, ou cada um dos restantes que são predicados desse modo.
E *ser* sendo dito sob essas tantas acepções, é evidente que, dentre
elas, é ser primeiro o o que é, quer dizer, o que significa [15] a
essência. Pois quando dizemos de que qualidade é algo, dizemos
bom ou *ruim*, mas não *de três côvados* ou *humano*; já quando
dizemos o que é, não dizemos *branco, quente* ou *de três côvados*,
mas *humano* ou *deus*. E os restantes são ditos serem por serem,
do que é sob essa acepção, alguns quantidades, outros qualidades,
outros afecções, outros [20] algo diverso.

Eis por que se pode indagar se *caminhar, convalescer* ou se
sentar, assim como outras expressões desse tipo, significam cada
qual ser, dado que nenhuma delas é por si mesma naturalmente e
tampouco tem a possibilidade de ser separada da essência. Antes,
estão mais dentre os seres – se é que estão dentre os seres – *caminhante,* [25] *sentado* e *convalescente*. Estes se evidenciam ser em
sentido mais genuíno porque é algo o sujeito definido sob eles – e
este é a essência e o singular –, que é evidenciado na predicação
desse tipo, pois *bom* e *sentado* não são ditos sem ele. Disso resulta claro [30] que também cada um daqueles é, de modo que o
que primeiramente é – não o que é algo, mas o que é em sentido
absoluto – seria a essência.

Então, *primeiro* se diz sob muitas acepções, mas, como quer que seja, a essência é de todos os modos primeira, tanto no enunciado explicativo quanto no conhecimento e no tempo.

Com efeito, nenhuma das outras predicações é separada, mas somente ela, e isso é ser primeiro quanto ao enunciado explicativo, [35] pois é necessário que o enunciado explicativo da essência seja um componente do enunciado explicativo de cada uma delas.

1028b E julgamos saber cada qual sobretudo quando houvermos conhecido o que é, seja *humano*, seja *fogo*, [1028b1] mais do que quando houvermos conhecido qual, quanto ou onde. Afinal, também cada um deles, a saber, quanto ou qual, saberemos quando houvermos conhecido o que são.

Enfim, o que desde muito tempo e ainda agora e sempre se investiga e intriga é: "o que é *ser*?", e isto é: "o que é *essência*?". E alguns afirmam ser [5] um, outros afirmam ser mais de um, e desses uns afirmam serem finitos, outros, infinitos. Eis por que, acerca do que é assim, também nós devemos examinar precípua, primeira e, por assim dizer, exclusivamente, o que ele é.

2

Opina-se que a essência pertence de modo mais evidente aos corpos. Por isso dizemos que os animais, as plantas e suas respectivas [10] partes são essências, e também os corpos naturais, como fogo, água, terra e todos desse tipo, bem como os que são ou partes deles ou constituídos deles, seja de partes deles, seja de todos eles, como o céu e suas partes, os astros, a Lua e o Sol. Se apenas essas são essências, ou se o são também outras, ou algumas dessas [15] e também outras, ou se nenhuma dessas, mas algumas outras, eis o que se deve investigar.

Alguns opinam que são essências os limites do corpo, como a superfície, a linha, o ponto e a unidade, e o são mais genuinamente do que o corpo e o sólido. Há também quem considere que nada é essência, exceto as sensíveis, ao passo que outros consideram que há mais essências além dessas, sendo mais genuinamente essências as eternas. É o caso de Platão, que considera serem as espécies [20] e os objetos matemáticos dois tipos de essências, sendo de um terceiro tipo a essência dos corpos sensíveis. É também o caso de Espeusipo, que, tendo tomado a unidade como ponto de partida, julga que há ainda mais tipos de essências e que cada tipo tem um princípio distinto, sendo um o princípio dos números, outro o das grandezas, outro o da alma. E assim estende a abrangência da essência. Alguns, ainda, [25] dizem que as espécies e os números têm a mesma natureza, e que o restante – as linhas, os planos e, inclusive, a essência do céu e os sensíveis – seria derivado delas.

O que a esse respeito se diz com acerto ou não, e quais são as essências, se há algumas além das sensíveis, ou se não há, e como seriam [30] elas, e se há alguma essência separada, por que e como, ou se nenhuma essência há além das sensíveis, eis o que é preciso investigar, uma vez que já tenhamos primeiramente esboçado, em linhas gerais, o que é essência.

3

Diz-se *essência*, sobretudo, sob quatro acepções, se não mais, porque se opina como essência de cada qual [35] o *o que era ser*, o universal, isto é, o gênero, bem como, em quarto lugar, o sujeito. E *sujeito* é aquilo de que os restantes predicados são ditos, ele próprio já não sendo dito de outro. Eis por que é a respeito deste que se deve tratar em primeiro lugar.

[1029a1] Opina-se que é essência sobretudo o sujeito primeiro. De certa maneira, a matéria é dita ser assim; de outra maneira, é a forma que é assim dita; de uma terceira maneira, o que é constituído a partir delas. Digo ser matéria, por exemplo, o bronze; forma, a figura [5] na ideia; e o que é constituído deles – a estátua – é o todo articulado. Dessa maneira, se a espécie for anterior e mais genuinamente ser do que a matéria, também, pela mesma razão, será anterior ao que é constituído de ambas.

Já foi dito em linhas gerais o que porventura seria *essência*, a saber, que é o que não é dito de um sujeito, mas aquilo de que os outros predicados são ditos. Contudo é forçoso que não seja só isso, já que isso não basta, [10] porque não é claro. Além do mais, a matéria resultaria ser essência. Afinal, se ela não for essência, escapa-nos o que mais seria, pois, visto que os outros candidatos seriam eliminados, é evidente que nada restaria. Com efeito, os outros candidatos são ou afecções, ou produtos, ou possibilidades dos corpos; e comprimento, largura e profundidade são algumas quantidades, e [15] não essências (pois quantidade não é essência); antes, é aquele primeiro ao qual pertencem que é essência. Ora, se comprimento, largura e profundidade forem suprimidos, nada vemos sobrar, salvo se for algo o definido sob eles. Assim, aos que encaram desse modo, a matéria necessariamente se evidenciará a única essência.

[20] E chamo *matéria* a que, por si mesma, não é dita nem *algum*, nem *quanto*, nem qualquer das outra acepções sob as quais *ser* é definido, pois é algo aquilo de que cada uma delas é predicada e graças ao qual o ser para cada uma das predicações é diferente. Afinal, as restantes predicações predicam-se da essência e esta da matéria, de sorte que o extremo é por si mesmo e não *algum*, nem *quanto*, nem [25] nenhum dos outros predicados, tampouco as negações, pois elas pertencem por acidente. Aos que especulam partindo dessas premissas decorre, portanto, que a matéria é essência. Isso, contudo, é impossível, porquanto *separado* e *algum tal* parecem pertencer mais genuinamente à essência. Eis por que tanto a espécie quanto o que se constitui dela e da matéria pareceriam mais ser essência [30] do que a matéria. Ora, a essência que é constituída de ambas, quero dizer, a que se constitui de matéria e forma, deve ser deixada de lado, visto que é posterior e clara. Também a matéria é de certo modo evidente. Já a terceira deve ser examinada, pois é a mais difícil. E é consensual que alguns sensíveis são essências, de modo que é neles que é preciso primeiramente centrar a investigação. [1029b3] É[70] profícuo avançar em direção ao que é mais conhecimento, pois todo aprendizado se faz por meio do que

1029b

---

70. Sigo aqui Bonitz (Aristóteles, 1966) e, na esteira dele, Ross (Aristóteles, 1997), que sugerem antecipar, para o fim do capítulo 3, este trecho, que consta já em Z 4 na edição Bekker (Aristóteles, 1831, em 1029b3-12).

142

é por natureza menos conhecimento [5] em direção ao que é mais conhecimento. Este, aliás, é o ato: tal como nas ações, partindo dos bens para cada qual, tornar os bens em geral bens para cada qual, assim também, partindo dos que são para alguém mais propriamente conhecimentos, tornar para ele conhecimentos aqueles que por natureza são mais propriamente conhecimentos. Ora, amiúde o que é conhecimento para cada qual, isto é, é primeiro para cada qual, é só rudimentarmente conhecimento e pouco ou [10] nada encerra do ser do respectivo conhecido. Mas é a partir dos que são conhecidos, embora parcamente, por alguém que se deve tentar conhecer os que são conhecidos em geral, avançando, tal como já dito, por meio deles.

4

[1029b1] Após termos dividido, no início, as tantas maneiras **1029b** pelas quais definimos essência, visto que se opinou que uma delas seria o *o que era ser*, cumpre inquirir sobre ele. [13] Primeiramente, teçamos a seu respeito algumas considerações lógicas, a saber, que o *o que era ser* para cada qual é aquilo pelo que ele é explicado por si mesmo, pois o ser para [15] você não é o ser para músico, já que, caso você seja músico, não o é por si mesmo. O ser para você é, assim, o que você é por si mesmo, mas não tudo o que você é por si mesmo, dado que não é como superfície ser por si mesma luzidia, pois ser para *superfície* não é ser para *luzidio* nem o que se constitui de ambos, isto é, ser para *superfície luzidia*, porque, nesse caso, o mesmo seria repetido. Por conseguinte, o enunciado que explica uma expressão e no qual [20] essa expressão não comparece é o enunciado do *que era ser* para a respectiva expressão. Dessa forma, se ser para *superfície luzidia* fosse ser para *superfície lisa*, então ser para *luzidio* e ser para *liso* seriam idênticos, isto é, um só.

E visto que também há compostos segundo as restantes predicações – pois para cada qual há algum sujeito, por exemplo, para *qual*, para [25] *quanto*, para *quando*, para *onde* e para *movimento* –, deve-se investigar se há também um enunciado do *o que era ser* para cada um deles e se a eles pertence *o que era ser* – por exemplo, para *homem branco, o que era ser* para *homem branco*. Seja, então, *túnica* o nome disso. O que é ser para *túnica*? Contudo este sequer está dentre os que são ditos por si mesmos. Ou, ao contrário, porventura o que é dito, mas não por si mesmo, [30] o é de duas maneiras, das quais uma é por acréscimo, a outra não? Afinal, no primeiro caso, algo é definido dizendo-se também outro em acréscimo; por exemplo, se ao definir ser para *branco* se disser o enunciado de *homem branco*. No segundo caso, algo que envolve acréscimo é definido sem que, no entanto, o acréscimo figure no enunciado definitório; por exemplo, se por *túnica* se significasse *homem branco*, mas se definisse *túnica* como *branco*, já que

1030a *homem branco* é *branco*, [1030a1] mas certamente não é o *o que era ser* para *branco*. Mas acaso o ser para *túnica* é em geral algum *o que era ser* ou não? Pois o *o que era ser* é precisamente o *o que é*. E quando algo é dito de outro não é o *algum tal* que é dito. Por exemplo, *homem branco* não é algum tal se [5] *tal* pertencer exclusivamente às essências, de modo que *o que era ser* corresponde àquilo cuja explicação é uma definição. Ora, definição não é meramente um nome significar o mesmo que um enunciado – pois se assim fosse, todos os enunciados seriam termos e poderia haver um nome para cada enunciado, de modo que a *Ilíada* seria uma definição –, [10] mas, sim, se for de algo primeiro. Desse jaez é o que se enuncia não por algo ser dito de outro. Nesse caso, o *o que era ser* não pertencerá a nada que não for espécie de um gênero, mas somente ao que o for, pois opina-se que não é segundo participação ou afecção nem como acidente que as espécies são explicadas. Quanto às restantes predicações, [15] haveria um enunciado do que significa cada qual: se for um nome, haveria um enunciado de que isto pertence àquilo e, se for um enunciado simples, haveria outro mais preciso. Definição, contudo, não haveria, tampouco o *que era ser*.

Ou será que se diz *definição* e *o que é* sob muitas acepções? Afinal, sob uma acepção, *o que é* significa a essência, isto é, *algum tal*, mas sob outra significa cada qual [20] dos predicados – *quanto*, *qual*, e todos os outros que tais. Pois assim como *é* pertence em todos os casos, mas não da mesma maneira, e, sim, a um primeiramente e aos outros derivativamente, também o *o que é* pertenceria em sentido absoluto à essência e de certo modo aos outros. Pois diríamos o que é *qual*, de sorte que também *qual* está dentre os o que é, embora [25] não em sentido absoluto, mas, assim como, a respeito do que não é, alguns dizem, de uma perspectiva linguística, que o que não é é, não em sentido absoluto, mas que é não ser, assim também *qual*. Portanto, da mesma maneira é preciso examinar como se deve pronunciar a respeito de cada predicação, mas não mais do que como ela se comporta. Eis por que também no caso presente, visto ser evidente o que foi dito, *o que era ser* igualmente pertencerá em primeiro lugar [30] e em sentido absoluto à essência, e na sequência também às restantes predicações – não *o que era ser* em sentido absoluto, mas *o que era ser* para *qual* ou para *quanto* – , e assim também para o que é. Pois se deve dizer que esses são seres ou por homonímia ou por acréscimo e supressão, tal como *não científico* é *científico*. Aliás, o correto é dizer nem por homonímia [35], nem desses modos, mas tal como se diz *médico*, por ser relativo a um só e o mesmo, não por ser um e o mesmo, nem, certamente, por homonímia, [1030b1] visto que corpo, procedimento e instrumento são ditos médicos nem por homonímia, nem segundo um só enunciado, mas em relação a um só enunciado. **1030b**

No que tange a essas questões, não faz diferença a maneira pela qual se deseja explicá-las. Quanto à outra questão, é evidente [5] que a definição primeiramente e em sentido absoluto, isto é, *o que era ser* é das essências e que, por outro lado, é não apenas delas, mas também das outras predicações, com a ressalva de que não o é primeiramente. E não é necessário, se firmarmos isso, que daí resulte que a definição seja o que significar o mesmo que um enunciado, mas, sim, o que significar o mesmo que algum enunciado. E se logrará isso se o enunciado for de um só, não por continuidade, como a *Ilíada* ou o que é por conexão, [10] mas, sim, consoante as tantas acepções sob as quais se diz *um*. E se diz *um* tal como se diz *ser*. E *ser* significa ora *algum tal*, ora *quanto*, ora *qual*. Eis por que também de *homem branco* haverá enunciado e definição, mas sob uma acepção diversa daquelas sob as quais há enunciado e definição de *branco* e de *essência*.

145

5

Se alguém disser que não é definição o enunciado [15] formulado por acréscimo, a seguinte dificuldade se ergue: dentre os que são não simples, mas combinados, de quais haveria definição? Afinal, é necessariamente a partir de acréscimo que serão elucidados. Quero dizer, por exemplo, há *nariz* e *concavidade*, e *aduncidade* é o que se explica a partir de ambos, por um estar no outro. E não é por acidente que concavidade ou aduncidade são afecções de nariz, mas por si mesmo, [20] vale dizer, não é como *branco* está em *Cálias*, ou em *humano*, na medida em que a *Cálias branco* decorreu ser para *humano*, mas como *macho* para *animal* e *igual* para *quantidade*, bem como todos quantos são ditos pertencerem por si mesmos. E esse é o caso daqueles aos quais pertence o enunciado ou o nome daquilo de que são afecções, aos quais não é logicamente possível serem elucidados [25] separadamente – por exemplo, é logicamente possível elucidar *branco* sem *humano*, mas não é logicamente possível elucidar *fêmea* sem *animal* –, de sorte que, nesses casos, ou não há nenhum *o que era ser*, isto é, definição, ou, se houver, será de outro modo, tal como já dissemos.

Uma segunda dificuldade se ergue a esse respeito: se *nariz adunco* e *nariz côncavo* forem idênticos, então *adunco* e *côncavo* serão [30] idênticos. Se não forem, visto ser impossível dizer *adunco* sem o fato do qual ele é uma afecção por si mesmo – porquanto *adunco* é *nariz côncavo* –, ou não se poderá dizer *nariz adunco* ou se dirá o mesmo duas vezes, isto é, *nariz nariz côncavo*, porquanto *nariz adunco* será *nariz côncavo*. Eis por que é absurdo que *o que era ser* seja pertencente ao [35] que tem essa característica. Caso contrário, estender-se-ia ao infinito, pois outro *nariz* estará novamente contido em *nariz nariz adunco*. [1031a1] É claro, portanto, que a definição é somente da essência, pois se for também das outras predicações, é necessário que seja formulada por acréscimo, como as definições de *qual* e de *ímpar*; visto que *ímpar* não se define sem *número*, nem *fêmea* sem *animal*. E por *por acréscimo* designo aqueles nos quais [5] decorre dizer o mesmo duas vezes, tal como nos casos em tela. E se isso for verdade, tampouco haverá definição de predicados combinados, como de *número ímpar*. Contudo passa despercebido que os enunciados não são expressos com acribia. E se houver termos também nesses casos, ou eles serão de outro modo ou, tal como já dito, se há de dizer *definição* e *o que era ser* sob muitas acepções, [10] de sorte que, sob certa acepção, não haverá definição e o *o que era ser* não pertencerá senão às essências, mas sob outra acepção, sim. Está claro, pois, que a definição é o enunciado do *o que era ser* e que *o que era ser* é das essências, ou exclusivamente, ou de modo mais genuíno, primordial e absoluto.

6

[15] Convém investigar se cada qual e *o que era ser* respectivo são idênticos ou se são distintos. Isso é profícuo para a investigação sobre a essência, pois cada qual não parece ser senão sua própria essência, e o *o que era ser* é dito da essência de cada qual.

Os que são ditos por acidente parecem [20] ser distintos, por exemplo, *homem branco* e ser para *homem branco* são distintos. Com efeito, se fossem idênticos também seriam idênticos ser para *homem* e ser para *homem branco*, pois, como dizem, *homem* e *homem branco* são idênticos, de modo que seriam idênticos também ser para *homem branco* e ser para *homem*. Ou, ao contrário, talvez não seja necessário que os que são ditos por acidente sejam [25] idênticos, visto que os predicados extremos não se tornam correlativamente idênticos. Mas, então, quiçá parecesse decorrer que os predicados extremos se tornariam idênticos por acidente, como ser para *branco* e ser para *músico*? Ora, não parece ser assim.

Quanto aos que se dizem por si mesmos, acaso é necessário serem idênticos? Por exemplo, se houvesse algumas essências das quais [30] não houvesse essências distintas nem naturezas distintas a elas anteriores, como as que alguns dizem serem as ideias, seria necessário que elas fossem idênticas ao *o que era ser* para elas? Pois, se forem distintos *bom* ele próprio e ser para

1031b *bom*, bem como *animal* ele próprio e ser para *animal* e ser para *ser* e [1031b1] *ser* ele próprio, haverá outras essências, naturezas e ideias para além das que são ditas, e elas serão essências anteriores, se o *o que era ser* for essência. E se estiverem dissociados umas dos outros, de umas não haverá ciência e os outros não serão (digo *estar dissociado* [5] se nem a *bom* ele próprio pertencer o ser para *bom*, nem a este pertencer *é bom*), pois de cada qual há ciência quando conhecemos o *o que era ser* respectivo. E o que vale para *bom* vale igualmente para os restantes, de sorte que, se o ser para *bom* não for bom, tampouco o ser para *ser* será, nem o ser para *um* será um. Assim, ou todo [10] *o que era ser* é ser ou nenhum é, de modo que, se o ser para *ser* não for, tampouco nenhum dos outros será. Ora, aquele ao qual não pertence o ser para *bom* não é *bom*. É, por conseguinte, necessário que sejam um só *bom* e ser para *bom*, *belo* e ser para *belo*, e todos os que não são ditos de outro, mas são ditos por si mesmos e primeiros. Pois basta que o *ser para* pertença, mesmo que não seja espécie, [15] mas, sobretudo, se for espécie. Fica conjuntamente claro que, se as ideias forem tais como dizem alguns, o sujeito não será essência, pois é necessário que elas sejam essências, e não ditas de um sujeito; elas seriam, pois, por participação. Desses argumentos resulta que cada qual e o respectivo *o que era ser* são um só e idênticos, e não [20] por acidente, e que conhecer cientificamente cada qual é conhecer cientificamente a essência, de sorte que também por exposição resulta necessário que eles sejam algum um.

E do que é dito acidentalmente como *músico* ou *branco*, visto que significa de modo duplo, não é verdadeiro dizer que é idêntico ao *que era ser*, [25] já que é dito *branco* tanto aquilo de que *branco* é dito acidentalmente quanto também o próprio acidente. Por conseguinte, o *que era ser* e o que é dito acidentalmente, por um lado são idênticos, e por outro lado não, porque em *homem* e em *homem branco* o acidente e o *que era ser* não são idênticos, mas são idênticos na afecção.

Ademais, pareceria absurdo se alguém estabelecesse um nome para cada um dos *que era ser*, pois então haveria outro [30] além dele; por exemplo, para o *que era ser* para *cavalo* haveria outro *que era ser*[71]. No entanto, o que impediria que alguns já fossem diretamente o *que era ser* se a essência é o *que era ser*? Afinal, não apenas o nome é um só, mas o enunciado explicativo deles também é o mesmo, como fica claro a partir do que foi dito, [1032a1] visto que não é por acidente que são um só o ser para *um* e *um*. Caso contrário iriam ao infinito, pois haveria, por um lado, o *o que era ser* do *um* e, por outro, *um*, de modo que também para estes, vigora o mesmo argumento.

É claro portanto que [5] com respeito aos que são ditos primeiros e por si mesmos, o ser para cada qual e cada qual são idênticos e um só. E é evidente que as refutações sofísticas a essa tese se resolvem do mesmo modo que a questão se *Sócrates* e ser para *Sócrates* são idênticos, pois acontece que aquilo com base em que se indaga não difere daquilo com base em que [10] se soluciona. Foi dito portanto de que maneira cada qual e o respectivo *o que era ser* são idênticos e de que maneira não são idênticos.

7

Dentre os que são gerados, alguns são gerados por natureza, outros graças à técnica, e outros espontaneamente. E tudo o que é gerado o é por algo, a partir de algo, e é gerado algo. E emprego *algo*[72] conforme [15] cada predicação, seja *tal*, seja *quanto*, *qual* ou *onde*.

São naturais as gerações daquilo que é gerado a partir da natureza. Aí, aquilo a partir de que se gera dizemos ser matéria; aquilo pelo que se gera dizemos ser algum dos seres naturais; e o algo gerado dizemos *humano*, *planta* ou algum outro que

---

71. Sigo aqui D. Ross (Aristóteles, 1997), que, na esteira de Bonitz (Aristóteles, 1966), recomenda suprimir a segunda ocorrência de "ἵππῳ" em 1031b30.

72. É conveniente assinalar que *"algo"* traduz o pronome "τι", que acomoda também a tradução por *"algum"*, também utilizada aqui. Empregado segundo cada predicação, "τι" introduziria um recorte; por exemplo, e para ficar nos casos mencionados por Aristóteles, aplicado a *tal* [τοδε], "τι" comporia *"algum tal"* [τοδε τι]; aplicado a *quanto*, comporia *algum quanto* ou, em uma expressão mais palatável em língua portuguesa, *alguma quantidade*. Isso também vale nos casos restantes.

partilhe essa característica. E são sobretudo esses que dizemos serem essências.

[20] Todos os que são gerados ou por natureza ou por técnica têm matéria, pois cada qual deles tem a possibilidade tanto de ser quanto de não ser e em cada qual é isso que é matéria. Voltando às gerações naturais, é em geral natureza o *a partir de que*, o *segundo o que* – afinal, o gerado, por exemplo, planta ou animal, tem natureza – e também é natureza o *pelo que* se gera. Esta é dita *natureza* enquanto isomorfa segundo a espécie. [25] Ela é em outro; afinal, humano gera humano. É assim, portanto, que se geram os que são gerados por natureza.

As restantes gerações são chamadas *produções*. E todas as produções são ou por técnica, ou por possibilidade, ou por pensamento. E algumas delas são geradas tanto espontaneamente quanto por acaso, mais ou menos [30] como se passa com os gerados naturalmente, já que também aqui, em alguns casos, os mesmos são gerados tanto por semente quanto sem semente. A respeito destes convém investigar depois.

1032b   [1032b1] São gerados por técnica aqueles cuja espécie está na alma. E chamo de *espécie* o *o que era ser* de cada qual, isto é, sua essência primeira, visto que, dos contrários, a espécie é de certo modo a mesma, já que a essência da privação é a essência oposta; por exemplo, saúde é essência de doença, pois *doença é ausência* [5] *de saúde*. E saúde é o enunciado explicativo na alma, isto é, a ciência.

Gera-se o saudável ao aplicar a inteligência da seguinte maneira: visto que *saúde* é isto, é necessário, se há de ser saudável, que lhe pertença isto, por exemplo, *equilíbrio*; e se há de ser equilibrado, é necessário que *calor* lhe pertença. E aplica-se a inteligência sempre desse modo até alcançar o extremo que se tem a possibilidade de produzir. E [10] o movimento que parte desse extremo em direção à saúde é chamado *produção*. E decorre que, de certo modo, gera-se saúde a partir de saúde, casa a partir de casa: a que tem matéria a partir da que é sem matéria, pois a medicina e a engenharia são as espécies da saúde e da casa, respectivamente. E chamo a essência sem a matéria de *o que era ser*.

[15] Das gerações e movimentos, uns são chamados de *intelecções*, outros de *produções*. Os que partem do princípio e da espécie são chamados de *intelecções*, e os que partem do fim da intelecção são chamados de *produções*. E cada qual dos restantes intermediários é gerado do mesmo modo. Quero dizer, por exemplo, se alguém há de convalescer, deve estabilizar-se termicamente. Então, o que é *estabilizar-se termicamente*? É isto. [20] E ele será isto se for aquecido. E *aquecer-se*, o que é? É isto. E isto lhe pertence em possibilidade: já depende dele. E o que produz, isto é, aquilo de que principia o movimento do convalescer, se for por técnica, é a espécie na alma e, se for espontaneamente, é aquilo a partir de que principia a produção empreendida por quem produz [25] por técnica. Assim, no caso do convalescer, o princípio reside no aquecer-se, o que se produz por fricção. E o calor, então, ou é parte da saúde no corpo ou acompanha – seja imediatamente, seja mediante mais de um intermediário – algo que tem por característica ser parte da saúde no corpo. E esse extremo é o que produz parte da saúde. Isso vale igualmente para casa [30] com respeito, por exemplo, às pedras, bem como para os demais casos. Por conseguinte, como já dito, é impossível gerar se nada for previamente. Portanto é evidente que alguma parte necessariamente já é, pois a matéria é parte, já que ela é um componente e é gerada.

[1033a1] E seria ela também um dos integrantes do enunciado explicativo? Afinal, dizemos o que são círculos de bronze de duas maneiras: tanto dizendo a matéria, que é bronze, quanto dizendo a espécie, que é figura de tal qualidade, e esta é o gênero em que ele é posto primeiramente. E [5] *círculo de bronze* encerra, já em seu enunciado, a matéria.

Quando gerados, alguns são ditos, com respeito àquilo a partir de quê, enquanto matéria, são gerados, não ele, mas algum termo dele derivado. Por exemplo, não se diz *estátua rocha*, mas *estátua rupestre*. Com respeito a *humano*, por seu turno, *saudável* não se diz evocando aquilo a partir de quê. A causa disso é que saudável é gerado da privação e do sujeito que dizemos ser a [10] matéria – por exemplo, tanto humano quanto enfermo são gerados saudáveis. Contudo, talvez seja dito gerar-se sobretudo da privação, como, por exemplo, é de enfermo que é gerado saudável, antes que de humano. Por isso *saudável* não é dito *enfermo*, mas é dito *humano*, isto é, *humano saudável*.

A partir daqueles cuja privação não é clara e não tem nome – como no bronze a privação de uma figura qualquer e [15] nos tijolos e pedras a privação de casa –, o gerar-se parece ser como aquele a partir de enfermo. Por isso, assim como nesse caso o gerado não é dito aquilo de que é gerado, tampouco no caso daqueles, isto é, tampouco a estátua é dita *madeira*, mas, antes, efetua-se a derivação *de madeira*, não *madeira*, ou *de bronze*, não *bronze*, ou *rupestre*, não *rocha*. E casa é dita *de tijolo* e não *tijolo*. Assim, se alguém observar atentamente, não dirá em sentido absoluto [20] que a estátua é gerada a partir da madeira e a casa dos tijolos, visto que são geradas ao mudar, e não ao permanecer, aquilo a partir de que são geradas. É por isso que se diz assim.

8

Visto que o gerado é gerado por algo – e digo que este é [25] aquilo de onde parte o princípio da geração –, a partir de algo – e seja este não a privação, mas a matéria (e já foi delimitado sob que acepção esta é dita) –, e é gerado algo – e este é esfera, ou círculo, ou algum dos restantes que calhar –, assim como não se produz o sujeito, por exemplo, o bronze, tampouco se produz a esfera, a não ser [30] acidentalmente, já que é esfera a esfera de bronze, e produz-se esta última. Afinal, produzir algum tal a partir do sujeito em geral é produzir algum tal, quer dizer, fazer esférico o bronze é produzir não o esférico ou a esfera, mas sim alguma outra coisa, por exemplo, essa espécie em outro. Pois se a produzisse, [1033b1] produziria de outra coisa, que, pois, já subjazia. Por exemplo, produz-se esfera de bronze, e isso da seguinte maneira: disto, que é bronze, produz-se isto, que é esfera. Portanto, se a própria esfera também for produzida, é claro que será produzida dessa mesma maneira, e as gerações irão ao infinito. [5] É, então, evidente que a espécie – ou como quer que se deva chamar a forma no que é sensível – não é gerada nem há dela geração. Tampouco é gerado o *o que era ser*, pois este é o que é gerado em outro, seja pela técnica, seja por natureza, seja por possibilidade. Por seu turno, produz-se ser esfera de bronze, porquanto se produz a partir de bronze e de esfera, [10] pois produz neste a espécie, e eis que isso é esfera de bronze. E se houver geração do ser para *esfera* em geral, será algo a partir de algo, pois o gerado deverá ser sempre dividido, isto é, ser, por um lado, isto, e, por outro, aquilo, quer dizer, por um lado matéria e por outro, espécie. Assim, se *esfera* for *figura igual a partir do meio*, disso teremos, por um lado, [15] aquilo em que se produz e, por outro, o que nele é produzido; e o todo é o que foi gerado, como é o caso da esfera de bronze. Resulta evidente das considerações precedentes que o que é dito como espécie ou essência não é gerado, mas o é o todo articulado que é enunciado conforme a espécie ou essência. Resulta evidente também que a todo gerado é intrínseca a matéria, e que ele é, por um lado uma, por outro, outra.

Ora, acaso [20] haveria alguma esfera além dessas, ou casa para além das que são de tijolos? Ou sequer se geraria algum tal se fosse assim, mas apenas se significaria o *de tal qualidade*, sem sequer haver o tal, isto é, determinado, e sim, que, a partir de tal se produziria e se geraria o *de tal qualidade*, que, quando gerado, seria tal de tal qualidade? Nesse caso, todo tal – como Cálias ou Sócrates – seria como [25] esta esfera de bronze, ao passo que *humano* e *animal* seriam como *esfera de bronze* em geral. É evidente, portanto, que a causa das espécies, que alguns costumam chamar de *ideias*, se estiver para além dos singulares, nenhuma serventia terá para as gerações e para as essências. Aliás, dessas ponderações resulta que elas sequer seriam essências por si mesmas.

É evidente também, em [30] alguns casos, que o gerador é tal qual o gerado. Ele certamente não é o mesmo que o gerado nem são eles numericamente um, mas são um só em espécie, como nos casos naturais. Afinal, humano gera humano. E mesmo nas exceções, quando se gera algo estranho à natureza, como cavalo gera mula, o caso é semelhante, pois o que for comungado por cavalo e asno, mas que [1034a1] não tiver nome, a saber, o gênero **1034a** mais próximo, por exemplo, o gênero de mula, seria seguramente ambos. É evidente, portanto, que não é preciso forjar espécies a título de modelos – até porque era sobretudo nesses casos que as espécies eram requeridas, porquanto são elas, sobretudo, que são essências –, mas basta que o gerador produza [5] e que seja causa da espécie na matéria. E os todos são, respectivamente, a espécie de tal qualidade nessas carnes e ossos – Cálias ou Sócrates –, e distinguem-se pela matéria (que é distinta), sendo idênticos quanto à espécie. Afinal, a espécie é insecável.

9

Alguém poderia indagar por que alguns dos que são gerados o são tanto graças à técnica [10] quanto espontaneamente, como a saúde, ao passo que outros, como casa, não. A causa é que, em alguns dos que resultam da técnica, alguma parte do fato pertence à matéria que principia a geração no produzir e no gerar. Esse tipo de matéria divide-se entre a que é apta a mover-se por si mesma e a que não é. E a que é apta a mover-se por si mesma divide-se entre a que é apta a mover-se de certo modo e outra para a qual isso é impossível. Com efeito, [15] muitos têm a possibilidade de se moverem por si mesmos, mas não de se moverem por si mesmos de certo modo, por exemplo, de dançar. Assim, para aqueles cuja matéria é assim, por exemplo, é tijolos, é impossível moverem-se de certo modo, a não ser sob a aplicação de outro, mas não é impossível moverem-se de certo outro modo. Esse é também o caso do fogo. Eis por que alguns não serão sem o que tem a técnica e outros serão, pois serão postos em movimento por outros que não têm [20] a técnica, mas têm a possibilidade de se moverem, seja sob outros que não têm a técnica, seja graças a uma parte sua.

Do que foi dito fica claro que, de certo modo, todo gerado que não o for por acidente é gerado ou de um homônimo, como o que é gerado por natureza, ou de algo do qual uma parte é homônima – por exemplo, casa é gerada da casa que[73] está sob a inteligência, porquanto a técnica é a espécie –, ou a partir de uma parte de um homônimo, ou [25] do que tem alguma parte de um homônimo, pois a causa do produzir é por si mesma sua primeira parte. Com efeito, o calor no movimento produz o calor

---

73. Sigo aqui D. Ross (Aristóteles, 1997), que lê "ἢ" em lugar de "ἤ".

no corpo, e esse calor é saúde ou parte dela, ou o acompanha alguma parte da saúde ou a própria saúde. Eis por que também se diz que ele produz saúde, porque [30] o calor acompanha e é acidental ao que produz saúde. Por conseguinte, tal como nos raciocínios, também o princípio de todas as gerações é a essência. Com efeito, os raciocínios se efetuam a partir do o que é, e neste repousam as gerações.

Desse mesmo modo comporta-se o que é concatenado por natureza. Pois a semente produz tal como o que parte da técnica, porque tem a espécie em possibilidade, [1034b1] e aquilo de que provém **1034b** a semente é de certo modo homônimo, exceto no que é defeituoso. É por isso que mula não provém de mula, pois não é preciso buscar em tudo uma homonímia como a vigente entre humano gerado de humano. Afinal, de homem também provém mulher.

Os que são gerados espontaneamente são gerados do mesmo modo que esses. [5] Trata-se daqueles cuja matéria tem a possibilidade de mover-se por si mesma segundo o mesmo movimento efetuado pelas sementes. Já àqueles cuja matéria não tem essa possibilidade é impossível serem gerados senão a partir delas.

Essa explicação esclarece que a espécie não é gerada não apenas a respeito da essência, mas igualmente a respeito de todas as predicações primeiras, como o *quanto*, [10] o *qual*, bem como as outras. Pois assim como se gera esfera de bronze, mas não esfera, nem bronze, o mesmo valendo também a respeito de bronze, se for gerado – porquanto é preciso sempre que a matéria e a espécie já estejam previamente –, assim também vigora a respeito do o que é, do qual, do quanto e das outras predicações, pois não se gera [15] qual, mas qual madeira, nem quanto, mas quanta madeira ou quanto animal. Por outro lado, pode-se reter daí como próprio da essência ser necessário que outra essência já seja previamente em enteléquia, que será a que produz; por exemplo, se o que for gerado for animal, é necessário que animal já seja previamente em enteléquia. Quanto ao *qual* ou ao *quanto*, não é necessário que já sejam previamente, a não ser apenas em possibilidade.

10

[20] Visto que a definição é um enunciado explicativo e todo enunciado explicativo tem partes, e assim como o enunciado explicativo está para o fato, assim também a parte do enunciado explicativo está para a parte do fato, alguém poderia indagar se o enunciado explicativo das partes deve ou não ser um componente do enunciado explicativo do todo. Com efeito, em alguns casos eles se evidenciam ser, e em outros, não. Assim é que o enunciado explicativo de [25] círculo não contém o das secções, ao passo que o de sílaba contém o das letras, em que pese o círculo seja dividido em secções exatamente como a sílaba é dividida em letras. Ademais, se as partes forem anteriores ao todo, visto que o ângulo agudo é parte do reto, e o dedo é parte do animal, o ângulo agudo seria anterior [30] ao reto e o dedo ao homem. Ora, parece que reto e homem são primeiros, pois, quanto ao enunciado explicativo, aqueles são ditos a partir desses, e quanto ao ser, é primeiro o que pode ser sem o outro. Ou quiçá se há de dizer *parte* sob muitas acepções, das quais uma seria a mensuração segundo a quantidade? Mas deixemos isso de lado, pois o que deve ser investigado aqui são as partes, mas na medida em que são partes das quais se constitui a essência.

1035a   [1035a1] Se, pois, de um lado temos matéria, de outro temos espécie e, de outro, o que se constitui delas, e é essência a matéria, bem como a espécie e também o que se constitui delas, de algumas essências a matéria também será dita enquanto parte, de outras não, mas serão partes somente aquelas a partir das quais se formula o enunciado explicativo da espécie. Por exemplo, carne não é parte de concavidade, [5] pois ela é a matéria na qual a concavidade é gerada, mas é parte de aduncidade. E do todo articulado da estátua é parte o bronze, mas de estátua dita como espécie, não, já que o que se deve enunciar é a espécie, isto é, cada qual enquanto encerra a espécie, mas jamais se deve enunciar o aspecto material por si próprio. Eis por que o enunciado explicativo de círculo não encerra [10] o das secções, ao passo que o de sílaba encerra o das letras, porque estas não são matéria, mas partes do enunciado explicativo da espécie, ao passo que as secções são partes enquanto a matéria na qual sobrevém o círculo, ainda que, quando a curva é engendrada no bronze, resultem mais próximas da espécie do que o bronze. Mas não é toda e qualquer letra que [15] está no enunciado explicativo da sílaba; por exemplo, as inscritas na cera ou as reverberadas no ar, pois já são partes da sílaba enquanto matéria sensível. Não é porque a linha se corrompe se dividida em suas metades, ou humano, se dividido em ossos, nervos e carne, que os primeiros também são constituídos dos últimos [20] como sendo estes partes de suas essências, mas, sim, como sendo constituídos desses como partes a título de matéria – e partes do todo articulado, não do enunciado explicativo da espécie. Eis por que eles tampouco integram os respectivos enunciados explicativos. Portanto, em um caso, o enunciado das partes desse tipo estará presente, e em outro não deve estar, a saber, se não for do que é tomado conjuntamente. É por isso que alguns são constituídos delas enquanto princípios nos quais [25] se corrompem, e alguns não. Portanto, os que são tomados conjuntamente são matéria e espécie, tal como o adunco ou o círculo de bronze. Eles se corrompem nelas, e delas é parte a matéria. E os que não são tomados conjuntamente com a matéria, mas são sem matéria, e cujo enunciado explicativo é somente da espécie, ou não são corrompidos em geral, ou [30] não são corrompidos em partes desse tipo, de maneira que essas partes são princípios e partes daqueles, mas da espécie não são nem partes nem princípios. Por isso a estátua de argila se corrompe em argila, a esfera em bronze, Cálias em carne e ossos, e também o círculo em secções, já que é algum círculo o que é tomado em combinação com a [1035b1] matéria. Com **1035b** efeito, são ditos *círculo* por homonímia aquele dito em sentido absoluto e também o círculo singular, visto não haver nome próprio para os singulares.

O que foi dito aqui é verdadeiro, mas pode ser tornado mais claro se o retomarmos resumidamente. As partes do enunciado explicativo, [5] nas quais esse enunciado se divide, são anteriores, sejam todas, sejam algumas. Ora, o enunciado explicativo de ângulo reto não se divide no enunciado explicativo de agudo, mas é o deste que se divide em *ângulo reto*, na medida em que quem define ângulo agudo usa *ângulo reto*, visto que *ângulo agudo* é *ângulo menor do que ângulo reto*. Do mesmo modo, o enunciado explicativo de semicírculo encerra *círculo*, pois [10] o semicírculo é definido por apelo a *círculo*, e também dedo é definido pelo todo, dado que *dedo é parte de tal qualidade de homem*. Desse modo, as partes que o são enquanto matéria, isto é, nas quais o todo se divide enquanto matéria, são posteriores. Já as que são partes do enunciado explicativo, isto é, da essência segundo o enunciado explicativo, são anteriores, ou todas ou algumas delas. E visto que a alma dos animais [15] – pois é ela a essência dos animados – é a essência segundo o enunciado explicativo e a espécie, isto é, o *o que era ser* para corpo de tal qualidade (afinal, cada parte, se for adequadamente definida, não será delimitada sem a menção ao seu ato, o qual, por seu turno, não lhe pertence sem a sensação), segue-se que também as partes da alma são anteriores, ou todas ou algumas, ao animal enquanto todo articulado. Isso [20] vale em todos os casos. E o corpo e suas partes serão posteriores às partes da essência, e o que se divide nelas enquanto matérias não é a essência, mas o todo articulado. Essas partes, por seu turno, em certo sentido serão anteriores ao todo articulado, e em outro sentido não, porque nenhuma delas tem a possibilidade de ser separada. Afinal, o dedo do animal não se sustém de qualquer maneira que seja, pois [25] o dedo do que está morto é homônimo. E algumas partes são conjuntamente, a saber, as principais, nas quais repousa primeiramente o enunciado explicativo, isto é, a essência; exemplo delas é o coração ou o cérebro, se é que são esses, pois nenhuma diferença faz se não forem. Já *humano, cavalo* e os que assim recobrem os singulares, sendo universais, não são essências, mas algum todo articulado a partir de tal enunciado explicativo e de tal [30] matéria tomada universalmente. E o singular constitui-se da matéria última – por exemplo, *Sócrates*. E igualmente nos restantes casos.

São partes, então, tanto as da espécie (e chamo *espécie* o *o que era ser*) quanto as do todo articulado de espécie[74] com a própria

---

74. Bonitz (Aristóteles, 1966) acrescenta aqui "καὶ τῆς ὕλης", o que proporciona a seguinte versão do texto: "São partes, então, tanto as da espécie (e chamo *espécie* o *o que era ser*) quanto as do todo articulado de espécie e de matéria e da própria matéria". Em que pese o acréscimo de Bonitz seja acompanhado por

matéria. Mas somente as partes da espécie são partes do enunciado explicativo, o qual, por seu turno, expressa o universal. [1036a1] **1036a** Com efeito, ser para *círculo* e *círculo* são idênticos, assim como ser para *alma* e *alma*. Já do todo articulado, como deste círculo determinado e de algum dos singulares, seja sensível, seja inteligível – chamo, por exemplo, de *inteligíveis* os matemáticos, e de sensíveis os de bronze [5] ou de madeira –, não há definição, mas são conhecidos com a inteligência ou com a sensação. E quando dissociados da enteléquia não fica claro se são ou se não são, mas são sempre explicados e conhecidos pelo enunciado explicativo universal. A matéria, por sua vez, é incognoscível por si mesma, e é ou sensível, ou [10] inteligível: a sensível é, por exemplo, bronze, madeira e as matérias móveis; inteligível é a que pertence aos sensíveis, mas não enquanto sensíveis, como é o caso dos objetos matemáticos.

Está dito, pois, como encarar todo e parte, bem como anterior e posterior. E quando alguém perguntar se são primeiros o ângulo reto [15], o círculo e o animal ou aquilo de que eles se constituem, é necessário redarguir que a resposta não é formulada em termos absolutos. Pois, se a alma for animal ou animado, ou se a alma de cada qual for cada qual, e se *círculo* for ser para *círculo*, e *ângulo reto* for ser para *ângulo reto*, isto é, a essência de *ângulo reto*, será preciso dizer qual será posterior e a qual o será. Por exemplo, será preciso dizer qual será posterior [20] aos itens constantes no enunciado explicativo de ângulo reto e em algum ângulo reto; e são posteriores a esses o que tem matéria – o reto de bronze – e o que está no cruzamento das linhas singulares. E o que é sem matéria será posterior aos integrantes de seu enunciado explicativo, mas anterior às partes dos ângulos singulares. A resposta, pois, não deve ser formulada em termos absolutos. Se, em contrapartida, forem distintos, isto é, se a alma não for animal, também se deve dizer que é, por um lado, posterior, e, por outro, que não é, tal como já dito.

---

diversos tradutores, preferiu-se aqui seguir os registros dos códices, constantes na edição de Bekker (Aristóteles, 1831), visto que Aristóteles já havia alertado anteriormente neste capítulo (1034b34), que "o que deve ser investigado aqui são as partes, mas na medida em que são partes das quais se constitui a essência", e nessas não estão incluídas as partes da matéria.

11

É razoável indagar quais são as partes da espécie e quais são, não partes da espécie, mas do que é tomado conjuntamente. Afinal, se isso não ficar claro, não haverá como definir cada qual, pois a definição é do universal e da espécie. Por conseguinte, se não for evidente quais partes o são enquanto matéria e quais [30] não, tampouco será evidente o enunciado explicativo do fato. No que tange, portanto, àquilo que se evidencia sobrevir a outros especificamente distintos, tal como círculo sobrevém a bronze, a pedra e a madeira, parece claro que nenhum integra a essência do círculo, nem bronze, nem pedra, nem madeira, porque círculo é separado deles. Quanto aos que [35] não são vistos separados, mas que nada impede de se comportarem como aqueles – como seria se todos os círculos vistos fossem de bron-
1036b ze, [1036b1] pois nem por isso o bronze integraria a espécie –, é difícil subtrair pelo pensamento. Por exemplo, a espécie humana sempre se evidencia em carne e ossos e em partes desse tipo. [5] Acaso, portanto, essas seriam partes da espécie e do enunciado explicativo? Ou não, mas seriam, antes, matéria, porém porque *humano* não sobrevém a outros, é-nos impossível separar?

E visto que parece logicamente possível separar, em que pese não fique claro quando, alguns estendem sua dúvida também a círculo e a triângulo, alegando não ser adequado defini-los por linhas e por [10] continuidade, que estes casos seriam todos ditos tal como carne e ossos com respeito a humano ou bronze e pedra com respeito a estátua. E reduzem todos a números, dizendo que o enunciado explicativo de *linha* é o de *dois*. E dos que defendem as ideias, alguns dizem que dois é a linha ela própria, já outros [15] que é espécie da linha, visto que, em alguns casos, a espécie e aquilo de que é espécie seriam idênticos; por exemplo, dois e a espécie de dois, ao passo que, no caso de linha, não seria assim. Decorre que será uma só a espécie de muitos cujas espécies se evidenciam distintas – como, aliás, decorria segundo os pitagó-ricos – e que será logicamente possível tornar todas uma só e a mesma [20] espécie, nada mais sendo espécie. No entanto, se for assim, tudo será um.

Está dito, então, que a discussão sobre as definições encerra uma aporia e qual é a causa disso. Eis por que é inócuo reduzir tudo dessa maneira, isto é, subtrair a matéria, pois, certamente, alguns são tal em tal, ou tais se comportando de tal modo. E a comparação com o animal [25] que o jovem Sócrates costumava fazer não é pertinente, pois se afasta da verdade e faz conceber humano sem as partes respectivas como logicamente possível, do mesmo modo que se concebe logicamente possível círculo sem bronze. Ora, os casos não são semelhantes, pois animal é algum sensível e não há como defini-lo excluindo o movimento – excluindo, por conseguinte, [30] o modo como se comportam suas partes –, visto que não é em todos os sentidos que mão é parte de humano, mas é parte de humano a mão que tem a possibilidade de finalizar seu ato, portanto, a que é animada; se não for animada, não será parte.

Quanto aos objetos matemáticos, por que os enunciados explicativos de suas partes não são partes de seus enunciados explicativos? Por exemplo, por que os semicírculos não são partes do enunciado explicativo de círculo? Seria porque eles não são sensíveis? [35] Ou porventura isso não faz diferença, já que também dentre os não sensíveis alguns terão matéria? [1037a1] Pois de tudo o que **1037a** não for *que era ser*, isto é, espécie por si mesma, mas for algum tal, haverá alguma matéria. Por conseguinte, os semicírculos não serão partes do círculo universal, mas serão de cada qual dos círculos, tal como dito precedentemente, visto que é matéria tanto a sensível quanto [5] a inteligível.

Fica claro também que a alma é essência primeira e o corpo é matéria, e *humano* ou *animal* é o que se constitui de ambos enquanto universal. Quanto a *Sócrates* ou *Corisco*, se também a alma for Sócrates, acomodarão uma dupla abordagem, pois serão tomados, por um lado, como alma, por outro como o todo articulado. Já se designarem tal alma e tal corpo em termos absolutos, então o que vale para [10] o universal valerá também para o singular.

Se porventura há alguma outra matéria além daquela de essências desse tipo, e se é preciso buscar também alguma essência distinta, por exemplo, dos números ou alguma desse tipo, deve-se investigar posteriormente, visto que é em vista dessa questão que buscamos delimitar mais acerca das essências sensíveis. Ademais, a especulação a respeito das essências sensíveis em certa medida é tarefa [15] da Física, isto é, da Filosofia segunda, visto que cumpre ao físico conhecer não apenas a respeito da matéria, mas também, e sobretudo, o que concerne ao enunciado explicativo. E a propósito das definições, deve-se investigar adiante como as partes estão no enunciado e por que a definição é um só enunciado. Afinal, se por um lado é claro que o fato é um, por outro cumpre perguntar o que o torna um, [20], dado que tem partes.

Foi dito, portanto, o que é *o que era ser* e como ele é por si mesmo universal a respeito de tudo, e também por que em alguns casos o enunciado explicativo do *o que era ser* contém as partes do definido e em alguns casos não. Foi dito também que as partes que o são enquanto matéria [25] não estão no enunciado explicativo da essência, visto não serem partes dela, mas do todo articulado, e que dela, de certo modo, há enunciado explicativo, e de certo modo não há: com matéria não há, visto ser indefinida, mas segundo a essência primeira há. Assim, por exemplo, o enunciado explicativo de *humano* é o de alma, visto que a essência é a espécie intrínseca. E o todo articulado desta [30] juntamente à matéria é dito essência, como no caso de *concavidade*, porquanto, a partir de *concavidade* e de *nariz*, se constitui *nariz adunco* e *aduncidade*, pois *nariz* pertencerá duas vezes a eles. E na essência como todo articulado, por exemplo, em *nariz adunco* ou em *Cálias*, estará também a matéria. Foi dito também que, em alguns casos, *o que era ser* e cada qual serão idênticos, [1037b1] como nas essências primeiras, por exemplo, em *curvatura* e ser para *curvatura* – e por *primeira* quero dizer a que não é dita por algo estar em outro, isto é, em um sujeito enquanto matéria; já *o que era ser* e cada qual tomados como matéria ou [5] em combinação com a matéria não são idênticos, nem se forem um por acidente. É o caso, por exemplo, de *Sócrates* e *músico*, que são idênticos por acidente.

12

Tratemos doravante, em primeiro lugar, do que não foi dito nos *Analíticos* sobre definição, pois retomar a dificuldade lá [10] mencionada é proveitoso para a discussão acerca da essência. Refiro-me à seguinte dificuldade: por que dizemos ser um aquilo cujo enunciado explicativo é definição? Por exemplo, no caso de *homem*, o enunciado *animal bípede* – assumamos aqui que seja esse o enunciado explicativo de homem. Por que ele é um, e não muitos, a saber, *animal* e, adicionalmente, *bípede*? Afinal, no caso de *homem* [15] e *branco* serão muitos quando um não pertencer a outro, e um só quando pertencer, vale dizer, quando o sujeito *homem* padecer algo, pois, então, gera-se um, que é *homem branco*. Já no caso em tela, um não participa do outro, visto que o gênero não parece participar das diferenças, senão o mesmo participaria conjuntamente dos [20] contrários, porquanto são contrárias as diferenças nas quais o gênero se distingue. E também se um participar do outro, o mesmo argumento valerá se as diferenças forem muitas; por exemplo, *podal, bípede, sem asas*: por que estas são um e não uma multiplicidade? Não é por serem imanentes, pois, se fosse assim, o que se constitui de todas seria um. E deve ser um só [25] tudo que consta na definição, pois esta é algum enunciado uno, isto é, de essência, de modo que ele deve ser enunciado explicativo de algum um, dado que, na nossa terminologia, *essência* significa algum um e algum tal.

E o que se deve examinar em primeiro lugar são as definições elaboradas mediante divisões, porque nada mais está nas definições senão [30] o gênero que é dito primeiro e as diferenças. E os gêneros subsequentes são o gênero primeiro e as diferenças tomadas conjuntamente a ele; por exemplo: o primeiro gênero é animal, o subsequente é animal bípede e, depois, animal bípede sem asas. Isso vigora [1038a1] ainda que se enuncie um número **1038a** maior de itens. E em geral, não faz diferença se a definição é enunciada por meio de muitos ou de poucos itens e, por conseguinte, tampouco faz diferença se é enunciada por poucos ou dois. E dos dois, um é diferença, o outro é gênero. Por exemplo, de *animal bípede, animal* é gênero e *bípede* é diferença. [5] Portanto, tanto se não houver gênero, em sentido absoluto, para além das suas espécies, quanto se houver gênero enquanto matéria – afinal, a voz é gênero, isto é, matéria, e a partir dela as diferenças produzem as espécies, isto é, as letras –, é evidente que a definição é o enunciado explicativo formulado a partir das diferenças.

E a divisão deve ser feita pela [10] diferença da diferença. Por exemplo, *podal* é diferença de *animal*, e de *animal podal* a diferença deve ser deste enquanto *podal*. Desse modo, se for para enunciar adequadamente, não se deve enunciar de *podal* que se divide em *alado* ou *sem asas* (embora se enuncie assim em virtude da impossibilidade de fazê-lo adequadamente), mas em *de pés fendidos* e *de pés não fendidos*, porque [15] são essas as diferenças de *pé*, visto que o *ter pés fendidos* é algum *ter pés*. E o desejável é prosseguir sempre assim até se chegar aos indiferenciados, quando, então, as espécies de pé, bem como de animais podais, serão tantas quantas forem as diferenças. E se for assim, é evidente que a diferença final será a essência do [20] fato, isto é, a definição. Afinal, não é preciso dizer várias vezes o mesmo nas definições, visto ser supérfluo. E decorre que, quando disser *animal podal bípede*, nada mais dirá senão *animal que tem pés, que tem dois pés*. E ainda que divida conforme a divisão apropriada, repetirá várias vezes, e tantas quantas forem as [25] diferenças. E se gerar a diferença da diferença, a diferença final será uma só: a espécie, isto é, a essência. Ao passo que, se proceder por acidente – por exemplo, se dividir podal em claro e escuro –, as diferenças serão tantas quantas forem as secções.

É evidente, por conseguinte, que definição é o enunciado explicativo constituído das diferenças e, destas, da que for a final [30] segundo o procedimento correto de traçar diferenças. Isso fica claro quando se inverte a ordem nas definições que exibem essa característica. Por exemplo, se, na definição de *homem*, a ordem for invertida dizendo-se *animal bípede podal*, resultará supérfluo acrescentar *podal* se *bípede* já foi dito. Na essência, por seu turno, não há ordem. Afinal, como se deve aí inteligir o posterior e o anterior?

No que tange às divisões [35] das definições e de que tipo são, fiquem ditas estas palavras a título de abordagem preliminar.

13

[1038b1] Visto que a presente investigação é dedicada à essência, retomemos esse assunto. Diz-se que, assim como o sujeito é essência, também o são o *o que era ser*, o que é constituído desses e também o universal. Os dois primeiros já foram discutidos, pois sobre o *que era ser* e o sujeito já foi dito que subjazem em dois sentidos: ou sendo algum tal, como animal com respeito às afecções, ou como a matéria com respeito à enteléquia.

Alguns opinam que também o universal seria sobretudo causa e seria princípio, e por isso devemos retomar a investigação sobre ele. Parece impossível a qualquer dentre os que são ditos universais ser essência. Em primeiro lugar [10] porque, ao passo que de cada qual a essência é o que lhe é próprio e não pertence a outro, o universal é o que é comum. Afinal, diz-se *universal* o que por natureza pertence a muitos. De qual, então, ele seria essência? Seria de todos ou de nenhum. Ora, não há como ser de todos. E se for de um, os restantes serão ele, porquanto aqueles cuja essência é uma só e é um só o *o que era ser* [15] também são um só.

Ademais, diz-se *essência* o que não é dito de um sujeito, ao passo que o universal é sempre dito de algum sujeito. Mas, ainda que não seja logicamente possível ao universal ser essência enquanto *o que era ser*, acaso não lhe seria logicamente possível ser imanente a esse último, tal como *animal* é imanente a *humano* e a *cavalo*? Afinal, é claro que ele tem algum enunciado explicativo. E não faz diferença que não haja enunciado explicativo de [20] tudo o que entra na essência, pois nem por isso ela será menos essência de algo, assim como *humano* não é menos essência do humano ao qual pertence. Por conseguinte, o mesmo decorrerá novamente, pois o universal – por exemplo, *animal* – será essência daquilo a que pertencer enquanto propriedade.

E é impossível e absurdo que o tal, isto é, a essência, se for constituído de alguns itens, não [25] o seja de essências nem de algum tal, mas de qualidade, pois, nesse caso, a essência não seria anterior, já que a qualidade seria anterior à essência e ao tal, o que, contudo, é impossível. Com efeito, as afecções da essência não se afiguram anteriores, nem quanto ao enunciado explicativo, nem quanto ao tempo, nem quanto à geração, pois se assim fosse, elas também seriam separáveis. Ademais, essência seria imanente a Sócrates, que é essência, [30] de modo que a essência seria dupla.

E decorre em geral que, se *homem*, bem como os que são assim ditos, são essências, então nenhum dos integrantes do enunciado explicativo será essência de nada, nem será separado deles, nem em algo distinto. Quero dizer, por exemplo, que não haverá algum animal além dos que são algum animal, nem nada diferente dos integrantes do enunciado explicativo. Fica evidente dessas considerações [35] que nenhum dos predicados que pertencem enquanto universais é essência, e que, dos predicados comuns, nenhum significa algum tal; [1039a1] eles significam de tal qualidade. Caso contrário, muitos absurdos decorreriam, inclusive o terceiro homem.

E é claro o porquê, visto ser impossível que a essência seja constituída de essências que nela constem enquanto em enteléquia. Pois o que é dois [5] desse modo em enteléquia jamais será um em enteléquia; em contrapartida, se for dois em possibilidade, então será um; por exemplo, é em possibilidade que o dobro se constitui de duas metades, pois a enteléquia as separa. Dessa forma, se a essência for um, ela não será constituída de essências que constem dessa maneira, como argumenta corretamente Demócrito. Ele afirma [10] ser impossível que um seja gerado a partir de dois, ou dois a partir de um, por considerar essências as grandezas insecáveis. Claro que isso valerá igualmente para número se, como dizem alguns, o número for uma composição de unidades, pois ou dois não é um, ou nele não há unidade em enteléquia.

O que daí decorre encerra uma dificuldade, pois, se [15] nenhuma essência se constituir de universais em virtude de estes significarem de tal qualidade, e não algum tal, e se não é logicamente possível que alguma essência seja em enteléquia composta de essências, então toda essência seria incomposta, de modo que nenhuma essência teria enunciado explicativo. Contudo todos opinam – e já foi dito antes – que ou [20] somente das essências há termo definitório, ou principalmente delas[75]. E agora, no entanto, sequer delas! Acaso, então, de nada haveria definição? Ou quiçá de certa maneira haveria e de outra não? Essas ponderações ficarão mais claras a partir das discussões subsequentes.

14

É evidente o que decorre dessas considerações para os que [25] sustentam que as ideias são essências separadas e, conjuntamente, constroem a espécie a partir do gênero e das diferenças, pois se houver espécies e *animal* constar em *humano* e também em *cavalo*, então ou *animal* será numericamente um só e o mesmo, ou será distintos animais. Ora, quanto ao enunciado explicativo, é claro que é um só, pois em cada um desses casos quem diz *animal* remete ao mesmo [30] enunciado explicativo. Assim, se *humano* ele próprio por si mesmo for algo, algum tal e separado, é necessário também que aqueles dos quais se constitui, quais sejam, *animal* e *bípede*, signifiquem algum tal e sejam separados, isto é, essências. Desse modo, se, ademais, *animal* for um só e o mesmo em *cavalo* e em *humano*[76], tal como você é um só e o mesmo que si mesmo, cumprirá indagar como o que é um só [1039b1] será um só nos que são separados, e por que esse animal não seria também separado de si próprio. Além disso, se participar de bípede e de polípode algo impossível decorre, pois então os contrários pertencerão conjuntamente a um só e o mesmo, que é algum tal. Senão, sob que [5] acepção se empregará *animal* ao se dizer que animal é bípede ou que é podal? Certamente estará conjugando, isto é, conectando ou misturando. No entanto todas essas alternativas são absurdas.

1039b

Por outro lado, se *animal* for distinto em cada um, serão infinitos, por assim dizer, aqueles cuja essência é *animal*. Afinal, não é por acidente que *humano* resulta de *animal*. Ademais, animal ele próprio seria muitos, visto que *animal* [10] seria essência

---

75. Tricot (*ad loc.* n. 4) remete ao trecho 1031a1-14.

76. Sigo aqui Ross (Aristóteles, 1997) que, acompanhando Laurentianus e Alexandre, acrescenta "καὶ τῷ ἀνθρώπῳ".

em cada um deles. Com efeito, *animal* não é dito de outro, pois, senão, *humano* seria constituído desse outro e seria este o gênero de *humano*. E seriam ideias tudo aquilo de que humano resulta. Ora, é inadmissível que a ideia seja de um e a essência de outro, porque isso é impossível. Então, será um só animal ele próprio em cada *animal* figurando nos vários animais. E ele resulta do quê, ou seja, [15] como deriva de animal ele próprio? Ou como o animal cuja essência é ele próprio será apartado do animal ele próprio?

As mesmas absurdidades decorrem a propósito dos sensíveis, inclusive outras ainda mais absurdas. E se é impossível ser desse modo, é claro que deles não há espécies tais como alguns dizem.

15

[20] *Essência* se toma sob acepções diversas, sendo uma o todo articulado e outra o enunciado explicativo. E digo que é essência enquanto todo articulado o enunciado explicativo que inclui a matéria, e é essência enquanto enunciado explicativo o enunciado explicativo geral. Assim, das que são ditas segundo a primeira acepção há corrupção, visto haver geração, ao passo que o enunciado explicativo não é tal que se corrompa, visto que tampouco há geração dele. Afinal, gera-se [25] não o ser para *casa* e, sim, para tal casa. Desse modo, é sem referência à geração e à corrupção que as essências enquanto enunciados explicativos ou são ou não são. Com efeito, já foi provado que ninguém os gera nem produz.

Eis por que também não há, das essências sensíveis dos singulares, nem definição, nem demonstração, porque contêm matéria, cuja natureza é tal que é logicamente possível [30] tanto ser quanto não ser. É por isso que todas as essências sensíveis singulares são corruptíveis. Por conseguinte, se a demonstração é do que é necessário e a definição é científica, e se – assim como não é logicamente possível ser ciência o que ora é ciência, ora é ignorância, mas antes, é a opinião que exibe essa característica – não é logicamente possível demonstração nem definição daqueles para os quais é logicamente possível ser de outro modo, mas disso

o que há é opinião, [1040a1] então é claro que tampouco haveria 1040a
demonstração e definição das essências sensíveis singulares. Pois,
aos que possuem a ciência, os corruptíveis são obscuros quando
fogem ao alcance da sensação e, mesmo que seus enunciados explicativos sejam preservados na alma, [5] deles não haverá nem
definição nem demonstração. É por isso que não se deve ignorar
que quem se puser a definir algum dos singulares ficará sempre
sujeito a ver suprimidos os termos definitórios, visto não ser logicamente possível definir nesse caso.

Tampouco se pode definir qualquer ideia, pois, como dizem
esses pensadores[77], a ideia está no rol dos singulares e é separada.
Ora, o enunciado explicativo necessariamente se [10] constitui
de nomes, e não é quem define que forja o nome, pois, senão,
ele seria desconhecido. E os nomes disponíveis, por seu turno,
são comungados por todos e, por conseguinte, necessariamente
pertencem também a outros enunciados. Por exemplo, se alguém
o definisse, diria que você é *animal, esguio* ou *branco*, ou algum
outro nome que pertencerá também a outros. E se alguém alegar
que nada impede que, separados, todos esses nomes pertençam
a muitos [15], mas conjuntamente pertençam exclusivamente a
esse *definiendum*, deve-se responder, em primeiro lugar, que pertencem a ambos; por exemplo, *animal bípede* pertence a *animal*
e também a *bípede*. Aliás, é necessário que isso valha também
para os que são eternos, por serem eles anteriores ao composto e
partes deste. Ademais, *animal* e *bípede* também serão separados
se *humano* for separado. Assim, ou nenhum é separado, ou ambos
são. [20] Se nenhum for separado, o gênero não será separado da
espécie; e se, em contrapartida, for separado, também a diferença será separada. Em segundo lugar, deve-se responder que são
anteriores quanto ao ser, e o que é anterior quanto ao ser não é
suprimido com a supressão do que o sucede quanto ao ser.

E se as ideias se constituírem de ideias (já que aquilo de que
algo se constitui é menos composto do que ele), então essas ideias
das quais aquelas se constituem, por exemplo, *animal* e [25] *bípede*,

---

77. Cf. 1039a24-26: os que sustentam que as ideias são essências separadas e
conjuntamente constituem a espécie a partir do gênero e das diferenças.

também deveriam ser predicadas de muitos. Caso contrário, cumpriria indagar como seriam conhecidas, já que, então, haveria alguma ideia para a qual seria impossível ser predicada de mais de um. Ora, não se opina que seja assim e, sim, que toda ideia é participável.

E como já dito, negligencia-se a impossibilidade de definir no caso do que é eterno, sobretudo os que são únicos, como sol e lua, pois erra-se [30] ao acrescentar expressões tais que, caso eliminadas, o sol, por exemplo, mesmo assim, permaneceria, tais como *o que se desloca em torno da terra*, ou *oculto à noite* (pois, então, se fosse estático ou aparecesse à noite não mais seria sol – o que, no entanto, seria absurdo, porque *sol* significa alguma essência). Além desse erro, se for logicamente possível aplicar-se a outro, por exemplo, se outra coisa com essa característica for gerada, claro que será sol, visto que o enunciado explicativo é comum. [1040b1] No entanto *sol* era algum dos singulares, tal como *Cléon* ou *Sócrates*. Por fim, por que nenhum desses pensadores oferece um termo definitório para *ideia*? Pois a quem tentasse fazê-lo ficaria claro que o dito aqui é verdadeiro.

16

É evidente que, dos que se opina serem essências, a maioria é em possibilidade, sejam as partes dos animais – afinal, nenhuma delas é separada e, quando separadas, todas elas serão enquanto matéria –, sejam terra, fogo e ar – pois nenhum deles é um, mas são como agregados enquanto deles não surgir ou for gerado algum um. [10] Até se poderia conceber que as partes dos animados e as da alma fossem geradas de ambos os modos, sendo tanto em entéléquia quanto em possibilidade, visto que o princípio de seu movimento provém de algo em suas articulações – o que explicaria por que alguns animais sobrevivem ao serem divididos. Mas é em possibilidade que todas serão quando forem um só e [15] contínuo por natureza, e não por força ou por conaturalidade, já que o que tem essa característica é capenga.

E visto que *um* é dito tal como *ser*, que é uma a essência do que é um, e que aqueles cuja essência é numericamente uma são numericamente um, é evidente que nem a *um*, nem a *ser*, é logicamente possível serem essências dos fatos, assim como tampouco é logicamente possível que o ser para *elemento* ou para *princípio* o sejam. Mas [20] investigamos qual é o princípio, com o propósito de o reduzirmos ao que é mais conhecido. Ora, desses, ser e um são mais essência do que princípio, elemento e causa, mas, mesmo assim, eles tampouco serão essência se nenhum outro comum for, pois a essência não pertence a nada, mas inversamente outros pertencem a ela e àquilo que a encerra e do qual ela é essência. [25] E o que é um não há de ser em muitos conjuntamente, mas o que é comum pertence a muitos conjuntamente. Resulta claro, pois, que nenhum dos universais é separado para além dos singulares.

Os defensores das espécies pronunciam-se corretamente, por um lado, ao separá-las, se elas forem essências. Por outro lado, porém, não se pronunciam corretamente ao sustentarem que a espécie é o um que recobre [30] muitos. Isso porque eles não conseguem responder o que seriam tais essências incorruptíveis para além das singulares e sensíveis. Eles produzem-nas valendo-se das espécies dos corruptíveis (pois destas nós sabemos), obtendo *homem ele próprio, cavalo ele próprio*, ao acrescentar aos sensíveis a expressão *ele próprio*. No entanto, mesmo que não tivéssemos visto os astros, [1041a1] nem por isso eles deixariam, creio, de serem essências eternas para além das que já sabemos. Dessa maneira, também no presente caso, ainda que não captemos quais seriam elas, talvez algumas fossem necessárias. 1041a

Está claro, portanto, que nenhum dos que são ditos universalmente é essência e que nenhuma essência [5] se constitui de essências.

17

O que é preciso dizer, isto é, de que qualidade é a essência, enunciemos doravante partindo de outro princípio, pois talvez a partir daí se alcance clareza acerca da essência que é separada das essências sensíveis.

Visto que a essência é alguma causa [10] e princípio, é mister nos determos nessa questão. Investiga-se o porquê sempre da seguinte maneira: *por que algo pertence a algum outro?* Porque investigar por que o homem músico é homem músico é ou investigar o que foi dito, a saber, por que o homem é músico, ou outra coisa. Ora, investigar por que algo é ele próprio é nada [15] investigar, já que tanto *que* quanto *é* devem ser, visto serem manifestos (por exemplo, *que* a lua *é* eclipsada); e a única explicação e a única causa para todas as perguntas como "por que homem é homem?" ou "por que músico é músico?" é: porque algo é ele mesmo. A não ser que alguém diga que é porque cada qual é indivisível em relação a si mesmo, o que, afinal, era o ser para *um*. Mas essa explicação [20] é comum a todos os casos e assaz sucinta.

Pode-se investigar por que homem é animal de tal qualidade. E aí, é claro que não se investiga por que o que é homem é homem, pois investiga-se por que algo pertence a algo. E que pertence já deve ser claro, senão nada haverá a investigar. Por exemplo: investigar "por que [25] troveja?" é investigar "por que ocorre estrondo nas nuvens?", pois o que se investiga é algo ser dito de outro desse modo; e como: "por que tais e tais – por exemplo, tijolos e pedras – são casa?". É evidente, então, que se investiga a causa, e esta é, para falar de uma perspectiva lógica, o *o que era ser*, o qual, em alguns casos, é o que é visado, como a respeito de casa e de cama, [30] e em outros casos é o que primeiramente moveu, pois este também é causa. Esse tipo de causa, contudo, cabe à investigação do gerar-se e do corromper-se, e a outra, à investigação a respeito do ser.

E é principalmente nos enunciados que não consistem em um ser dito do outro que passa despercebido o que é investigado – **1041b** [1041b1] por exemplo, quando se investiga o que é homem por meio dessa expressão simples, sem especificar que *tal é tais e tais*. No entanto é após ter reformulado adequadamente que se deve investigar. Senão o traço comum ao nada investigar se estenderia também ao investigar algo. E dado que *ser* deve tanto ter quanto [5] pertencer, é claro que se investiga por que a matéria é[78]. Por exemplo: "por que tais itens é casa?" "porque lhes pertence

---

78. Ross (Aristóteles, 1997) adota um segundo "τί" nesta passagem, o que resulta na seguinte formulação: "δῆλον δὴ ὅτι τὴν ὕλην ζητεῖ διὰ τί τί ἐστιν". Neste caso, o trecho poderia ser lido da seguinte maneira: "claro que investiga por que a matéria é algo".

ser para *casa*" e "por que tal e tal é homem?" "porque é homem este corpo tendo tal compleição". Desse modo, o que se investiga é a causa da matéria – que é a espécie – pela qual essa matéria é algo – que é a essência. Resulta evidente, então, que, a respeito do simples, não há investigação [10] nem ensino, mas é outra a maneira de investigar os que são desse tipo.

E o que é composto de algo de tal maneira que o todo constitua uma unidade não seria como o agregado e, sim, como a sílaba. Com efeito, a sílaba não é as letras, isto é, *b* e *a* não são o mesmo que *ba* nem carne é fogo e terra, pois, ao serem resolvidos, os compostos já não serão, [15] quer dizer, ao serem resolvidas, carne e sílaba já não serão carne e sílaba, ao passo que aqueles outros – a saber, letras, fogo e terra – serão. Portanto a sílaba é algo, não apenas as letras, a saber, vogais e consoantes, mas também algo distinto, assim como carne é não apenas fogo e terra ou quente e frio, mas também algo distinto. Se, pois, for necessário que esse algo distinto seja elemento [20] ou constituído de elementos, caso seja elemento, novamente valerá o mesmo argumento, pois então carne será a partir dele, de fogo, terra e ainda de algo outro, de modo que se prosseguirá ao infinito. Se for constituído de elementos, é claro que não será constituído de um – pois, então, estaríamos às voltas com o caso anterior –, mas de mais de um. Mas aí reiteramos a respeito deste caso o mesmo argumento aplicado ao caso [25] da carne e da sílaba.

Pareceria, assim, que esse algo seria não elemento, mas causa de tal ser carne e tal outro, sílaba, e igualmente nos restantes casos. E ele seria a essência de cada qual, por ser a primeira causa do ser. E visto haver alguns que não são essências dos fatos, mas o que for essência se concatena segundo a [30] natureza e por natureza, soa evidente que a própria natureza é essência, que é não elemento, mas princípio. Por seu turno, elemento é aquilo em que se divide o que dele é composto enquanto matéria, como *a* e *b* no caso da sílaba.

LIVRO H (VIII)

1

1042a

[1042a3] É mister agora extrair as conclusões do já discorrido e, uma vez reunido o principal, levar a investigação a seu fim. Foi dito que [5] se investigam as causas, os princípios e os elementos das essências, e, destas, algumas gozam de total unanimidade, ao passo que outras afiguraram-se essências exclusivamente aos olhos de alguns. Gozam de unanimidade as naturais, como fogo, terra, água e ar, bem como os outros corpos simples; a seguir, as plantas e suas partes, assim como os [10] animais e suas partes; por fim, o céu e suas partes. Já as espécies e os objetos matemáticos são considerados essências apenas por alguns. E da presente discussão decorre serem essências ainda outras, a saber, o *o que era ser* e o sujeito. E também, sob outra acepção, que o gênero é essência, mais do que a espécie, e o universal, mais do [15] que o singular. Por seu turno, as ideias conectam-se ao universal e ao gênero, pois é por força do mesmo argumento que elas parecem ser essências.

E é porque o *o que era ser* é essência, e que seu enunciado explicativo é a definição, que foi delimitado acerca da definição e do *por si mesmo*. E visto que a definição é um enunciado e que o enunciado tem partes, foi necessário também [20] ver, no que tange às partes, quais são partes da essência e quais não, bem como se aquelas são também partes da definição. Ora, nem o universal, nem o gênero, afiguraram-se essências. Quanto às ideias e aos objetos matemáticos, deve-se investigar posteriormente, já que alguns sustentam que eles seriam essências à parte das sensíveis.

Abordemos agora as essências que gozam [25] de unanimidade, que são as sensíveis. Todas as essências sensíveis têm matéria. É essência o sujeito que, sob uma acepção, é matéria –

e chamo *matéria* a que, não sendo em atuação algum tal, é algum tal em possibilidade – e, sob outra acepção, é o enunciado explicativo e a forma: o que, sendo algum tal, é separado quanto ao enunciado explicativo. Sob uma terceira acepção, é o [30] que é constituído desses, único do qual há geração e corrupção, e que é separado em sentido absoluto. Já dentre as essências segundo o enunciado explicativo, algumas são separáveis e outras, não.

Ora, é claro que também a matéria é essência, pois em todas as mudanças entre opostos algo é o sujeito das mudanças. Por exemplo, segundo o lugar, o que agora está aqui e depois está [35] alhures; e segundo o crescimento, o que agora tem tal grandeza e depois é menor ou maior; e segundo a alteração, o que agora é saudável e [1042b1] depois é enfermo. E igualmente, **1042b** segundo a essência, o que agora é em geração e depois em corrupção, isto é, agora é sujeito enquanto algum tal e depois é sujeito enquanto privação. E as outras mudanças acompanham esta, mas esta não [5] acompanha as outras – ou uma, ou duas delas –, pois não é necessário, se algo tiver matéria em deslocamento, que também tenha matéria em geração ou corrupção. De qualquer maneira, qual é a diferença entre o gerar-se em sentido absoluto e em sentido não absoluto já foi dito na *Física*.

2

Visto haver unanimidade em torno da essência tomada como sujeito e como matéria, [10] e esta é a que é em possibilidade, resta dizer o que é a essência dos sensíveis tomada enquanto atuação. Demócrito parece ter julgado serem três as diferenças, pois, segundo ele, o corpo que é sujeito, a matéria, é um e o mesmo, mas se diferencia ou no arranjo – que corresponde à figura –, ou na maneira – que corresponde à posição –, ou no contato – que [15] corresponde à ordem. Mas as diferenças parecem ser muitas, por exemplo, algumas são ditas serem diferenças pela composição de matéria, tais como as que são por diluição, como no hidromel; outras pela amarração, como em um feixe; outras pela aderência, como em um livro; outras pelo encaixe, como em uma caixa; outras por mais de uma dessas maneiras; outras pela posição, como a que distingue a soleira da arquitrave – com efeito, estas [20] se distinguem por serem dispostas de certo modo –; outras pelo tempo, como a que diferencia almoço e jantar; outras pela localização, como no caso dos ventos; outras pelas afecções sensíveis, tal como pela rigidez ou suavidade, densidade ou rarefação, aridez ou umidade; e outras por reunir algumas dentre essas; outras por todas essas; e, em geral, algumas [25] por excesso e outras por falta.

É claro que também *é* se diz sob essas tantas acepções. Pois *é* soleira porque está disposta de tal maneira, e *ser* significa nesse caso, portanto, *jazer de tal maneira*; e *ser gelo* significa *condensar-se de tal maneira*. E de alguns o *ser* será definido graças a todos esses modos, uns pela mistura, outros pela diluição, [30] outros pela amarração, outros pela condensação, outros por se apelar para outras diferenças, tal como a mão ou o pé. Deve-se, portanto, obter os gêneros das diferenças, pois serão elas os princípios do ser; deve-se obter, por exemplo, o gênero das diferenças em virtude do mais e do menos, do denso e do rarefeito, bem como de outras diferenças desse tipo, pois são todas [35] excesso ou falta. Já as que são graças à figura, à lisura ou à aspereza, serão todas remetidas ao reto e ao curvo. E daquelas cujo [1043a1] ser for graças à mistura, o não ser será o oposto. Disso fica evidente que, se em todos os casos for a essência a causa do ser, será nessas diferenças que será preciso buscar qual é a causa do ser de cada um deles. Não que alguma delas seja essência, nenhuma o é, nem mesmo na combinação, mas elas são [5] o análogo da essência em cada qual. E assim como nas essências o predicado da matéria é a própria atuação, assim é também, e sobretudo, nas outras definições. Por exemplo, se for preciso definir soleira, diremos que é madeira ou pedra disposta de tal maneira; se for preciso definir casa, diremos que é tijolos e madeira dispostos de tal maneira – e, em alguns casos, acrescentaremos inclusive o que é visado; se for preciso definir gelo, [10] diremos que é água solidificada ou condensada; e acorde musical diremos que é mistura de agudo e grave a qual é de tal qualidade. Igualmente nos casos restantes.

É evidente a partir daí que, de uma matéria distinta, também a atuação é distinta, bem como o enunciado explicativo, pois de umas é composição, de outras é mistura e de outras alguma das alternativas supraditas. Eis por que, dentre os que definem, os que [15] enunciam o que é casa dizendo que é pedras, tijolos e madeira, enunciam casa em possibilidade, visto que eles são matéria. Já os que contestam alegando que é abrigo que protege bens e corpos, ou algo assim, enunciam a atuação. E os que compõem ambos os enunciados apresentam a essência em sua terceira acepção, isto é, a que se constitui de ambos. Pois o enunciado [20] que explica por meio das diferenças parece ser da espécie e da atuação, ao passo que o que explica a partir do componente mais parece ser da matéria. Há aqui uma convergência com a maneira como Arquitas considerava os termos definitórios, visto que, para ele, eles seriam a composição de ambas. Por exemplo, o que é calmaria? É repouso em uma grande massa de ar, pois a matéria é o ar, e a atuação, isto é, a essência, é o repouso. O que é calmaria do mar? É falta de agitação no mar, [25] pois o sujeito, enquanto matéria, é mar, e a atuação, isto é, a forma, é falta de agitação. Fica evidente, a partir do exposto, o que é a essência sensível e como ela é. Sob certa acepção, é enquanto matéria; em outra, enquanto forma e atuação; e, sob uma terceira acepção, é constituída de ambas.

3

Convém não ignorar que às vezes passa despercebido se o nome [30] significa a essência composta ou a atuação, isto é, a forma. Por exemplo, seria *casa* sinal da combinação, a saber, *abrigo feito de tijolos e pedras dispostos de tal maneira*, ou da atuação e da espécie, que é *abrigo*? E *linha*, acaso significa *dois no comprimento* ou meramente *dois*? E *animal*, significa *alma em um* [35] *corpo* ou *alma*? Afinal, essa é essência e atuação de algum corpo. Quiçá *animal* pudesse corresponder a ambas as alternativas, não como explicado por um único enunciado, mas como relativo a um único enunciado. Contudo, embora essas questões façam alguma diferença em relação a outro assunto, elas não fazem nenhuma diferença no que tange à investigação sobre a [1043b1] essência sensível, pois o *o que era ser* pertence 1043b à espécie e à atuação. Com efeito, ao passo que *alma* e ser para *alma* são idênticos, *humano* e ser para *humano* não são idênticos. Caso contrário, também *alma* será dita *humano*. Assim, em alguns casos são idênticos, e em outros, não.

Ora, a inspeção [5] não evidencia que sílaba seja constituída de letras e de sua composição nem que casa seja constituída de tijolos e sua composição – o que está correto, porque a síntese e a mistura não se constituem daquilo de que são síntese ou mistura. Isso também vale para qualquer dos outros casos; por exemplo, se é soleira em virtude da posição, então a posição não é constituída de soleira, mas é [10] esta que é constituída dela. Tampouco humano é animal e bípede, mas, se estes forem matéria, é preciso haver algo além deles, e que nem seja elemento, nem seja constituído de elementos, mas seja essência; e os que o excluem enunciam a matéria. E se esse algo é a causa do ser, e se é isso que é essência, então é justamente a essência que eles omitem. Ora, é necessário que ela ou seja [15] eterna ou seja corruptível sem o corromper-se e gerada sem o gerar-se. E já ficou provado e esclarecido que ninguém produz ou gera a espécie, mas produz-se o tal e gera-se o que resulta de matéria e de espécie. Ademais, não está claro, até o momento, se as essências dos corruptíveis são separadas; o que está claro é apenas que isso não é logicamente possível [20] em alguns casos, quais sejam, os que não são para além dos subsumidos sob eles, como casa ou abrigo. Portanto, talvez nem estes e nem quaisquer dos que não são constituídos por natureza sejam essências, pois se poderia considerar que, no caso dos corruptíveis, somente o que fosse natureza seria essência. De modo que tem alguma pertinência a dificuldade com que se defrontaram os seguidores de Antístenes e leigos como eles, [25] de que não se define o o que é – pois o termo definitório é só um enunciado copioso –, mas é logicamente possível obter, e inclusive ensinar, de que qualidade é, por exemplo, prata: não se pode definir o que é prata, mas se pode dizer que é como o estanho. Desse modo, há essência da qual é logicamente possível haver termo definitório, isto é, enunciado explicativo, como a essência composta, seja sensível, [30] seja inteligível. Já dos seus constituintes primeiros, não é logicamente possível se o enunciado definitório significar algo dito de algo e for preciso que um desses seja enquanto matéria e o outro enquanto forma.

É evidente também que, se as essências forem de certo modo números, serão assim, e não, como dizem alguns, constituídas de unidades. Pois a definição é algum número, [35] visto ser divisível até os indivisíveis (pois os enunciados não são infinitos), e o número tem essa característica. Além disso, tal como, quando se subtrai ou se acrescenta a um número algum daqueles de que é constituído, o resultado já não é o mesmo número, mas outro, por menor que seja o que se subtraiu ou se acrescentou, [1044a1] **1044a** assim também nem a definição, nem o o que era ser, permanecerão se algo lhes for subtraído ou acrescentado.

Quanto ao número, é preciso haver algo pelo qual ele é um. No entanto eles não dizem o que o torna um, se é que o número é um. Com efeito, ou o número não é um, mas é como um agregado, ou, [5] se for um, deve-se dizer o que produz o um a partir dos muitos. E a definição também é um, mas eles tampouco estão em condições de explicá-lo – o que é compreensível decorrer, já que o argumento é o mesmo em ambos os casos: também a essência é um desse modo, a saber, não como dizem alguns, por ser alguma unidade ou ponto, mas, sim, por cada essência ser uma enteléquia e natureza. E tal como [10] o número não comporta o mais e o menos, tampouco a essência segundo a espécie, mas apenas a que é com matéria, se é que esta comporta o mais e o menos. Quanto à geração e à corrupção das essências supraditas, de que modo são logicamente possíveis e de que modo são impossíveis, bem como a respeito de sua redução a números, que fique delimitado o dito até aqui.

4

[15] Quanto à essência material, convém não perder de vista que, ainda que tudo provenha do mesmo componente primeiro ou dos mesmos enquanto primeiros, e que também seja a mesma a matéria enquanto princípio para os que se geram, ainda assim a cada qual corresponde alguma matéria que lhe é apropriada. Por

exemplo, da fleuma a matéria primeira são as substâncias doces e gordurosas; e da bile são as ácidas ou outras assim.

Ora, por certo [20] elas provêm do mesmo. E muitas matérias geram-se do mesmo quando uma for matéria da outra; por exemplo, a fleuma provém de gordura e de açúcar se a gordura provier de açúcar, e da bile ao se resolver a bile em sua matéria primeira, pois "isso daquilo" acomoda duas acepções: ou por ser a via para, ou por ter sido resolvido até o [25] princípio.

É logicamente possível que, sendo uma só a matéria, os gerados sejam distintos em virtude da causa motriz; por exemplo, da madeira provêm tanto o baú quanto a cama. E em alguns casos, se a matéria for distinta, os gerados necessariamente serão distintos; por exemplo, uma serra não poderia ser gerada de madeira nem mesmo se a esta fosse aplicada a causa motriz da serra, visto que não se produz serra de lã ou de madeira. Assim, portanto, se [30] é logicamente possível produzir o mesmo a partir de outra matéria, é claro que é porque a técnica, isto é, o princípio enquanto o motor, é o mesmo, pois se tanto a matéria quanto o motor forem distintos, distinto também será o gerado.

E quando se for investigar a causa, visto que as causas se dizem sob muitas acepções, deve-se enunciar todas as causas logicamente possíveis. Por exemplo, de humano: qual seria a causa enquanto [35] matéria? Seriam os mênstruos? E enquanto motor? Quiçá o esperma? E enquanto espécie? O o que era ser. E enquanto o que é visado? O [1044b1] fim. Talvez estes dois últimos sejam idênticos. E é preciso informar as causas mais próximas. Qual seria a matéria? Não será fogo ou terra, mas a matéria própria. Portanto, a respeito das essências naturais e geradas, é necessário proceder assim, se é para proceder corretamente, se as [5] causas forem essas e tantas, e se for preciso conhecer as causas.

Já sobre as essências que são naturais, mas eternas, a explicação será outra. Umas talvez não tenham matéria, ou tenham matéria não desse tipo, mas móvel apenas segundo o lugar. Dos que são por natureza, mas não essências, não há matéria, mas é a essência que é sujeito. Assim, por exemplo, do eclipse, qual [10] é a causa, vale dizer, qual é a matéria? Não há, mas é a Lua que o padece. Qual é a causa enquanto o que move e extingue a luz? A Terra. Já o que é visado, talvez não haja. E a causa enquanto espécie é o enunciado, mas ela não será clara se o enunciado não se fizer acompanhar da causa. Por exemplo: o que é eclipse? Privação de luz. E se for acrescentado *pela interposição* [15] *da Terra*, o enunciado é acompanhado da causa. E de sono não está claro qual é o que primeiramente padece. Digamos que seja animal. Sim, mas este sob que aspecto, isto é, o que nele seria primeiro? O coração ou algo assim. E por que causa? E qual seria a afecção, ou, mais precisamente, a afecção atinente àquele aspecto, e não ao animal como um todo? Digamos que seja imobilidade de certa qualidade. Sim, mas em virtude de padecer [20] primeiramente o quê?

5

Visto que alguns são, bem como não são, sem geração e sem corrupção, tal como os pontos, se é que estes são, e em geral as espécies – com efeito, branco não se torna, mas, antes, é madeira que se torna branca, se tudo o que se torna, torna-se a partir de algo e algo –, nem todos [25] os contrários se geram um do outro reciprocamente, mas é de modos distintos, por exemplo, que homem branco provém de homem negro, por um lado, e branco provém de negro, por outro. Pois não é de tudo que há matéria, mas apenas daqueles cuja geração ou cuja mudança é de um para o outro de modo recíproco. Já os que são ou não são sem o mudar, destes não há matéria.

E há uma dificuldade envolvida em determinar como, com respeito aos contrários, [30] comporta-se a matéria de cada qual. Por exemplo, se corpo é em possibilidade saudável e doença é o contrário de saúde, acaso corpo seria em possibilidade ambas? E água seria em possibilidade vinho e vinagre? Ou será que é matéria de um segundo posse e espécie, e de outro segundo privação e destruição alheia à natureza? E há também uma dificuldade em explicar por que vinho não é a matéria [35] de vinagre nem é vinagre em possibilidade, não obstante seja dele que provenha o vinagre; e por que vivo não é cadáver em possibilidade.

Ou não seria assim, mas as corrupções seriam por acidente [1045a1] e seria a própria matéria de animal que seria possibilidade – isto é, matéria – de cadáver segundo a corrupção, e igualmente para água e vinagre. Afinal, estes são gerados respectivamente a partir daqueles, tal como noite a partir de dia. E os que mudam um no outro desse modo devem retornar à matéria; por exemplo, se [5] animal provier de cadáver, deve retornar à matéria primeiro para em seguida tornar-se animal; e vinagre retornar à água e, só então, a vinagre.

6

Voltando à dificuldade aludida precedentemente a respeito das definições e dos números, conviria indagar qual seria a causa de serem um, pois de tudo o que tem várias partes e cuja totalidade não é como o agregado, [10] mas é como um todo que é algo além das partes, há uma causa, já que, até nos corpos, a causa de alguns serem um é o contato, de outros a aderência ou alguma outra afecção do tipo. E a definição é um só enunciado não por conexão, como é o caso da Ilíada, mas por ser enunciado de um só. Cumpre, então, indagar: o que faz de humano um só, isto é, por que [15] um e não muitos, por exemplo, animal e bípede, sobretudo se houver, como dizem alguns, animal ele próprio e bípede ele próprio? Com efeito, por que humano não é animal e bípede eles próprios, já que é pela participação, não de humano nem de um, mas de dois, a saber, animal e bípede, que os humanos são? Ou, de modo geral, por que humano não [20] seria um só, mas mais de um, a saber, animal e bípede?

É evidente que, adotando-se esse modo pelo qual costumam definir e explicar, não é logicamente possível formular e resolver a dificuldade. Mas se, como sustentamos, matéria é uma coisa e forma é outra, e em possibilidade é uma coisa e em atuação outra, a aporia parece [25] se desfazer. E a aporia seria a mesma se o termo definitório de *roupa* fosse *bronze esférico*, pois o nome seria um sinal do enunciado, de modo que a investigação buscaria qual a causa de esférico e bronze serem um só. Agora a dificuldade já não se ergue, porque um é a matéria e o outro é a forma. [30] Portanto, naqueles em que há geração, qual é a causa, além do fazer, do que é em possibilidade ser em atuação? Não há nenhuma outra causa de esfera em possibilidade ser esfera em atuação a não ser o o que era ser para cada qual. E da matéria há a inteligida e a sentida, e no enunciado sempre há o que é [35] matéria e o que é atuação, por exemplo, *círculo é figura plana*. E dos que não têm matéria, nem inteligida, nem sentida, cada qual é diretamente algum um, [1045b1] bem como também algum ser, seja o tal, o qual ou o quanto. Eis por que nas definições não constam nem *é*, nem *um*, e o o que era ser é diretamente algum um, bem como algum ser. Por isso, tampouco há alguma causa distinta para qualquer deles [5] ser um ou ser algo, pois cada qual é algum ser e algum um diretamente, e não por estarem sob o gênero do ser e do um nem por serem seres separados para além dos casos singulares. **1045b**

Ante a dificuldade, alguns sustentam a participação, mas veem-se em aporia para explicar a causa da participação e o que seria participar. Outros sustentam o ser junto[79], [10] tal como Licofrão, que disse que a ciência é o ser junto do conhecer científico e da alma. Outros, ainda, sustentam que viver é uma composição ou uma conexão de alma com corpo. Mas em todos esses casos trata-se do mesmo argumento, pois ser saudável será o ser junto, a conexão ou a síntese de alma com saúde, e ser triângulo de bronze [15] será a síntese de bronze e de triângulo, e ser branco será a síntese de superfície e de brancura. A causa disso é que eles buscam para possibilidade e para enteléquia um enunciado explicativo que as unifique, bem como a diferença entre elas. Ora, como já dito, a matéria última e a forma são um e o mesmo, mas uma em possibilidade, outra em atuação, de sorte que redunda no mesmo investigar a causa de [20] algum um e a causa de ser um, pois cada qual é um, e o que é em possibilidade e o que é em atuação são um sob certa acepção. Por conseguinte, não há outra causa senão algo que mova da possibilidade à atuação. E tudo que não tem matéria é algum um em sentido absoluto.

---

79. Sigo aqui a recomendação de D. Ross para suprimir a ocorrência do termo "ψυχῆς" em 1045b10.

LIVRO Θ (IX)

1

1045b [1045b27] Sobre o que é primeiro e para o que todas as demais predicações do ser convergem, a saber, sobre a essência, já foi tratado. Com efeito, é conforme o enunciado explicativo da essência que são explicados todos os restantes [30] seres – o quanto, qual, e os outros assim ditos –, pois todos encerram o enunciado explicativo da essência, como já dissemos nas explicações precedentes. E visto que o que é por um lado é dito o quê, ou qual, ou quanto, por outro segundo a possibilidade, a enteléquia e o ato, delimitemos *possibilidade* [35] e *enteléquia*, principiando por *possibilidade* dita na acepção mais fundamental, em que **1046a** pese não seja a mais útil para nosso presente propósito, [1046a1] já que *possibilidade* e *atuação* têm alcance mais amplo do que o que se diz segundo o movimento. Contudo, após discorrer sobre essas acepções, elucidaremos também as outras, nas discussões dedicadas a caracterizar *atuação*.

Já explanamos alhures[80] [5] que *possibilidade* e *ser possível* se dizem sob muitas acepções. Dessas, deixemos de lado as que são ditas homonimamente. Afinal, algumas são ditas assim em virtude de alguma semelhança, como sucede na geometria, em que usamos os termos *possível* e *impossível*[81] para os que são ou não de certo modo. Já as acepções relativas à mesma espécie, são todas [10] alguns princípios e ditas com relação a uma única acepção primeira, a saber: princípio da mudança em outro

---

80. Cf. *Metafísica*, Δ, 12.

81. Em português, emprega-se nesses casos a expressão "potência" e sua negação para verter os termos gregos respectivos. Cf. *Metafísica* Δ, 12 - 1019b33 - supra n.50.

ou enquanto outro. Com efeito, uma é a possibilidade de padecer que, no que padece a mudança, é princípio da mudança passiva, seja sob outro, seja enquanto outro; outra é o comportamento correspondente à impassibilidade para piorar e para ser corrompido sob outro ou enquanto outro por um princípio [15] de mudança. Pois o enunciado explicativo daquela acepção primeira de possibilidade está em todos esses termos. E essas possibilidades são ditas ou do meramente fazer, ou do padecer, ou do produzir, ou do padecer adequadamente, de sorte que os enunciados explicativos destes encerram, de certo modo, os enunciados explicativos das precedentes acepções de possibilidade.

É evidente que, sob uma acepção, a possibilidade [20] de fazer e a de padecer são uma só (pois algo é possível tanto por ter ele próprio a possibilidade de padecer quanto por outro ter a possibilidade de padecer sob ele). Sob outra acepção, porém, são diversas, pois é uma no paciente (afinal, por ter algum princípio e porque a matéria é algum princípio, o paciente padece e pacientes diversos padecem sob agentes diversos: o gorduroso [25] é combustível, o maleável, de certa maneira é comprimível etc.), e é outra no agente; por exemplo, o quente e a arte construtora, pois uma é a possibilidade no que aquece, outra a possibilidade no construtor. Eis por que nada padece sob si próprio, pois, enquanto por natureza coeso, cada qual é um só e não distinto de si mesmo.

Impossibilidade – e, correlativamente, *impossível* [30] – é a privação contrária à possibilidade tal como caracterizada, de sorte que toda possibilidade é contrária a uma impossibilidade do mesmo e segundo o mesmo. Por seu turno, diz-se *privação* sob várias acepções: o que não tem, bem como o que, embora não tendo, por natureza deveria ter, seja em geral, seja na ocasião em que naturalmente teria, e isso seja de certo modo – por exemplo, totalmente –, seja de um modo qualquer. Em alguns casos, o que por natureza [35] teria, mas é constrangido à força a não ter, dizemos que é privado.

2

Visto que, dentre tais princípios, alguns são imanentes aos inanimados e outros aos animados, aliás, nesses são imanentes

1046b à alma e, na alma, ao que comporta discurso, [1046b1] é claro que, também dentre as possibilidades, algumas serão não discursivas, e outras, com discurso. É por isso que todas as técnicas e ciências produtivas são possibilidades, pois são princípios de mudança em outro ou enquanto outro. E das [5] possibilidades com discurso, em todos os casos é uma mesma a possibilidade para cada par de contrários. Já dentre as não discursivas, para cada um dos contrários é uma só a possibilidade. Por exemplo, quente é possibilidade apenas para aquecer, ao passo que a medicina é tanto para a doença quanto para a saúde. A causa disso é que a ciência é um discurso, e é o mesmo discurso que elucida tanto o fato quanto a sua privação, embora não da mesma maneira: é de ambos os contrários, embora seja [10] mais daquele contrário que é. Donde é necessário a ciências assim serem de ambos os contrários, e de um deles serem por si mesmas ciências e, do outro, não por si mesmas. Pois o discurso é por si mesmo sobre um deles e, por assim dizer, acidentalmente sobre o outro, visto ser por meio da negação e da exclusão que ele elucida o contrário, já que a primeira [15] privação é o contrário, sendo ela a exclusão do respectivo contrário.

E dado que os contrários não se engendram no mesmo, que a ciência é possibilidade por ter o discurso explicativo e que a alma tem o princípio do movimento, ao passo que o saudável produz somente a saúde, o calorífico somente o calor e o refrigerante somente o frio, quem detém a ciência produz [20] ambos os contrários. Afinal, o discurso versa sobre ambos, mesmo que não do mesmo modo, e ele está na alma, que, por seu turno, tem o princípio do movimento. Desse modo, tendo conectado os contrários ao mesmo discurso, a alma os moverá a partir do mesmo princípio. Eis por que os que são possíveis segundo o discurso, em contraste com os possíveis sem discurso, produzem os contrários, pois estes são abarcados sob um único princípio, que é o discurso. É evidente também que a possibilidade de meramente [25] fazer ou padecer acompanha a possibilidade de fazer ou padecer bem, mas esta nem sempre acompanha aquela. Com efeito, o que faz bem necessariamente faz, já o que meramente faz não necessariamente faz bem.

3

Alguns há, como os megáricos, que dizem que algo somente é possível quando [30] atua e, quando não atua, não é possível. Assim, por exemplo, ao que [31] não está construindo, não é possível construir, mas sim ao que está construindo quando estiver construindo; e igualmente nos casos restantes.

Não é difícil ver os absurdos que decorrem para os que pensam assim. Afinal, é claro que sequer será construtor o que não estiver construindo, já que ser para [35] *construtor* é ser para *o que tem a possibilidade de construir*. O mesmo vale para as outras técnicas. Ora, se é impossível ter tais técnicas sem as ter em algum momento aprendido, isto é, adquirido, [1047a1] e é **1047a** impossível já não as ter sem as ter perdido em algum momento, seja por esquecimento, seja por alguma afecção ou em função do tempo (não por ter se corrompido o fato, pois este sempre é), então, quando parar de construir, já não terá a técnica, e, inversamente, ao pôr-se a construir a adquirirá repentinamente, sabe-se lá como! Igualmente no caso das possibilidades inanimadas: nem [5] frio, nem quente, nem doce, e em geral nenhum sensível será, salvo se for sentido. Decorre que os que assim pensam culminarão por partilhar o argumento de Protágoras. Aliás, não terá sensação o que não estiver sentindo nada em ato. Se, pois, cego for o que não tem visão, embora por natureza a tenha e também por natureza quando e como[82] houver de tê-la, os mesmos seres [10] serão cegos várias vezes por dia, e assim também no caso dos surdos. Ainda, se impossível é o que é privado da possibilidade, ao que não vem a ser será impossível vir a ser. Ora, incorrerá em falsidade quem disser que aquilo a que é impossível vir a ser ou é ou será, pois era isso que *impossível* significava. Por conseguinte, esses argumentos suprimem o movimento e a geração, [15] pois, então, o ereto ficará sempre ereto, e o sentado sempre sentado. Pois não

---

82. Lendo, com a edição Aldina (1498), Bessário (1452) (cf. Aristóteles, 1997 *ad loc.*) e Vaticanus 256 (1321) (cf. Aristóteles, 1831, *ad loc.*), "ὡς" ao invés de "ὄν", para retomar as cláusulas elencadas em 1046a33-34. Ross (Aristóteles, 1997) e Bekker (1831) adotam "ὄν", o que faculta para o trecho uma versão como "e também por natureza quando houver de tê-la e em sendo (ou: 'em existindo')".

se levantará se estiver sentado, visto que ao que não tem a possibilidade de levantar-se será impossível levantar-se. Se, portanto, não é logicamente possível sustentar essas afirmações, é evidente que possibilidade e atuação são distintas. E, no entanto, aqueles argumentos identificam possibilidade e atuação, [20] e por isso não é de somenos o que procuram eliminar.

Assim, é logicamente possível não ser algo, mas o ser em possibilidade, bem como, mesmo sendo, em possibilidade não ser. Igualmente a respeito das outras predicações, por exemplo: tendo a possibilidade de andar, não andar, e tendo a possibilidade de não andar, andar. Portanto *possível* é: aquilo a que nenhuma impossibilidade sobrevirá caso lhe pertença a [25] atuação do que ele é dito ter a possibilidade. Quero dizer, por exemplo, se a algo é possível sentar-se, isto é, é-lhe logicamente possível sentar-se, caso lhe pertença sentar-se, nenhuma impossibilidade lhe sobrevirá. Idem para ser movido, mover-se, erguer-se, empertigar-se, ser, gerar-se, não ser, não se gerar.

[30] A palavra *atuação* está conectada com *enteléquia*, mas estende-se a outros itens a partir, sobretudo, dos movimentos. Com efeito, opina-se que a atuação é sobretudo movimento. É por isso que, aos que não são, não se concede o mover-se, embora se conceda outras predicações. Por exemplo, o que não é é pensável e desejável, [35] mas não é em movimento. Senão seria em atuação o que não é em atuação, [1047b1] pois, dentre os que não são, alguns são em possibilidade mas não são efetivamente, por não serem em enteléquia.

1047b

4

Se possível é o que foi dito ou se segue dele, é evidente que não é logicamente possível ser verdadeiro dizer "isso é possível, [5] mas não será", pois então os impossíveis se dissipariam. Refiro-me à situação, por exemplo, de alguém que, sem ter refletido sobre *ser impossível*, disser que é possível à diagonal ser comensurável com o lado do quadrado, mas ela não será comensurada, alegando que nada impede que algo possível para ser ou se gerar não seja nem haja de ser. Com efeito, segue-se necessariamente [10] do estabelecido que nada impossível resultará se assumirmos por hipótese que seja ou se gere aquilo que, mesmo não sendo, é possível; e disso decorre que é impossível à diagonal ser comensurada. Ora, o falso e o impossível não são idênticos, pois você estar de pé agora é falso, mas não impossível. E é claro conjuntamente que, se [15] A sendo, necessariamente B é, então, também, se A for possível, necessariamente B será possível. Pois, se não for necessário que seja possível, nada impede de não ser possível. Assumamos, então, que A seja possível. Portanto, uma vez que A é possível, se A for posto, nada impossível decorre. Nesse caso, B [20] necessariamente será. Contudo, ele foi assumido impossível. Seja, então, impossível. Se B for necessariamente impossível, então é necessário que A também seja. Contudo, A havia sido assumido possível; portanto, também B será possível. Por conseguinte, se A for possível, também B será possível, se se comportarem de tal modo que, se A for, necessariamente B será. E se, assim se comportando [25] A e B, B não for possível, tampouco A e B se comportarão como estabelecido. E se A sendo possível, necessariamente B é possível, se A for, então necessariamente B será, visto que *necessariamente B ser possível, se A for possível* significa isto: se A for possível, então será necessário que [30] também B seja possível; e se A for possível em certo momento e modo, então será necessário que também B seja possível no momento e no modo correlativos.

5

Sendo todas as possibilidades ou do que é congênito, por exemplo, as sensações, ou do que é por hábito, como tocar flauta, ou do que é por aprendizado, como as técnicas, para ter algumas delas é necessário ter previamente atuado. Essas são as que concernem ao hábito e ao discurso. Quanto às que não são assim, isto é, as que envolvem passividade, [35] isso não é necessário. [1048a1] E visto que o possível é possível algo, e também quando, como e todos os restantes quesitos que se acrescentam em sua caracterização, e que, dos que têm a possibilidade de mover

1048a

segundo o discurso, as possibilidades respectivas são segundo o discurso, ao passo que, dos que têm a possibilidade de mover sem discurso, as possibilidades são sem discurso, e, além disso, que aquelas necessariamente estão nos animados [5], ao passo que estas estão em ambos (animados e inanimados), no caso deste último tipo de possibilidades, quando, enquanto possibilidades, a ativa e a passiva se encontram, necessariamente uma faz e a outra padece. Já no caso daquele outro tipo isso não é necessário, pois, ao passo que cada uma das segundas é uma única possibilidade para fazer uma só alternativa, as primeiras são possibilidades para fazer os contrários, de modo que fariam conjuntamente os contrários, o que é [10] impossível.

É então necessário que o que prevalece seja algo distinto, que chamo de tendência ou escolha, pois será aquele dentre os contrários a que ela tender preponderantemente que ela fará quando ele lhe pertencer enquanto possibilidade e ela se encontrar com a possibilidade passiva. Desse modo, todo possível segundo o discurso, quando tende àquilo de que tem a possibilidade, e enquanto a tem, [15] necessariamente o faz. E ele tem a possibilidade se o paciente se apresentar e comportar a possibilidade de que isso seja feito; senão não lhe será possível fazer. E não é preciso acrescentar nenhuma cláusula de que nada externo há de impedir, pois tem a possibilidade enquanto é possibilidade para fazer, e o é não genericamente, mas ao comportar-se de certo modo, caso em que já foram eliminados os impedimentos externos, [20] pois estes são suprimidos por alguns dos integrantes da caracterização em tela. Por isso, ainda que alguém quisesse ou desejasse fazer ambos ou os contrários conjuntamente, nem por isso fará. Pois não é assim que ele tem a possibilidade para eles, tampouco a possibilidade é de os fazer conjuntamente. E é conforme se tem a possibilidade de fazer que se fará os que tem a possibilidade de fazer.

6

[25] Depois de termos discorrido sobre a possibilidade dita segundo o movimento, passemos à atuação caracterizando o que é atuação e de que qualidade é. Essa distinção esclarecerá também

o possível, pois resultará claro que dizemos possível não apenas o que por natureza tem a possibilidade de mover outro ou ser movido por outro, seja em absoluto, seja de algum modo, mas [30] também sob outra acepção. E é inclusive por investigá-la que tecemos o percurso precedente.

Atuação é o fato pertencer, mas não tal como dizemos pertencer em possibilidade. Dizemos pertencer em possibilidade, por exemplo, o busto de Hermes à madeira e a metade ao todo por se deixarem extrair destes; também dizemos que quem não investiga conhece cientificamente em possibilidade, caso tenha a possibilidade de investigar. [35] A outra acepção de pertencer é a de pertencer em atuação. O que queremos dizer resulta claro por indução a partir dos singulares, sem ser preciso buscar definição que englobe a todos, mas mirando no que há de análogo: como o que constrói em relação a construtível, [1048b1] desperto em relação a adormecido, o que vê em relação ao que não vê a despeito de ter visão, desprovido de matéria em relação a matéria e acabado em relação a inacabado. Dessas diferenças, [5] delimitemos uma parte como atuação, e a outra como possível.

1048b

Ademais, nem tudo o que é dito em atuação o é sob a mesma acepção. Uns o são ou por analogia, a saber, assim como isso nisso ou em relação a isso, também este neste ou em relação a este; outros enquanto movimento em relação a possibilidade; e outros enquanto essência em relação a alguma matéria. E *em possibilidade* e *em atuação* se dizem com respeito a infinito, [10] vazio e outros do tipo sob uma acepção distinta daquela concernente a muitos seres, como *vidente, ambulante* e *visível*. Porque a estes eventualmente é logicamente possível que seja verdadeiro pertencer em sentido absoluto – com efeito, visível é assim dito tanto por ser visto quanto por ter a possibilidade de ser visto. Mas não é desse modo que infinito é em possibilidade, a saber, por ser [15] ulteriormente separado em atuação, e sim quanto ao conhecimento, pois a divisão não acabar acarreta que essa atuação é em possibilidade, não sendo separada dela.

E visto que, das ações que têm limite, nenhuma é fim, mas elas estão dentre as que concorrem para o fim, como emagrecer concorre para a magreza, [20] e visto também que o que estiver emagrecendo, quando estiver emagrecendo, estará em movimento, não lhe pertencendo aquilo a que visa o movimento, elas não são ações, ou não são ações finalizadas, pois não são fins. Mas aquela à qual o fim é intrínseco também é ação. Por exemplo, vê e conjuntamente já tem à vista, traz à mente e conjuntamente já tem em mente, intelige e conjuntamente já tem inteligido[83]; em contrapartida, não aprende e já aprendeu conjuntamente, [25] nem convalesce e conjuntamente já convalesceu, mas vive bem e conjuntamente tem vivido bem, é feliz e conjuntamente já tem a felicidade. Se não for assim, seria preciso parar em algum momento, tal como quando convalesce; mas não é assim, ao contrário, vive e tem vivido. Desses casos, então, uns devem ser ditos movimentos, outros atuações, pois todo movimento é sem fim, como emagrecer, aprender, caminhar e construir: [30] estes são movimentos e, de fato, sem fim, dado que não é conjuntamente que caminha e já tem caminhado, nem constrói e já tem construído, tampouco gera-se e já foi gerado, ou é movido e já foi movido, ou move-se e já se moveu; ao contrário, são distintos. E é o mesmo conteúdo que conjuntamente tem visto e vê, intelige e inteligiu. Ao que é desse tipo chamo de [35] atuação, e ao que é daquele, chamo de movimento. Portanto, o que é *em atuação* e de que qualidade é, fique claro para nós a partir destas considerações e de outras assim.

7

Deve-se doravante precisar quando cada qual é em possibilidade e quando não, [1049a1] visto que não é em qualquer circunstância. Por exemplo, acaso terra é humano em possibilidade? Ou não, mas o será quando já tiver se tornado esperma? Ou quiçá nem mesmo nesse caso? E não é tudo o que convalesce se for medicado, e nem tudo convalesce por acaso, mas o que convalesce é algo: o possível de convalescer e este é o [5] convalescente em possibilidade. E o termo definitório do que é, pelo pensamento, gerado em enteléquia a partir do que é em possibilidade é: quando, tendo sido

1049a

---

83. Sigo aqui os acréscimos adotados por Ross (Aristóteles, 1997), na esteira de Bonitz (Aristóteles, *pars posterior*, 1966, p. 397-398).

querido, for gerado se nada externo impedir; no que convalesce é quando nada do que está nele próprio impedir. Igualmente para a casa em possibilidade: se nada do que está nisto, isto é, na [10] matéria, impedir que se torne casa, nem houver algo que seja preciso acrescentar, retirar ou mudar, então isto é em possibilidade casa. E o mesmo vale para todos os outros cuja geração tem um princípio externo. Quanto aos que têm em si o princípio da geração, serão por si mesmos se nada do que lhes for externo obstaculizar. O esperma, por exemplo, ainda não é em possibilidade humano, porque é preciso [15] incidir em outro e mudar; mas quando, já por seu próprio princípio, tiver essa característica, então será humano em possibilidade. Naquela situação precedente, ele requer outro princípio, tal como a terra, que ainda não é estátua em possibilidade, pois é ao mudar-se em bronze que será.

E parece que, ao dizermos que algo é não *tal*, mas *de tal* (tal como baú, que não é madeira, mas de madeira, e [20] tampouco madeira é terra, mas de terra; e novamente terra, se for assim, será não outra coisa, mas de outra coisa), sempre o posterior será, em sentido absoluto, o outro em possibilidade. Por exemplo, baú nem é de terra, nem terra, mas de madeira, pois esta é baú em possibilidade e a matéria mesma de baú, e madeira em sentido absoluto de baú em sentido absoluto, e tal madeira de tal baú. E se algo for primeiro, [25] e não mais for dito *de tal* a respeito de outro, então será matéria primeira. Como seria, por exemplo, se terra fosse de ar e ar fosse não fogo, mas de fogo, e fogo fosse matéria primeira enquanto algum tal e essência. Afinal, o universal e o sujeito distinguem-se nisto: no ser ou não ser algum tal. Exemplificando, o sujeito para as afecções é *homem*, [30] *corpo* e *alma*; afeção, por seu turno, é *culto* ou *branco*; com efeito, tendo a cultura sido gerada em algo, este é dito não *cultura*, mas *culto*, e *homem* é não *brancura*, mas *branco*, e é não *caminhada* ou *movimento*, mas *caminhante* ou *movido*, como se fosse *de tal*. Em tais casos, o sujeito último é essência. Nos casos que não são assim, [35] mas o predicado é alguma espécie, isto é, algum tal, o sujeito último é matéria, isto é, essência material. Decorre ser correto que *de tal* seja dito segundo a matéria e as afecções, [1049b1] pois ambas **1049b** são indefinidas.

Fique, pois, dito quando se deve chamar *em possibilidade* e quando não.

8

Após precisar as várias acepções sob as quais se diz *anterior*, [5] fica evidente que a atuação é anterior à possibilidade. E falo não apenas da possibilidade definida, dita *princípio de mudança em outro ou enquanto outro*, mas em geral de todo princípio de movimento e de repouso. Pois a natureza gera-se no mesmo, visto estar no mesmo gênero que a possibilidade[84], já que ela é princípio de movimento, mas [10] não em outro, e, sim, no mesmo enquanto ele mesmo.

A toda possibilidade desse tipo, a atuação é anterior quanto ao enunciado e quanto à essência. Já quanto ao tempo, por um lado é anterior e por outro não. Quanto ao enunciado, é claro que é anterior, pois *possível* em sentido primeiro é possível por ser logicamente possível ser em atuação. Por exemplo, digo construtor aquele ao qual é possível construir, [15] vidente aquele ao qual é possível ver e visível aquele ao qual é possível ser visto. A mesma explicação estende-se aos outros casos, de sorte que é necessário que o enunciado da atuação preceda o da possibilidade e que o conhecimento da atuação preceda o conhecimento da possibilidade.

Quanto ao tempo, a atuação é anterior à possibilidade pelo seguinte: é anterior em atuação o que é idêntico quanto à espécie, mas não numericamente. Quero dizer, por exemplo, que ao humano que [20] já é em atuação, ao grão e ao vidente, são anteriores quanto ao tempo, respectivamente, a matéria, a semente e o passível de ver, os quais já são humanos, grão e vidente em possibilidade, mas ainda não em atuação. Mas a estes são anteriores quanto ao tempo outros em atuação, dos quais eles

---

84. Lendo com Bekker (Aristóteles, 1831) "ἡ φύσις ἐν ταὐτῷ γίγνεται· ἐν ταὐτῷ γὰρ γένει τῇ δυνάμει·". Ross (Aristóteles, 1997) sugere suprimir o trecho "γίγνεται· ἐν ταὐτῷ γὰρ", que não é mencionado por Alexandre de Afrodísias nem consta em Ab. Nesse caso, o trecho resultaria: "Pois a natureza está no mesmo gênero que a possibilidade".

foram gerados, porque é sempre do que é em possibilidade [25] que é gerado o que é em atuação pelo que já é em atuação. Por exemplo, humano é gerado de humano, músico por músico, sempre havendo primeiro algum motor. E o motor já é em atuação.

Nas explicações sobre a essência já foi dito que todo gerado é gerado algo, de algo e por algo, e este é idêntico quanto à espécie. Eis por que se opina [30] ser impossível ser construtor o que não tiver construído nada, ou que é impossível ser citarista o que não tiver tocado nenhuma cítara, pois quem está aprendendo a tocar cítara aprende a tocar cítara tocando cítara, e assim é para os demais casos. Foi daí que foi formulada a refutação sofística de que quem não tem a ciência fará o que compete à ciência, visto que quem está aprendendo não tem. [35] No entanto, porque do que está sendo gerado algo já se gerou e, em geral, do que está sendo movido algo já foi movido (isto fica claro nas explicações sobre o movimento), [1050a1] **1050a** decerto também quem está aprendendo necessariamente tem algo da ciência. Fica então claro que também desse modo a atuação é anterior à possibilidade segundo a geração e o tempo.

A atuação é anterior também quanto à essência. Primeiramente, porque os que são posteriores quanto à geração [5] são anteriores quanto à espécie e à essência – por exemplo, homem com respeito a menino e homem com respeito a gameta, já que os primeiros já têm a espécie, ao passo que os outro não. Em segundo lugar porque tudo o que se gera dirige-se ao que é princípio e fim, porque o que é visado é princípio e o fim é o visado na geração. Ora, a atuação é fim, e é em função dela que a possibilidade [10] é considerada. Com efeito, não é que os animais veem para terem visão, e, sim, que, na medida em que veem têm visão; igualmente, têm a técnica construtiva para construírem e a ciência especulativa para especularem, e não que especulem para terem a ciência especulativa, a não ser os que estão estudando. Estes, contudo, não especulam, a não ser ou em certo sentido, ou porque já nada carecem de especular. [15] Ademais, a matéria é em possibilidade porque há de atingir a espécie. E quando for em atuação, então terá a espécie. Igualmente nos outros casos, inclusive aqueles cujo fim é movimento. É por isso que, tal como os mestres, que julgam demonstrar que alcançaram seu fim ao apresentarem seus discípulos atuando, assim também vigora na natureza. Senão teríamos [20] o Hermes de Páuson, porque, tal como nesse caso, não ficaria claro se a ciência seria externa ou interna à geração, pois o ato é fim e a atuação é ato. Por isso a palavra *atuação* é explicada a partir de ato e remete a enteléquia.

E visto que em alguns casos o último estágio é a aplicação – como é o caso da vista, cuja aplicação é o ver, e nada de distinto [25] além deste é gerado a partir da vista – e em outros algo além da aplicação é gerado – por exemplo, a partir da aplicação da técnica de construir é gerada, para além dela, a casa –, assim também, naqueles casos, a atuação não é senão o fim, ao passo que nestes é mais fim do que a possibilidade. Pois a construção está no que está construindo e, conjuntamente, gera-se e é na casa. [30] Portanto, nos casos em que algo distinto além da aplicação é gerado, a atuação está no que é feito – por exemplo, a construção está no construído e a tecelagem no tecido, idem nos demais casos e, em geral, o movimento está no movido. Já nos casos em que não há algum outro ato [35] para além da atuação, esta pertence ao ato – por exemplo, a visão está no ver, a especulação no especular, a vida na alma; eis por que a felicidade também está na alma,

1050b [1050b1] porque é vida de alguma qualidade. Fica evidente que a essência, isto é, a espécie, é atuação. E essa argumentação deixa evidente também que, quanto à essência, a atuação é anterior à possibilidade, e no tempo, como já dissemos, [5] uma atuação remonta a outra anterior sempre, até chegar à atuação do que move primeiro.

Mas há um aspecto ainda mais fundamental. Com efeito, o que é eterno é, quanto à essência, anterior ao que é corruptível, e nenhum eterno é em possibilidade. A explicação é que toda possibilidade é possibilidade das contraditórias conjuntamente, pois o não possível pertencer não [10] há de pertencer a nada, e a todo possível é logicamente possível não atuar. Por conseguinte, ao possível de ser é logicamente possível tanto ser quanto não ser, e portanto, é ao mesmo que é possível tanto ser quanto não ser. Ora, ao possível de não ser é logicamente possível não ser. Por seu turno, corruptível é aquilo para o que é logicamente possível não ser, seja em sentido absoluto, seja aquilo que dele é dito [15] logicamente possível não ser, ou quanto ao lugar, ou quanto à quantidade, ou a qualidade. Ora, é em sentido absoluto o que é quanto à essência. Portanto nenhum dos incorruptíveis em sentido absoluto é possível em sentido absoluto, mesmo que nada impeça que o sejam segundo algum aspecto; por exemplo, segundo a qualidade ou o lugar. Por conseguinte, todos são em atuação.

Tampouco são em possibilidade os que necessariamente são. Afinal, eles são primeiros, pois, se não fossem, nada seria. [20] Tampouco o movimento – se algum movimento for eterno – é em possibilidade, pois se algum movido for eterno, não será movido em possibilidade, a não ser de algum lugar para algum lugar (já que nada impede que isso pertença a alguma matéria). Eis por que o Sol, os astros e todo o céu sempre atuam, e não há que temer que eventualmente parem, como temem os que estudam a natureza, nem que despendam esforço em sua atuação. Pois, [25] no caso deles, o movimento não concerne à possibilidade para os contraditórios, como no caso dos corruptíveis, de modo que a continuidade do movimento lhes seja desgastante. Pois a causa do desgaste é que a essência é matéria, isto é, possibilidade, não atuação. E os que estão em processo de mudança, como terra e fogo, imitam os incorruptíveis, visto que também sempre atuam. [30] Com efeito, por si mesmos eles têm em si mesmos o movimento.

Quanto às restantes possibilidades, segue-se do já caracterizado que todas o são da contradição, visto que o que tem a possibilidade de mover de determinada maneira tem também a possibilidade de não mover dessa maneira. Aliás, é esse o caso das possibilidades discursivas. No caso das possibilidades não discursivas, será por estarem presentes ou ausentes que serão das contraditórias. Por conseguinte, se algumas naturezas ou [35] essências forem tais quais dizem os que em suas explicações evocam as ideias, algo seria mais conhecedor do que a própria ciência e mais movido do que o movimento, [1051a1] dado que os primeiros são mais atuações, ao 1051a passo que os segundos são suas respectivas possibilidades.

Resulta então evidente que a atuação é anterior à possibilidade, isto é, a todo princípio de mudança.

9

Que, no caso do que é valoroso, a atuação é melhor e mais louvável do que a [5] possibilidade, fica claro a partir do seguinte. No caso dos que são ditos segundo o possível, é o mesmo o que tem a possibilidade dos contrários; por exemplo, o que é dito ter a possibilidade de convalescer é o mesmo que é dito ter a possibilidade de adoecer, e conjuntamente, pois é a mesma a possibilidade para convalescer e para adoecer, e também para ficar parado e ser movido, para construir e demolir, e [10] para ser construído e destruído. Portanto o ter a possibilidade dos contrários pertence conjuntamente, mas é impossível aos contrários pertencerem conjuntamente, isto é, é impossível às atuações pertencerem conjuntamente – é impossível, por exemplo, conjuntamente convalescer e adoecer. Por conseguinte, é necessário que um deles seja o bom. E sendo o possível igualmente ambos ou nenhum, [15] a atuação será melhor. Quanto aos males, em contrapartida, é necessário que o fim e a atuação sejam piores do que a possibilidade, visto que o possível é o mesmo para ambos os contrários. É claro, portanto, que não há mal para além dos fatos, pois, por natureza, o mal é posterior à possibilidade respectiva. Consequentemente, nos que são primordiais [20] e nos eternos, nada é mau, nem falho, nem corrompido, já que a corrupção é um mal.

E é em atuação que as figuras geométricas são descobertas, porque é ao dividir que se as descobre. Afinal, se fossem já divididas seriam evidentes. Assim, elas são imanentes em possibilidade. Por que triângulo contém dois ângulos retos? Porque os [25] ângulos em um único ponto na reta são equivalentes a dois retos. Assim, se for traçada a paralela a um lado do triângulo, o porquê ficará diretamente claro a quem vir a figura. E por que vale universalmente que o ângulo no semicírculo é reto? Se são equivalentes os três segmentos, a saber, os dois em que se divide a base e o que, a partir do meio, divide-os, e se se tiver a ciência de que os dois ângulos da base e o oposto à linha que divide são retos, aquele enunciado resultará claro para quem vê. Donde fica evidente que os objetos geométricos em possibilidade [30] são descobertos ao serem delineados em atuação. A causa disso é que a intelecção é atuação. Por conseguinte, a possibilidade resulta da atuação. Por isso, é ao produzi-los que os conhecemos, pois, na geração, a atuação é posterior quanto ao número.

10

Ser e *não ser* são ditos seja conforme [35] as figuras das predicações, seja segundo a possibilidade ou atuação [1051b1] **1051b** delas, ou seus contrários, seja segundo a acepção mais fundamental, a saber, verdadeiro ou falso. Esta última acepção consiste, com respeito aos fatos, em estar ou conjugado ou dividido, de modo que enuncia verdadeiramente quem julga estar dividido o dividido e julga estar conjugado o conjugado, e enunciou o falso quem fez juízo contrário [5] aos fatos. Isso posto, quando o que é dito é verdadeiro ou falso? É preciso examinar como falamos. Efetivamente, caso você seja branco, isso não decorre de nós julgarmos verdadeiramente que você é branco, mas é por você ser branco que nós, ao dizê-lo, dizemos a verdade. E se alguns sempre são conjugados e é impossível serem divididos, [10] outros são sempre separados e é impossível serem conjugados, e a outros, ainda, é logicamente possível ser os contrários; e se, ademais, *ser* é ser conjugado, isto é, ser um, e *não ser* é ser não conjugado, isto é, múltiplo, segue-se que, acerca dos logicamente possíveis, a mesma opinião e o mesmo enunciado tornam-se falsos e verdadeiros, isto é, a respeito dos logicamente possíveis, é logicamente possível que a mesma opinião e o mesmo enunciado ora [15] sejam verdadeiros, ora sejam falsos. Já acerca daqueles para os quais é impossível comportar-se de outro modo, uma mesma opinião e um mesmo enunciado não se tornam ora verdadeiros, ora falsos, mas as mesmas opiniões e os mesmos enunciados serão sempre verdadeiros e as mesmas opiniões e os mesmos enunciados serão sempre falsos.

Com respeito aos indecomponíveis, o que é *ser* e *não ser* e o que é *verdadeiro* e *falso*? Pois não são compostos de modo a serem quando forem conjugados e não serem [20] quando forem separados, como é o caso de madeira branca ou diagonal incomensurável. Tampouco verdadeiro e falso pertencerão a eles da mesma maneira que pertencem aos compostos. Ou, antes, tal como *verdadeiro* não se aplica a eles no mesmo sentido, tampouco *ser* se aplica a eles no mesmo sentido. Mas aí o verdadeiro e o falso são: *verdadeiro* é apreender e falar, ressalvando que *afirmação* não é o mesmo que [25] *fala*; não apreender, em contrapartida, é ignorar, já que, afinal, a respeito do *o que é* não há como enganar-se, a não ser por acidente. Idem para as essências não compostas, visto que tampouco há como se enganar sobre elas: todas são em atuação, não em possibilidade, pois senão seriam geradas e corrompidas. Ora, ser ele próprio não é gerado nem corrompido, [30] senão seria gerado a partir de algo.

Assim, sobre o que é ser algo e em atuação não há engano, mas apenas inteligir ou não inteligir: a seu respeito investiga-se o que é, se há algo assim ou não. Quanto a *ser* como *verdadeiro* e *não ser* como *falso*, de um modo, será verdadeiro se for conjugado, e se [35] não for conjugado será falso; de outro modo, se for, será assim, 1052a e, se não for assim, não será. [1052a1] E *verdadeiro* será inteligi-lo; já falsidade não há, nem engano, mas há ignorância – que não é como a cegueira, visto que a cegueira corresponderia a alguém não ter competência intelectiva em geral.

É também evidente que, a respeito dos imóveis [5] não haverá engano quanto ao quando, se forem concebidos como imóveis – por exemplo, triângulo: se se julgar que ele não muda, não se julgará quando seus ângulos internos somam dois retos e quando não, pois, se assim fosse, haveria de mudar. Mas há como se enganar sobre eles quando se julga o que é e o que não é, por exemplo, quando se julga que nenhum número par é primo, ou que alguns são e alguns não são. Já acerca do que é numericamente um não [10] há nem mesmo esse erro, pois não se julgará que alguns são e alguns não são, mas se dirá ou verdadeira ou falsamente, visto ser ele sempre de certo modo.

LIVRO I (X)

1

[1052a15] Sobre o vocábulo *um*, e que é dito sob muitas 1052a
acepções, já se discorreu antes, na discussão das várias acepções
em que é dividido. Embora seja dito sob várias acepções, aquelas
sob as quais *um* é dito primeiramente e por si mesmo, e não por
acidente, reúnem-se sob quatro rubricas. Com efeito, diz-se *um* o
contínuo que, seja em sentido absoluto, seja principalmente, o é
[20] por natureza, e não por contato ou conexão. De tais contínuos, são ditos *um* mais e primeiramente aqueles cujo movimento
é mais indivisível e mais simples. E é mais assim o todo, que tem
alguma forma e espécie, principalmente se for assim por natureza e não por força, como é o caso do que é um por ser colado,
enfeixado ou atado, mas por encerrar em si mesmo a [25] causa
de sua própria continuidade. E é desse tipo por seu movimento
ser um só e indivisível quanto ao lugar e ao tempo. Portanto é
evidente que, se algo, por natureza, encerrar o princípio do movimento, vale dizer, o primeiro princípio do primeiro movimento,
como digo ser o movimento circular no caso da rotação, *um* será
essa primeira grandeza.

Alguns são ditos *um* sob essa acepção, enquanto contínuo
ou todo, ao passo que outros o são enquanto seu enunciado explicativo é [30] um. São assim aqueles cuja intelecção é uma. E
são assim, por seu turno, aqueles cuja intelecção é indivisível,
e é indivisível a intelecção do que é indivisível ou específica ou
numericamente. É indivisível numericamente o singular, e especificamente o que é indivisível quanto ao conhecimento, isto é,
quanto à ciência, de modo que *um* seria, em primeiro lugar, o
que é causa da unidade das essências. *Um* se diz, então, sob estas
tantas acepções: [35] o contínuo por natureza, o todo, o singular

e o universal. E em todos esses casos é-se um ou por ser indivisível [1052b1] o movimento respectivo, ou por ser indivisível a respectiva intelecção ou o enunciado explicativo.

É imperioso observar que não se deve tomar como equivalentes dizer quais são ditos *um* e dizer o que é o ser para *um*, isto é, qual é seu enunciado explicativo. Pois se diz *um* sob aquelas tantas acepções, e todos aqueles a que [5] pertencer uma dessas acepções será um, ao passo que o ser para *um* será ora em algum deles, ora em outro cuja acepção seja mais próxima às do nome *um*, sendo aqueles em possibilidade. É também assim no caso de *elemento* e *causa*, se for preciso falar especificando os fatos e apresentando o termo definitório do nome respectivo. Por exemplo, fogo, [10] por um lado, é elemento (assim é por si mesmo também infinito ou algum outro desse tipo), por outro não. Pois ser para *fogo* não é idêntico a ser para *elemento*, mas, na medida em que é algum fato e natureza, fogo é elemento, sendo que este nome significa que decorre a ele que algo procede dele como de um primeiro componente.

Igualmente [15] no caso de *causa*, de *um* e de todos os ditos desse modo. Eis por que ser para *um* é ser para *indivisível*, e isso precisamente ao ser tal e por si próprio separado – seja quanto ao lugar, seja quanto à espécie, seja quanto ao pensamento –, ou ao ser todo indivisível, ou, sobretudo, ao ser primeira medida em cada gênero – principalmente o gênero da quantidade, pois é a partir dele que a unidade se estende aos outros gêneros. [20] Com efeito, *medida é aquilo pelo que a quantidade é conhecida*. Ora, a quantidade é conhecida enquanto quantidade ou pelo um ou pelo número. Por seu turno, todo número é conhecido pelo um. Por conseguinte, é pelo um que toda quantidade é conhecida enquanto quantidade, e aquilo pelo que primeiramente as quantidades são conhecidas é o um ele próprio. Eis por que o um é princípio do número enquanto número. Donde também nos outros casos [25] ele é dito a medida pela qual primeiramente cada qual é conhecido, e também a medida pela qual cada qual é um: no comprimento, na largura, na profundidade, assim como no peso e na velocidade. Com efeito, peso e velocidade são comuns aos contrários, já que cada um deles é dito sob duas acepções; por exemplo, *pesado* é tanto o que tem um peso qualquer quanto o que tem peso excessivo, e *veloz* é tanto o que encerra um movimento [30] qualquer quanto o que excede em movimento; afinal, mesmo o mais lento tem alguma velocidade e o mais leve tem algum peso. Em todos esses é medida e princípio algum um indivisível.

E também nas linhas são empregadas como insecáveis as de um pé, pois em tudo se busca algum um indivisível como medida, e isso [35] seja em sentido absoluto, seja quanto à qualidade, seja quanto à quantidade. Portanto, o que se opina não comportar nem subtração nem acréscimo é a medida exata. Eis por que a medida mais exata é a do número [1053a1], visto que se estabelece **1053a** a unidade numérica como *o indivisível em todos os aspectos*. Nos outros casos imita-se o que é assim. Com efeito, se a um estádio ou a um talento[85], isto é, sempre ao que é maior, for acrescentado ou subtraído algo, este mais facilmente passará despercebido do que se for acrescentado ou subtraído ao que é menor. [5] Desse modo, todos outorgam o estatuto de medida àquele primeiro para o qual já não é logicamente possível, segundo a sensação, que o acréscimo e a subtração passem despercebidos, e isso tanto para os líquidos quanto para os secos, o peso e a magnitude. E assim julgam saber a quantidade quando sabem por meio dessa medida. E também julgam saber o movimento graças ao movimento simples e mais veloz, porque este ocupa um tempo mínimo. [10] Eis por que na astronomia é a unidade desse tipo que é princípio e medida, visto que aí se pressupõe que o movimento uniforme e mais veloz é o celeste, sendo em relação a ele que se estima os outros, na música é o semitom, visto ser o menor intervalo, e na voz, a letra. Cada qual desses é algum um, não por *um* aí corresponder a alguma acepção comum, mas sim tal como já discutido.

Ademais, nem sempre [15] a medida é uma em sentido numérico, mas em alguns casos ela contém mais. Os semitons, por exemplo, são dois, não segundo a audição, mas nos enunciados explicativos; também são mais de um os fonemas pelos quais medimos a fala, e a diagonal é medida por duas medidas, bem como o

---

85. "τάλαντον" designa uma medida de peso grega cuja unidade corresponde a 20,04Kg.

lado e todas as grandezas. Assim, o um é medida de tudo, porque conhecemos ao dividir os itens a partir dos quais se constitui a essência, [20] seja segundo a quantidade, seja segundo a espécie. Eis por que o um é indivisível, dado que o que é primeiro em cada caso é indivisível, embora não seja sob uma mesma acepção que todo um é indivisível. Assim, por exemplo, no caso do pé e da unidade numérica, ao passo que esta é indivisível em todos os aspectos, aquele, como já dito, deve ser estabelecido como indivisível com respeito à sensação, visto que todo contínuo é divisível.

E a medida é sempre [25] congênere ao mensurado, de modo que a medida das grandezas é grandeza, e de cada grandeza é medida a grandeza respectiva: do comprimento é comprimento, da largura é largura, do som é som, do peso é peso e das unidades é unidade. Deve-se considerar assim, e não que a medida dos números seja número, como deveria ser se o caso dos números fosse igual. Ora, ele não é igual, senão seria como se das unidades valessem como medida várias [30] unidades, e não a unidade, já que o número é uma multiplicidade de unidades.

E dizemos que a ciência é a medida dos fatos, e que a sensação também é pelo mesmo motivo, a saber, é graças a elas que conhecemos algo, visto que lhes compete serem medidas, antes que medir. Decorre para nós aqui tal como quando conhecemos nossa própria altura ao sermos medidos por outra pessoa [35] que percorre nosso talhe aplicando-nos sucessivamente o antebraço. Protágoras disse ser o homem a medida de tudo falando 1053b como se estivesse se referindo a quem [1053b1] tem a ciência ou a quem sente, visto que destes, um tem sensação e o outro tem ciência, as quais dizemos serem medidas do que é sujeito a elas. E assim, sem dizer nada de mais, os protagóricos parecem dizer algo extraordinário.

É, pois, evidente que, quanto ao nome, ser para *um* há de ser delimitado sobretudo como *alguma medida*, mais eminentemente de quantidade e, em segundo lugar, de qualidade. E será tal se for indivisível, em um caso, segundo a quantidade, e em outro segundo a qualidade. Eis por que o um é indivisível ou em sentido absoluto ou enquanto um.

2

Quanto à essência e à natureza do *um*, deve-se investigar, tal como já feito nas discussões das aporias[86], o que é *um* [10] e como se deve considerá-lo: se o um ele mesmo seria alguma essência – tal como dizem, primeiro os pitagóricos e, depois deles, Platão – ou se, ao invés disso, alguma natureza lhe subjaz enquanto sujeito e como isso deve ser explicado enquanto mais cognoscível e fundamental – tal como sustentam os [15] estudiosos da natureza, já que, dentre esses, um diz que o um é amizade, outro diz que é ar, e outro, o infinito.

E se a nenhum dos universais é possível ser essência, tal como foi dito nas discussões sobre a essência e sobre o ser, e se a este último não é possível ser ele próprio essência enquanto algum um para além dos muitos, por ser comum a eles, sendo ele um mero [20] predicamento, é claro que tampouco será possível ao um ser essência, dado que *é* e *um* são os predicados mais universais de todos. Por conseguinte, nem os gêneros são algumas naturezas e essências separadas das outras, nem é logicamente possível que um seja gênero, e isso pelas mesmas causas pelas quais ser e essência tampouco o são.

Isso vale necessariamente para todos os casos, [25] visto que se diz *um* sob tantas acepções quantas se diz *ser*. Assim, na medida em que nas qualidades um é algo e alguma natureza, e igualmente nas quantidades, claro que também em geral se deve investigar o que é um exatamente como se deve investigar o que é ser: reconhecendo que não basta dizer que sua natureza é ele próprio, mas, antes, o um nas cores seria cor – por exemplo, branco, e a partir [30] dele e do preto as demais cores parecem ser geradas, sendo o preto privação de branco, assim como no caso de luz e escuridão, sendo esta a privação de luz. Desse modo, se os seres fossem cores, eles seriam algum número. Mas, então, seriam número de quê? Claro que o seriam de cores, e um seria algum um, por exemplo, branco.

---

86. Cf. *Metafísica* B, 1001a4-b25.

Igualmente [35] se os seres fossem melodias; seriam então número, seguramente de semitons. No entanto, nesse caso sua essência não seria número, isto é, o um seria algo cuja essência seria não o um, mas o semitom. [1054a1] O mesmo vale para as vozes: os seres seriam número de letras e o um seria o fonema. E se fossem figuras retilíneas, seriam número de figuras, e o um seria o triângulo. O mesmo argumento se estende aos outros [5] gêneros.

1054a

Por conseguinte, se nas afecções, nas qualidades, nas quantidades e nos movimentos houver números e algum um em todos, e se o número for constituído de alguns e o um for algum um, mas sem ser ele próprio a essência, então também no caso das essências será necessariamente assim, pois ele se comporta do mesmo modo em todos os casos. É evidente, portanto, que em [10] todo gênero o um é alguma natureza, e que de nenhuma o um ele próprio é natureza; antes, assim como nas cores é uma cor o que se deve buscar a título de um ele próprio, também na essência o que se deve buscar a título de um ele próprio é uma essência.

E que, de certo modo, *um* e *é* significam o mesmo fica claro por acompanharem em igual medida as predicações e não estarem em [15] nenhuma; por exemplo, tal como *ser*, *um* não está nem no *o que é*, nem na qualidade. E também porque não se acrescenta a *homem* uma predicação distinta quando se diz *um homem*, assim como tampouco se acrescenta alguma predicação a *algum* ou a *qual* ou a *quanto* quando se lhes acrescenta *ser*. E, ademais, porque o ser para *um* é o ser para *cada*.

3

[20] *Um* e *muitos* opõem-se de muitas maneiras. Uma delas é se oporem como indivisível e divisível, pois o dividido ou o divisível será dito algum múltiplo, ao passo que o indivisível ou o não dividido será dito um. E visto que as antíteses são ditas sob quatro acepções[87], uma das quais é segundo privação, [25] *um* e *muitos*

---

87. Cf. *Metafísica* Δ 10, 1018a20-21.

seriam ditos contrários e, então, nem contraditórios, nem relativos a algo. Efetivamente, é a partir de seu contrário que se enuncia e se elucida *um*, vale dizer, *indivisível* enuncia-se e se elucida a partir de *divisível*, porque *muitos* e *divisível* são mais acessíveis aos sentidos do que *indivisível*, de sorte que, pela sensação, *muitos* é anterior a *indivisível* no enunciado explicativo.

E como já mapeamos nas divisões dos contrários[88], [30] estão sob a rubrica de *um* o *idêntico*, o *igual* e o *equivalente*, ao passo que *distinto*, *desigual* e *não equivalente* estão sob a rubrica de *muitos*.

Diz-se o *mesmo* ou *idêntico* sob muitas acepções, uma das quais é quanto ao número, como dizemos algumas vezes; outra é se for um, tanto com respeito ao enunciado explicativo quanto com respeito ao número, tal como [35] você é idêntico a si próprio por ser um só em espécie e também em matéria; outra, ainda, é se o enunciado explicativo da essência primeira for um só, [1054b1] por exemplo, linhas retas equivalentes são idênticas, bem como os quadriláteros equiângulos, pois, mesmo que sejam muitos, nesses casos, a equivalência é unicidade.

Por seu turno, são ditos *iguais* os que não forem idênticos em sentido absoluto, nem forem indistintos quanto à respectiva essência [5] composta, mas forem idênticos quanto à espécie; por exemplo, o triângulo maior é igual ao menor, bem como as retas não equivalentes, pois são iguais, mas não são idênticas em sentido absoluto. E também os que, sendo da mesma espécie e comportando o mais e o menos, não são, um em relação a outro, nem mais nem menos. E também se forem a mesma afecção e um só [10] quanto à espécie, como o branco: dizem que tanto o excessivamente branco quanto o menos branco são iguais, visto partilharem uma só espécie. E também o que comportar mais identidades do que distinções, seja em sentido absoluto, seja quanto ao que se toma

---

88. Reale (Aristóteles, 2013) sugere tratar-se aqui de uma obra perdida, provavelmente a que figura como *Dos contrários* no elenco feito por Diógenes Laércio (1987, p. 134). Tricot (Aristóteles, 1991) sugere que Aristóteles poderia também estar retomando aqui a discussão tecida em Γ 2 (1004a2).

em consideração; por exemplo, estanho é igual a prata enquanto prateado, e ouro é igual a fogo enquanto amarelo e dourado.

Disso resulta claro que também *distinto* e *desigual* serão ditos sob muitas acepções. Em [15] uma acepção, a *idêntico* ou *mesmo* opõe-se *outro*. É sob essa acepção que, com relação a tudo, tudo é ou o mesmo ou outro. Em outra acepção, diz-se *distintos* se nem a matéria, nem o enunciado explicativo forem um; segundo essa acepção, você e o que lhe está próximo são distintos. Uma terceira acepção concerne aos assuntos matemáticos; conforme essa acepção, tudo é dito ou distinto ou idêntico com relação a tudo, ou melhor, tudo o que é dito um, ou seja, ser. Com efeito, *distinto* não é [20] contraditório de *idêntico*, e é por isso que, ao passo que *distinto* não é dito a propósito do que não é, *não idêntico*, em contrapartida, é. Já quanto ao que é, *distinto* é dito de todos, pois tudo o que é, vale dizer, é um, por natureza é um ou não é um com respeito a tudo.

Distinto e *idêntico* opõem-se, portanto, desse modo, ao passo que *diferença* e *distinção* opõem-se de outro. Com efeito, o distinto e aquilo de que é distinto não necessariamente são distintos quanto a algo, [25] pois tudo o que for algum ser será distinto ou idêntico. Já o diferente é diferente de algo quanto a algo, de sorte que necessariamente aquilo pelo que eles diferem será algum idêntico, e este é ou gênero ou espécie, pois todo diferente difere em gênero ou em espécie. Diferem em gênero os que não comungam a matéria nem são gerados um a partir do outro, tal como os que se distinguem quanto às respectivas figuras da predicação. [30] Diferem em espécie aqueles cujo gênero é o mesmo – e é dito *gênero* aquilo pelo que ambos os diferentes são ditos o mesmo segundo a essência. Por seu turno, os contrários são diferentes e a contrariedade é alguma diferença.

Que as hipóteses assumidas aqui são procedentes fica claro por indução, pois todos os diferentes evidenciam-se também idênticos, e não apenas [35] distintos, mas uns distintos no gênero, outros distintos na mesma ordem de predicação – [1055a1] caso em que estão no mesmo gênero, sendo também idênticos quanto ao gênero. E já foi delimitado alhures quais são idênticos e quais são distintos quanto ao gênero[89].

4

Visto ser logicamente possível aos que diferem entre si diferirem mais ou menos, alguma diferença será a máxima, e a esta [5] chamo de *contrariedade*. E que há a diferença máxima é claro por indução. Com efeito, nos que diferem em gênero não há passagem de um para o outro, mas eles distanciam-se completamente, sendo incomparáveis, ao passo que dos que diferem em espécie as gerações são a partir dos contrários enquanto extremos. Por seu turno, o intervalo entre os extremos é o intervalo máximo. Por conseguinte, [10] também o intervalo entre os contrários será o intervalo máximo.

Ora, em cada gênero, o que corresponde ao máximo é o finalizado, visto que *máximo* é aquilo que não há como superar e *finalizado*, por seu turno, é aquilo fora do qual não é possível algo a ser abarcado. Por sua vez, a diferença finalizada contém o fim – aliás, como nos restantes casos, é por conter o fim que é dita finalizada. E ao fim nada é externo, visto que em todos os casos ele é extremo [15] e abarca. Eis por que nada é extrínseco ao fim e este de nada carece. E que a contrariedade é a diferença finalizada resulta claro a partir do seguinte: visto que *contrários* se diz sob muitas acepções, *de modo finalizado* acompanhará respectivamente os contrários segundo a acepção sob a qual ser para *contrários* pertencer a eles; assim sendo, é evidente que não é logicamente possível [20] a um único ter mais de um contrário, porquanto nem há algo mais extremo do que o extremo, nem mais de dois extremos em um intervalo. E em geral, dado que a contrariedade é diferença e que a diferença é entre dois itens, também a diferença finalizada será entre dois itens.

E é necessário também que sejam verdadeiros os outros termos definitórios dos contrários. Com efeito, a diferença finalizada

---

89. *Metafísica* Δ, 1024b9-16.

[25] difere em máximo grau (visto não haver o que tomar fora dos que diferem em gênero, tampouco dos que diferem em espécie, pois já foi mostrado que a diferença não se estende aos que estão fora do gênero, encontrando-se a diferença máxima entre os que estão dentro dele); ora, no mesmo gênero são contrários os que diferem em grau máximo (visto que a diferença entre eles é a máxima, a saber, a finalizada); ademais, com respeito ao mesmo subjacente, são [30] contrários os que diferem entre si em máximo grau (visto que dos contrários a matéria é a mesma) e também os que diferem no máximo grau sob uma mesma possibilidade (visto que de um único gênero a ciência é uma única). Neles, a diferença finalizada é máxima.

A primeira contrariedade é entre posse e privação; não toda e qualquer privação, já que *privação* se diz sob diversas acepções, mas a que for finalizada. E os outros contrários serão ditos a partir delas, uns por comportarem, outros por produzirem ou serem produtivos, outros por serem aquisições ou perdas delas ou de outros contrários.

1055b E se, efetivamente, contradição, privação, contrariedade e relativos são oposições, [1055b1] das quais é primeira a contradição, e se da contradição nada é intermediário, ao passo que dos contrários o intermediário é logicamente possível, resulta claro que contradição e contrários não são idênticos. Já a privação é alguma contradição, pois o que é impossível ter em geral [5] ou o que não tem, embora por natureza houvesse de ter, delimitam-se como privados, ou em geral, ou em certo sentido, visto que, como já detalhamos, dizemos *privação* sob várias acepções. De sorte que a privação é alguma contradição, ou impossibilidade delimitada, ou considerada conjuntamente com seu subjacente. Por isso, embora de contradição não haja intermediário, de alguma privação há, já que igual [10] ou não igual tudo é, ao passo que igual ou desigual nem tudo é, mas apenas o que é passível de ser igual.

E se na matéria as gerações são a partir dos contrários e geram-se ou a partir da espécie, isto é, da posse da espécie, ou a partir de alguma privação da espécie e da forma, é claro que toda contrariedade será privação, conquanto nem toda [15] privação seja contrariedade (a razão disso é que ao privado é logicamente

possível ser privado de várias maneiras). Afinal, as mudanças dão-
-se a partir dos extremos, e estes são contrários.

Isso é evidente também por indução. Com efeito, toda contrariedade encerra uma privação, que é um dos contrários, mas isso
nem sempre do mesmo modo, pois desigualdade de igualdade, he-
terogeneidade [20] de homogeneidade, defeito de virtude diferem
tal como já dito: em um sentido, se forem meras privações; em
outro, se forem privações por um tempo ou em algo – por exemplo,
por algum período ou no que é fundamental – ou totalmente. Por
isso, em alguns casos há intermediário – e homem é nem bom nem
mau –, em outros não, sendo necessário ser, por exemplo, ou ímpar
ou [25] par; e, ademais, uns têm sujeito definido e outros não.

Por conseguinte, é evidente que sempre um dos contrários será
dito segundo privação. E bastam os primeiros e os gêneros dos contrários, como um e muitos, já que os restantes se reduzem a esses.

5

[30] Visto que a um contrário corresponde um só contrário, é
intrigante que *um* se oponha a *muitos*, ao passo que *igual* se opõe
tanto a *grande* quanto a *pequeno*. Afinal, dizemos *qual dos dois?*
sempre nas antíteses, por exemplo, *qual dos dois: claro ou escuro?*, isto é, *qual dos dois: claro ou não claro?*; mas não dizemos
qual dos dois: humano ou branco?, a não ser sob a [35] hipótese
de alternativas postas, como ao indagarmos *qual dos dois chegou,
Cléon ou Sócrates?* Este último caso, porém, não é necessário em
nenhum gênero, mas procede daquela hipótese. Pois é só aos opostos que não é logicamente possível pertencer conjuntamente, e
é por isso que nos valemos dessa impossibilidade também na indagação *qual dos dois chegou?*, [1056a1] já que se fosse logicamente possível chegarem conjuntamente ambos, a pergunta seria
ridícula. E caso fosse logicamente possível, ainda assim a antítese
se aplicaria do mesmo modo com respeito a *um* e *muitos*; por
exemplo: *qual das duas alternativas: chegaram ambos ou só um
deles?* E se assim é, ou seja, se a indagação sobre o *qual dos dois*
aplica-se sempre a opostos, e se se diz *qual dos dois: maior,* [5]

1056a

menor ou igual, qual é a antítese de *igual* em relação àqueles? Afinal, *igual* não é contrário a apenas um deles nem a ambos, pois por que seria contrário mais a *maior* do que a *menor*? Ademais, *igual* é contrário de *desigual*, donde se seguiria que teria muitos contrários ao invés de um único. E se *desigual* significar *ambos conjuntamente*, *igual* seria oposto a ambos [10] (e a aporia favoreceria os que afirmam que o desigual é uma díade). Porém daí decorreria que um contrário teria dois contrários, o que é impossível.

Além disso, *igual* evidencia-se intermediário entre *grande* e *pequeno*, ao passo que nenhuma contrariedade se evidencia ser intermediário, tampouco sua definição faculta essa possibilidade. Pois a contrariedade não seria finalizada se fosse intermediário de algo e é [15] ela efetivamente que sempre contém em si própria algum intermediário. Resta que *igual* se lhes oponha ou como negação ou como privação. E não é logicamente possível que se oponha a um só deles, afinal, por que se oporia mais a *grande* do que a *pequeno*? Por conseguinte, *igual* é negação privativa de ambos, e é por isso que a pergunta *qual deles?* o contrapõe a ambos, e não a um ou a outro deles; quer dizer, não se diz *qual dos dois: maior ou igual?* nem *qual dos dois: igual ou* [20] *menor?*, mas, sim, os três. E não se trata de uma privação necessária, já que nem tudo que nem é maior nem é menor é igual, mas apenas aquilo a que esses predicados se atribuem por natureza. E igual é o nem grande, nem pequeno, mas cuja natureza comporta ser ou grande ou pequeno. E opõe-se a ambos enquanto negação privativa, razão pela qual é intermediário entre eles. Já o nem [25] bom nem mau opõe-se a estes, mas não tem nome, porque cada um desses predicados é dito sob muitas acepções e o que é passível deles não é de um só tipo. Em melhor situação encontra-se o nem branco nem preto, mesmo assim, tampouco este é dito um só, conquanto sejam de certo modo definidos aqueles dos quais essa dupla negação é dita enquanto privação. Pois é necessário que esta seja ou cinza [30] ou marrom ou algum outro assim. Portanto, não avaliam corretamente os que julgam que tudo é dito do mesmo modo, de tal maneira que o nem sapato nem mão seria intermediário entre sapato e mão exatamente como o nem bom nem mau entre bom e mau, como se tudo houvesse de ter algum intermediário. Não é necessário [35] que decorra isso, visto que a negação conjunta dos opostos concerne àqueles dos quais há algum intermediário, isto é, entre os quais, por natureza, há algum intervalo. [1056b1] Dos que não **1056b** são assim não há diferença, porque aqueles aos quais as negações conjuntas são atribuídas estão em gêneros distintos, de sorte que não é um só o sujeito a que respectivamente se atribuem.

6

Podem igualmente surgir aporias a respeito de *um* e de *muitos*, já que, se *muitos* se opuser a *um* de modo absoluto, [5] algumas impossibilidades decorrem, pois, então, *um* será *pouco* ou *poucos*, visto que *muitos* se opõe também a *poucos*. Ademais, *dois* será *muitos*, visto que é segundo o dois que *dobro* é dito *múltiplo*. Por conseguinte, *um* será *pouco*. Com efeito, *dois* seria *muitos* em relação a quê, senão em relação a *um* e *pouco*? Afinal, nada é menos que esses. [10] E se, tal como no comprimento opõem-se *grande* e *pequeno*, também na multiplicidade opõem-se *muito* e *pouco*; e se, ademais, o que for muito também for muitos, e muitos for muito, mesmo que haja alguma diferença no caso do contínuo bem definido, *pouco* será alguma multiplicidade, donde *um* será alguma multiplicidade, se, afinal, *um* for *pouco*. E isso será necessário se *dois* for *muitos*.

E seguramente, [15] *muitos* se diz, de certo modo, também *muito*, mesmo com diferença; por exemplo, *água é muita*, e não *muitas*. Quanto aos divisíveis, diz-se *muitos*, em uma acepção, se for uma multiplicidade contendo um excesso, seja em sentido absoluto, seja em relação a algo – o que também vale para *pouco* se se tratar de uma multiplicidade contendo uma falta. Em outra acepção, enquanto número, e esta é a única acepção sob a qual *muitos* se opõe a [20] *um*. É assim que dizemos *um ou muitos*, tal como se alguém disser *um* e *uns*, *branco* e *brancos*, e *medidos* em relação a *metro* e a *mensurável*[90]. E também é assim que os múlti-

---

90. Ross (Aristóteles, 1997) sugere suprimir "e a '*mensurável*'" [καὶ τὸ μετρητόν].

plos são explicados, pois cada número é muitos por ser uns, isto é, por ser cada qual medido pelo um, e enquanto se opõe a um, não a [25] pouco. E é assim, então, que dois é, por um lado, muitos: não enquanto multiplicidade encerrando um excesso, seja em relação a algo, seja em sentido absoluto, mas na outra acepção. Por outro lado, dois é poucos em sentido absoluto, visto ser a primeira multiplicidade a encerrar uma falta (é por isso que Anaxágoras não estava bem correto ao dizer que toda a variedade do mesmo seria infinita, tanto em multiplicidade quanto em pequenez; [30] ele deveria ter dito, ao invés de *em pequenez, em pouquidão*, visto não ser infinita); ademais, o pouco não o é graças ao um, tal como dizem alguns, mas graças ao dois.

Nos números, um e muitos opõem-se como medida em relação a mensurável. Estes, por seu turno, opõem-se enquanto relativos a algo. Ora, são em relação a algo os que não são por si mesmos. E já traçamos alhures [35] a divisão entre as duas acepções sob as quais se diz *em relação a algo*: em uma enquanto contrários e em outra como *ciência* em relação a *cognoscível cientificamente*, a saber, por algum outro ser dito em [1057a1] relação a ele. Por outro lado, nada impede que o um seja menor que algo, como o dois, pois não é por ser menor que será pouco. E multiplicidade é, por assim dizer, gênero de número, pois *número é: multiplicidade mensurável pelo um*. E de certo modo, um e número opõem-se, não enquanto [5] contrários, mas tal como já dito de alguns dos que são em relação a algo, pois é enquanto medida e mensurável que eles se opõem. É por isso que nem tudo o que for um será número, por exemplo, algo não será número se for indivisível. E embora *ciência* seja dita em relação a *cognoscível cientificamente* na mesma acepção, eles não correspondem do mesmo modo. Com efeito, pareceria que ciência é medida e cognoscível cientificamente [10] é mensurado. Todavia, de toda ciência conhecer o cognoscível cientificamente, mas nem todo cognoscível cientificamente ser conhecido cientificamente, decorre que, de certa maneira, a ciência mede-se pelo cognoscível cientificamente. Por seu turno, multiplicidade nem é o contrário de pouco – é o muito que é contrário a pouco enquanto a multiplicidade excedente é contrária à multiplicidade excedida – nem é o contrário de um em todos os sentidos. Ela é o contrário de um, em um sentido, [15] tal como já dito, porque é divisível e um é indivisível; em outro sentido, enquanto relativo a algo, tal como ciência em relação a cognoscível cientificamente, se multiplicidade for número e um for medida.

7

Visto que dos contrários é logicamente possível algum intermediário, e que alguns têm intermediário, é necessário que os intermediários sejam a partir dos respectivos contrários. Isso porque todos [20] os intermediários estão sob o mesmo gênero daqueles dos quais eles são respectivamente os intermediários, porquanto dizemos *intermediário* aquilo em que necessariamente primeiro muda o que muda. Por exemplo, se passar paulatinamente da corda grave até a aguda, chegará primeiro aos sons intermediários; e se for do branco [25] para o preto, chegará ao vermelho e ao cinza primeiro antes de chegar ao preto. Idem nos casos restantes. E não se muda de um gênero a outro, a não ser por acidente; por exemplo, não se muda de cor para figura. É necessário, então, que os intermediários sejam do mesmo·gênero daqueles dos quais são [30] intermediários.

Ora, todo intermediário o é de algum par de opostos, visto que somente a partir dos que são por si mesmos opostos é que se muda. Por isso, é impossível intermediário que não o seja de opostos, porque, então, haveria mudança que não seria a partir de opostos. Já dos opostos contraditórios não há intermediário, visto que *contradição* é isto: [35] *antítese da qual uma qualquer das duas partes está presente, não comportando nenhum intermediário.*

Dos restantes opostos, alguns são em relação a algo, outros privações e outros contrários. Quanto aos relativos, os que não são contrários entre si não têm intermediários. A causa disso é que não estão no mesmo gênero, [1057b1] afinal, o que seria intermediário entre ciência e cognoscível cientificamente? Já de grande e pequeno há intermediário. **1057b**

Se os intermediários estão no mesmo gênero que aqueles dos quais são intermediários, como já mostrado, e se os intermediários são de contrários, é necessário que eles sejam constituídos dos respectivos contrários. Com efeito, ou haverá algum gênero deles ou não haverá nenhum. E se [5] houver um gênero assim, tal que seja algo anterior ao par de contrários, serão nele primeiras as diferenças contrárias entre si que produzirem as espécies contrárias enquanto espécies do gênero, já que as espécies são constituídas do gênero e das diferenças. Assim, por exemplo, se *branco* e *preto* forem contrários e um for *cor dilatante*, outro for *cor adstringente*, essas diferenças, [10] a saber, dilatante e adstringente, serão anteriores a *branco* e *preto*; por conseguinte, serão anteriores também enquanto contrários entre si.

Ora, são contrários os que diferem mais contrariamente entre si. E os restantes, isto é, os intermediários, serão constituídos do gênero e das diferenças; por exemplo: as cores são intermediários de branco e preto, e devem ser explicadas a partir do gênero [15] – e o gênero é cor – e de algumas diferenças. E estas não serão os primeiros contrários, senão cada intermediário seria ou branco ou preto. São, portanto, distintas, sendo, então, intermediárias dos primeiros contrários. Ora, as primeiras diferenças serão dilatante e adstringente.

Por conseguinte, quanto a esses primeiros [20] contrários que não estão em um gênero, deve-se averiguar do que se constituem seus intermediários. Quanto aos que estão no mesmo gênero, é necessário que ou sejam compostos dos indecomponíveis no respectivo gênero, ou sejam eles próprios indecomponíveis. Senão vejamos. Os contrários são indecomponíveis um no outro, de modo que são princípios. Já os intermediários, ou todos ou nenhum, são compostos dos contrários. Ora, algo se gera de contrários, de sorte que a mudança o atingirá antes [25] de atingir os contrários, visto que ele será menos do que um e mais do que outro e, portanto, será intermediário entre os contrários. E, assim, todos os outros intermediários serão compostos, visto que o que é mais do que um e menos do que outro é, de certo modo, composto daqueles dos quais é dito ser mais do que um e menos do que outro. E visto que não há outros do mesmo gênero anteriores [30] aos contrários, todos os intermediários serão constituídos dos contrários, de maneira também que todos os que estão sob o gênero, tanto os contrários quanto os intermediários, serão constituídos dos primeiros contrários. Fica claro, portanto, que os intermediários em um mesmo gênero são todos também intermediários entre contrários e todos constituídos de contrários.

8

[35] O que se distingue em espécie é algo e distinto de algo, e isso deve pertencer a ambos os distintos em espécie; por exemplo se é animal distinto em espécie, ambos os distintos são animais. É necessário, então, que os distintos em espécie partilhem o mesmo gênero. Chamo de *gênero* o que é desse tipo, vale dizer, aquilo pelo que ambas são ditas um só e o mesmo, embora comportem, e não por acidente, diferenças, [1058a1] seja **1058a** como matéria, seja de outro modo. Afinal, deve pertencer-lhes não apenas o que têm em comum, por exemplo, cavalo e humano são ambos animais, mas inclusive animal ele próprio deve ser distinto em cada qual: um é cavalo e outro, humano. Por isso o que é comum a ambos é distinto [5] em espécie em cada caso. Efetivamente, serão cada qual por si mesmos, um, animal de tal qualidade, outro, animal de tal outra qualidade – como no exemplo, um cavalo e o outro, humano. É, portanto, necessário que essa diferença seja uma diferenciação do gênero, pois chamo *diferença do gênero* a diferenciação que o torna ele próprio distinto. Ela será, então, contrariedade.

Isso fica claro por indução. Com efeito, é [10] graças aos opostos que tudo é dividido. Por seu turno, que os contrários partilham o mesmo gênero já foi mostrado, pois *contrariedade* era *diferença finalizada* e toda diferença em espécie é algo e de algo, de modo que este será o mesmo, e é o gênero de ambos os contrários. Por isso estão na mesma ordem de predicação todos os contrários que são diferentes em espécie e não em gênero, [15] e os que mais se distinguem entre si, porque a diferença que têm um do outro é finalizada e eles não vêm a ser conjuntamente um e outro. A diferença é, pois, contrariedade.

E ser para *distinto em espécie* é isto: *comportar uma diferença estando no mesmo gênero e sendo insecáveis*; já *idênticos*

217

em espécie são aqueles que, sendo insecáveis, não guardam entre si contrariedade. Com efeito, as contrariedades são [20] geradas na divisão e nos intermediários, antes de se chegar aos insecáveis. Desse modo, evidentemente, nenhum dos que constam a título de espécies de um gênero é idêntico nem distinto quanto à espécie em relação ao chamado gênero (o que é pertinente, visto que a matéria é elucidada por negação e o gênero é matéria daquilo de que é dito gênero, não segundo a acepção sob a qual são ditos os Heráclidas, mas segundo a acepção do que [25] está na natureza[91]); e tampouco é idêntico ou diferente quanto à espécie em relação aos que não partilham o mesmo gênero. Antes, eles diferirão desses em gênero, e diferirão em espécie dos que estão no mesmo gênero que eles, já que é necessariamente contrariedade a diferença pela qual se difere em espécie. E ela pertence somente aos que partilham o mesmo gênero.

9

É razoável indagar por que *mulher* e *homem* não diferem em espécie, [30] embora *fêmea* e *macho* sejam contrários entre si e a diferença seja contrariedade; e por que tampouco *animal fêmea* e *animal macho* são distintos em espécie, em que pese seja essa uma diferença de *animal* por si mesmo, isto é, *fêmea* e *macho* pertencem a *animal* enquanto *animal*, e não enquanto *brancura* ou *negrura*. Trata-se *grosso modo* da mesma dificuldade de se responder por [35] que uma contrariedade produz distintos em espécie e outra não; por exemplo, *podal* ou *alado* produzem, mas *brancura* ou *negrura* não. Acaso seria porque umas afecções são adequadas ao gênero, ao passo que outras nem tanto? E visto que

1058b o enunciado explicativo é uma coisa e a matéria, outra, [1058b1] as contrariedades que estão no enunciado explicativo produzem diferença na espécie, enquanto as que estão no que é tomado conjuntamente com a matéria não. Por isso *brancura* não produz diferença em *humano*, nem *negrura*; tampouco *brancura* é

---

91. Sobre essas distintas acepções de gênero, cf. Livro Δ, 1024a29-b16. Sobre o caso dos Heráclidas, cf. 1024a31-34.

diferença específica de *humano branco* em [5] relação a *humano negro*, nem mesmo se um único nome fosse associado a essa expressão, pois *humano* comparece a título de matéria e a matéria não produz diferença.

É por isso que os humanos não serão espécies de humano, ainda que sejam distintos as carnes e os ossos dos quais esse humano se constitui e aquele humano se constitui, pois embora o todo articulado seja distinto, não é distinto em espécie, visto que não há contrariedade no enunciado explicativo. E é ele [10] o último insecável. E *Cálias* é o enunciado explicativo com a matéria, ao passo que *humano é branco* porque *Cálias é branco*; é, pois, por acidente que *humano é branco*. E tampouco círculo de bronze e de madeira são espécies de círculo. E triângulo de bronze e círculo de madeira diferem em espécie não em virtude da matéria, mas é no enunciado explicativo que [15] está a contrariedade.

Acaso, então, a matéria, ao ser de certo modo distinta, não proporciona distintos em espécie? Ou há um sentido em que proporciona? Por exemplo, por que este cavalo aqui é especificamente distinto deste humano aqui? Afinal, é com matéria que seus enunciados explicativos se apresentam. Porventura seria porque a contrariedade está no enunciado explicativo? Afinal, entre humano branco e cavalo negro também há diferença [20] específica, mas não enquanto um é branco e outro negro, visto que, se ambos fossem brancos, permaneceriam igualmente distintos em espécie. Por seu turno, *macho* e *fêmea* são afecções apropriadas a *animal*, mas não segundo sua essência e, sim, na matéria e no corpo. Por isso o mesmo esperma torna-se ou macho ou fêmea ao ser afetado por alguma afecção. Fica, então, dito o que é o ser para [25] *especificamente distinto* e por que uns diferem especificamente e outros não.

10

Tendo em vista que os contrários são os distintos em espécie, e *corruptível* e *incorruptível* são contrários (pois privação é uma impossibilidade delimitada), é necessário que *corruptível* e *incorruptível* sejam distintos em gênero. Até aqui, no entanto, falamos [30] desses nomes de um ponto de vista universal, de modo que pareceria não ser necessário que os incorruptíveis e os corruptíveis, quaisquer que fossem eles, fossem distintos em espécie, assim como tampouco é necessário que quaisquer branco e preto sejam distintos em espécie, já que é logicamente possível que um mesmo os seja, e até conjuntamente, se for tomado de um ponto de vista universal, tal como humano pode ser tanto branco quanto preto. Em se tratando dos singulares, também é logicamente possível que um mesmo os seja, mas não conjuntamente, tal como o mesmo [35] humano poderia ser branco e preto, em que pese *branco* seja contrário a *preto*.

1059a   Dentre os contrários, porém, alguns pertencem por acidente em alguns casos, como os supraditos, e também em muitos outros; para outros, dentre os quais estão *corruptível* e *incorruptível*, isso é impossível, [1059a1] visto que nada é corruptível por acidente, já que é logicamente possível ao acidente não pertencer, ao passo que *corruptível* figura dentre os que pertencem necessariamente àqueles aos quais pertencem. Ou, então, um e o mesmo seria corruptível [5] e incorruptível, caso fosse logicamente possível não lhe pertencer *corruptível*. Assim, de cada qual dos corruptíveis, *corruptível* necessariamente pertence ou à essência ou graças à essência. O mesmo argumento aplica-se a *incorruptível*, pois ambos, *corruptível* e *incorruptível*, estão dentre os que pertencem necessariamente. Por conseguinte, aquilo pelo que e segundo o que por primeiro um é *corruptível* e o outro *incorruptível* [10] encerra uma antítese, de sorte que é necessariamente quanto ao gênero que eles são distintos.

É evidente, portanto, que não é logicamente possível que as espécies sejam tais como alguns sustentam, pois, então, haveria um humano corruptível, outro incorruptível. Ora, as espécies e os alguns das respectivas espécies são ditos idênticos em espécie, e não homônimos, ao passo que os distintos quanto ao gênero distam entre si ainda mais do que os distintos em espécie.

LIVRO K (XI)

1

[1059a18] Que a sabedoria é alguma ciência que versa sobre 1059a
princípios está claro a partir das discussões feitas no início, em que
estivemos às voltas com o que outros investigadores [20] disseram
sobre os princípios. Mas pode-se indagar se se deve conceber a
sabedoria como uma só ciência ou como muitas. Se for uma só, a
despeito de ser sempre uma só a ciência dos contrários, os princípios, por seu turno, não são contrários entre si. Se não for uma só,
há que se indagar quais ciências se deve colocar sob a rubrica de
sabedoria. Há que se indagar também se investigar os princípios
da demonstração é tarefa de uma só ou de mais de uma ciência. E
se for de [25] uma só, por que o seria mais de uma delas do que
de qualquer das outras? Se for de mais de uma, a quais delas se
deve atribuí-la? Ademais, acaso a sabedoria seria ciência de todas
as essências ou não? Se não for de todas, será difícil responder de
quais é ciência. Já se a sabedoria for uma só ciência para todas as
essências, não fica claro como é logicamente possível que a mesma
ciência verse sobre mais de uma essência.

E as demonstrações, acaso seriam somente acerca das essências ou também dos [30] acidentes? Pois se houver demonstração
acerca dos acidentes, não haverá demonstração acerca das essências. E se forem distintas as ciências da essência e dos acidentes,
qual será cada uma delas, ou melhor, qual será a sabedoria? Pois
enquanto demonstrativa, a sabedoria há de versar sobre os acidentes, ao passo que, enquanto versa sobre o que é primeiro, ela
há de ser ciência das essências. Mas não se deve presumir que a
ciência buscada se ocupe das causas [35] mencionadas na *Física*,
pois ela não se ocupa do que é visado. Ora, o bom tem essa característica e pertence ao que é prático e ao que está em movimento.

E também é o que primeiro move, pois o fim tem essa característica. E o que primeiro move não está no que é imóvel.

Uma dificuldade geral é se a ciência ora procurada versa sobre as essências [1059b1] sensíveis ou se versa não sobre estas, mas sobre algumas outras. Se for sobre outras, será sobre as espécies ou sobre os assuntos matemáticos. Ora, é claro que não há espécies. Com efeito, admitindo-se espécies ficará difícil explicar por que o que vige para os assuntos matemáticos [5] não vigeria para os outros dos quais há espécies. Quero dizer, há quem sustente que os assuntos matemáticos seriam intermediários entre as espécies e os sensíveis a título de algum terceiro tipo, ao lado das espécies e dos que nos cercam, e que, em contrapartida, não haveria um terceiro humano nem um terceiro cavalo além de *humano* ou *cavalo* eles próprios e dos singulares. Ora, se não for como dizem, [10] de quais assuntos se há de estabelecer que o matemático se ocupa? Afinal, não é sobre os que nos cercam, visto que nenhum desses é como os que as ciências matemáticas investigam. Por outro lado, não é sobre os assuntos matemáticos que a ciência ora buscada versa, pois nenhum deles é separado, nem é sobre as essências sensíveis, pois estas são corruptíveis.

Outra dificuldade [15] geral é precisar a que tipo de ciência corresponderia a indagação sobre a matéria dos assuntos matemáticos. Não é à Física, visto que toda a atenção do físico volta-se para o que tem em si o princípio de movimento e de repouso. Tampouco à ciência que inquire sobre a demonstração, isto é, sobre a ciência, visto ser sobre este mesmo gênero [20] que sua investigação é feita. Resta, então, que a investigação a respeito desses assuntos fique a cargo da filosofia ora proposta.

Outra dificuldade é se convém admitir que a ciência aqui buscada verse sobre aqueles princípios que alguns chamam de elementos, que todos reputam serem os componentes dos compostos. Ora, a ciência buscada pareceria, sobretudo, [25] versar sobre o que é universal, pois todo discurso e toda ciência versam sobre os universais, e não sobre os últimos. Por conseguinte, ela versaria sobre os primeiros gêneros. Estes, por seu turno, vêm a ser *ser* e *um*, já que se concebe serem esses os que mais abarcam tudo o que é e que mais parecem princípios, visto

[30] serem primeiros por natureza. Afinal, se forem destruídos, os restantes também serão suprimidos, visto que tudo é e é um. E caso se proponha que eles sejam gêneros, suas diferenças necessariamente participarão deles, mas, dado que nenhuma diferença participa do gênero, pareceria que não se deveria considerá-los nem gêneros nem princípios.

Ademais, se o que é mais [35] simples é mais princípio do que o que é menos simples, e se os últimos dos que são constituídos a partir do gênero são mais simples do que os respectivos gêneros (visto serem insecáveis, ao passo que os gêneros dividem-se, diversificando em muitas espécies), então as espécies pareceriam ser mais princípios do que os gêneros. Em contrapartida, se as espécies são suprimidas com as supressões dos respectivos gêneros, seriam os gêneros que mais pareceriam princípios, porquanto o que suprime ao ser suprimido é princípio. [1060a1] **1060a** São estes os temas que encerram dificuldades. E ainda há outros do mesmo tipo.

2

Será que convém estabelecer algo além dos singulares ou não, mas é sobre eles que versa a ciência buscada? Ora, eles são infinitos e, [5] em contrapartida, além dos singulares, o que há são gêneros ou espécies, e nenhum desses é assunto da ciência buscada – e já foi discutido por que isso é impossível. Em linhas gerais, a dificuldade é se seria preciso conceber que alguma essência fosse separada das essências sensíveis, isto é, das que nos cercam, ou se não, mas, ao contrário, seriam estas os seres e [10] pertenceria à sabedoria versar sobre elas. Pois parecemos investigar alguma outra, e o nosso desafio é ver se algo é separado por si mesmo, isto é, não pertencente a nenhum dos sensíveis. E caso haja alguma essência distinta além das essências sensíveis, além de quais essências sensíveis se deve estabelecer que ela está? [15] Afinal, por que admitir que ela estaria além dos humanos, cavalos e dos restantes animais mais do que dos inanimados em geral? Em contrapartida, formular outras essências eternas em quantidade igual às sensíveis e corruptíveis parece extrapolar as raias do plausível.

Por outro lado, se o princípio ora buscado não for separado dos corpos, [20] cumpriria perguntar que outro candidato seria mais forte do que a matéria, já que esta não é em atuação, mas em possibilidade. Um princípio ainda mais fundamental do que a matéria pareceria ser a espécie, isto é, a forma. Ela, porém, é corruptível, de sorte que não haveria nenhuma essência eterna separada, isto é, por si. Isso, no entanto, é absurdo, já que [25] parece haver algum princípio ou essência desse tipo, que é o que a esse título perseguem os mais brilhantes investigadores. Afinal, como haverá ordem se não houver algo eterno, separado e permanente?

E se houver uma essência ou princípio desse tipo, cuja natureza seja tal qual buscamos aqui, e que, ademais, seja uma só para tudo, isto é, a mesma, tanto para o que é eterno quanto para o que é corruptível, uma dificuldade será responder por que, partilhando um mesmo princípio, [30] alguns dos que caem sob esse princípio são eternos, ao passo que outros não. Ora, é absurdo que seja assim. Por outro lado, se o princípio do que é corruptível for um, e o princípio do que é eterno for outro, caso o princípio do corruptível seja ele próprio eterno, outra dificuldade igualmente nos aguarda: se o princípio é eterno, por que não são eternos os que caem sob ele? E se for corruptível, [35] algum outro princípio dele diferente surgirá, também ele corruptível, assim prosseguindo ao infinito.

Caso se suponha que os princípios são sobretudo os considerados imóveis, a saber, ser e um, cumpriria perguntar, em primeiro lugar: se o que cada qual deles significar não for algum tal, isto é, essência, [1060b1] como eles serão separados e por si mesmos? Pois os princípios primeiros e eternos que buscamos têm essa característica. E se cada um deles elucidar algum tal, isto é, essência, tudo o que é será essência, visto que [5] *ser* se predica de tudo, e de uns também *um* se predica. No entanto é falso que tudo o que é seja essência.

Sobre os que dizem que o primeiro princípio é o um e que isso é essência, e que, além disso, o primeiro número é gerado a partir do um e da matéria, e dizem que isso é essência, cumpre perguntar: como é logicamente possível que digam a verdade? [10] Como se deve inteligir que a díade e cada qual dos restantes números compostos sejam um? A respeito disso, nada dizem, aliás, nem é fácil dizer.

E caso se proponha que as linhas ou o que delas deriva (quero dizer, as primeiras superfícies) sejam princípios, conviria observar que elas não são essências separadas, mas secções e subdivisões das [15] superfícies e dos corpos respectivamente (sendo os pontos secções e divisões das linhas), e também seus limites, pois todos esses pertencem a outros e nenhum é separado. Ademais, como se deve conceber que haja essência de um e de ponto? Afinal, de toda essência há geração, ao passo que não há geração do ponto, pois o ponto é divisão.

Uma dificuldade que se apresenta também [20] é que, ao passo que toda ciência é do universal e do que é de tal qualidade, a essência não está dentre os universais, mas é, antes, algum tal e separado, de modo que, se a ciência versa sobre os princípios, de que maneira se deve conceber que o princípio seja essência?

Convém também indagar se haveria ou não algo para além do todo articulado, quero dizer, para além da matéria e [25] o que é conjugado com ela. Pois se não houver, tudo o que está na matéria é corruptível, e se houver, será a espécie e a forma. Ora, isso sucede em alguns casos, mas em outros não, e é difícil demarcá-los. Em alguns casos, como o de casa, é claro que a espécie não é separada.

Enfim, deve-se indagar se os princípios são os mesmos específica ou numericamente, pois se forem numericamente um, [30] tudo será idêntico.

3

Tendo em vista que ao filósofo compete a ciência do que é enquanto é de modo universal, e não particular, e que *é* se diz sob muitas acepções, e não sob uma só, então, se essas muitas acepções forem ditas homonimamente, sem compartilhar nada em comum, elas não serão abrigadas sob uma única ciência, dado que acepções desse tipo não constituem [35] um único gênero. Em contrapartida, se forem ditas segundo alguma acepção comum, elas se abrigarão sob uma só ciência. O caso em discussão afigura-se ser dito tal como *médico* e *saudável*, pois enunciamos uma e outra dessas palavras sob muitas acepções. [1061a1] Com efeito, essas acepções são expressas cada qual ou por remeter de algum modo, seja à ciência médica, seja à saúde, respectivamente, ou de algum outro modo, cada caso relacionando-se à mesma acepção. Eis por que se diz *médico* tanto o diagnóstico quanto o bisturi, um por provir da ciência [5] médica, outro por ser útil a ela. E igualmente com respeito a *saudável*, pois, em alguns casos, diz-se *saudável* por significar saúde, em outros por produzi-la, e igualmente para os restantes casos. É também desse mesmo modo que se diz *ser* em todos os casos, pois é por ser, do que é enquanto é, ou afecção, ou disposição, ou comportamento, ou movimento, ou alguma outra característica assim, [10] que cada um desses é dito ser.

E visto que se gera a redução de tudo que é a alguma acepção única e comum, também cada qual dos contrários será referido às primeiras diferenças e contrariedades do ser, sejam as primeiras diferenças do ser multiplicidade e unidade, sejam igualdade e desigualdade, [15] sejam algumas outras. Quanto a elas, assuma-mo-las já examinadas. E não faz diferença que a redução seja feita em relação a *ser* ou em relação a *um*, porque embora estes sejam, não idênticos, mas distintos, eles são conversíveis entre si, porque o um de algum modo também é, e o que é de algum modo é um.

Ademais, visto que compete a uma e a mesma ciência especular sobre os contrários – e isso vale para todos os contrários –, e visto também que [20] cada contrário é explicado pela privação do seu contrário – ainda que alguns casos, a saber, aqueles entre os quais há um meio, como injusto e justo, seja difícil explicar a partir da privação –, a respeito de tudo o que tem essa característica, a privação deve ter por escopo não a explicação inteira, mas a espécie final. Por exemplo, se *justo* for *o que* [25] *tem determinado comportamento na observância das leis, injusto*, por seu turno, será não a total privação do enunciado inteiro, mas o que, com respeito à observância das leis, falha de certo modo, e é nisso que a privação lhe pertencerá. Igualmente nos restantes casos.

E assim como o matemático procede à sua investigação a respeito do que haure por abstração (pois é tendo eliminado todos

[30] os sensíveis – tais como peso, leveza, dureza e seu contrário, e também calor e frio, bem como todos os outros contrários sensíveis – que ele investiga preservando apenas a quantidade, vale dizer, o contínuo, seja de uma, seja de duas ou de três dimensões, e as afecções respectivas enquanto são quantidades [35] e contínuos, ou seja, sem investigar sob nenhum outro aspecto; e de alguns desses contínuos examina as posições de uns em relação aos outros e o que lhes pertence, de outros suas relações de [1061b1] comensurabilidade e incomensurabilidade e, de outros, **1061b** ainda, suas proporções; no entanto, ainda assim estabelecemos ser uma e a mesma a ciência de todos eles, a saber, a geometria), assim também sucede a respeito de *ser*, pois investigar os acidentes deste segundo todas as acepções de ser, bem como [5] as contrariedades dele enquanto é, a nenhuma outra ciência compete senão à Filosofia. A quem alegar que a investigação dos seres também compete à Física, há que responder que esta os aborda não enquanto são, mas enquanto participam do movimento. Por seu turno, a dialética e a sofística versam sobre os acidentes dos seres, mas não enquanto seres, e tampouco versam sobre o ser ele próprio segundo todas as acepções sob [10] as quais é ser. Desse modo, resta ao filósofo ser o estudioso dos assuntos discutidos segundo todas as acepções de *ser*.

E visto que *é* é dito sob muitas acepções, mas todas segundo alguma acepção única e comum, o mesmo valendo para *contrários* – porquanto são reduzidos às primeiras contrariedades e diferenças do que é –, e visto que o que tem essa característica tem a possibilidade [15] de se reunir sob uma única ciência, resultaria resolvida a dificuldade mencionada no início, consistente em responder como uma só ciência há de abrigar seres que são muitos e diferentes quanto ao gênero.

4

Dado que até mesmo o matemático aplica os enunciados comuns de maneira própria, investigar os princípios destes culminará por também competir à Filosofia primeira. Com efeito, [20] *se iguais são subtraídos de iguais, os restos resultam iguais* é um enunciado comum válido para todas as quantidades, e a Matemática, lançando mão dele, procede à sua investigação aplicando-o a alguma parte da matéria que lhe é adequada – por exemplo, a linha, ao ângulo, aos números ou a alguma das restantes quantidades, não enquanto são seres, mas enquanto cada qual é contínua, seja [25] de uma, duas ou três dimensões –, ao passo que a Filosofia não examina os seres considerados de modo particular, enquanto algo é acidental a cada um deles, mas sim o que é enquanto é e cada qual dos que têm essa característica.

O caso da ciência física é o mesmo que o da ciência matemática, pois a Física investiga os acidentes e os princípios do que é [30] enquanto movido, e não enquanto é (e já dissemos que a ciência primeira versa sobre esses assuntos enquanto todos são seres e não enquanto são algo distinto). Por isso é forçoso admitir que também essa ciência, assim como a ciência matemática, é parte da sabedoria.

5

Há nos seres algum princípio a respeito do qual não há como incorrer em falsidade, [35] mas é necessário sempre fazer o contrário, quero dizer, ser verdadeiro. Por exemplo, que não é logicamente possível que algo seja e não seja a um só e 1062a [1062a1] mesmo tempo, bem como outras oposições recíprocas desse tipo. A respeito de princípios com essa característica há demonstração, não em sentido absoluto, mas sob certa relação. Isso porque não há como formular raciocínio que conduza à sua conclusão a partir de um princípio ainda mais confiável, o que, no entanto, [5] seria preciso se deles houvesse demonstração em sentido absoluto.

A quem sustenta asserções opostas, quem se encarrega de mostrar por que isso é falso deve assumir algo tal que tenha a característica de, por um lado, ser idêntico ao enunciado de que não é logicamente possível que o mesmo seja e não seja a um só e mesmo tempo, e, por outro lado, não parecer ser idêntico a ele. Este é, efetivamente, o único procedimento demonstrativo ante quem [10] sustente ser logicamente possível que asserções opostas sejam verdadeiras segundo o mesmo.

Ora, os que se dispõem a comungar uma linguagem devem se entender quanto a algo. Pois, se isso não acontecer, como se daria entre eles a comunhão da linguagem? É preciso, por isso, que cada palavra seja algo já conhecido e que elucide algo, e que seja não [15] múltiplo, mas somente um. E caso signifique mais de um, deve-se tornar manifesto a qual dos significados da palavra se há de reportar, visto que quem diz que a palavra é e não é certo significado, não diz o que diz, de modo que não diz significar aquilo que a palavra significa. Ora, isso é impossível. De sorte que, se ser tal e tal significar algo, então é impossível que sua contraditória seja verdadeira. E se [20] a palavra significar algo e isso for verdadeiro, então deve ser necessário. E não é logicamente possível que o que necessariamente é eventualmente não seja. Por conseguinte, não é logicamente possível que a asserção e a negação opostas entre si sejam verdadeiras segundo o mesmo.

Ora, se a asserção não for mais verdadeira do que a negação, quem disser *homem* ao invés de [25] *não homem* nem por isso estará mais com a verdade. No entanto pareceria que quem dissesse *homem não é cavalo* ou estaria mais ou não estaria menos com a verdade do que quem dissesse *homem não é homem*, de tal maneira que quem disser *homem é cavalo* dirá a verdade (já que, afinal, as opostas eram verdadeiras). Disso decorre que *homem* será idêntico a *cavalo* [30] ou a algum dos restantes animais.

Por conseguinte, desses enunciados não há nenhuma demonstração em sentido absoluto, mas há demonstração face a quem os contesta. Assim, quem fosse inquirido dessa maneira, inclusive o próprio Heráclito, logo seria obrigado a concordar que jamais seria possível asserções opostas entre si serem verdadeiras segundo os mesmos. [35] Ao não entender o alcance do que ele próprio dizia, Heráclito adotou essa opinião.

E em geral, se o que ele disse fosse verdadeiro, nem mesmo isso seria verdadeiro, [1062b1] quero dizer, ser logicamente **1062b** possível que o mesmo seja e não seja a um só e mesmo tempo, pois, assim como a afirmação ou a negação não são mais verdadeiras uma do que a outra quando dissociadas uma da outra, assim também se tomarmos sua combinação, [5] isto é, a composição delas como sendo uma única afirmação, a negação dessa combinação não será mais verdadeira do que a combinação toda posta como afirmação. E se não houver como afirmar verdadeiramente, também será falso asserir que nenhuma afirmação é verdadeira. E se alguma afirmação for verdadeira, estaria respondido o [10] argumento dos que erguem dificuldades desse tipo e suprimem completamente o diálogo.

6

Em linha com essa exposição está o sustentado por Protágoras, que afirmava que o homem é a medida de toda diversidade, com isso querendo dizer meramente que aquilo que parece a cada qual [15] firmemente também é. Ora, se isso acontecer, decorrerá que o mesmo será e não será, e será mau e bom, bem como tudo o mais que for asserido por atribuições opostas, porque a medida é o que se evidencia a cada qual e muitas vezes a uns algo se evidencia ser bom, a outros, o contrário. [20] Essa aporia se resolveria ao se averiguar de onde veio essa concepção em seu princípio. A alguns parece que ela surgiu a partir da opinião dos fisicistas, a outros do diagnóstico de que os conhecimentos que se haurem dos mesmos casos não são todos idênticos uns aos outros, mas, enquanto a uns algo se evidencia prazeroso, a outros se evidencia o contrário. E que *nada é gerado* [25] *do que não é, mas é do que é que tudo é gerado* é uma opinião partilhada, por assim dizer, por todos os que examinam a natureza. Por conseguinte, visto que não se torna branco o que é consumadamente branco, e em nada é não branco,[92] seria do não ser branco que se tornaria branco[93], de modo que, de

---

92. Sigo aqui Bonitz (Aristóteles, 1966), que recomenda suprimir o trecho "νῦν δὲ γεγενημένον μὴ λευκόν" em 27-28.

93. Novamente, sigo Bonitz (Aristóteles, 1966), suprimindo o "μὴ" que antecede "λευκόν" em 28-29.

acordo com eles, seria a partir do não ser que se tornaria, salvo se [30] ao mesmo pertencesse branco e não branco[94].

Não é difícil solucionar essa aporia, e já foi dito na *Física* de que maneira os gerados são gerados a partir do que não é e de que maneira são gerados a partir do que é. E é ingênuo igualmente perfilhar as opiniões e as imaginações dos que se digladiam em torno disso, pois é claro [35] que alguns deles necessariamente incorrem em falsidade. Isso fica evidente se considerarmos o que é gerado no plano da sensação, pois jamais o mesmo alimento se evidenciará doce a uns e seu contrário a outros, [1063a] a não ser que o órgão sensível e discriminativo concernente a esses sabores em alguns deles tenha sido destruído ou adulterado. Mas nesse caso, uns devem ser concebidos como medida e outros não. [5] Afirmo o mesmo também com respeito a bom e mau, belo e feio, bem como os restantes predicados desse tipo, pois endossar essas opiniões em nada difere do que aparece aos que puxam a parte inferior do olho com o dedo, assim fazendo o que é um só se evidenciar como dois e, devendo ser dois por evidenciar-se tal quantidade, é, contudo, novamente um, [10] já que, aos que não fazem esse movimento com o olho evidencia-se somente um.

É completamente descabido formular o juízo sobre a verdade a partir do diagnóstico de que o que nos cerca se evidencia mudar e jamais permanecer do mesmo modo. Com efeito, é preciso perseguir a verdade com base no que se comporta sempre do mesmo modo e não é passível de nenhuma mudança. [15] Partilham essa característica os objetos que se subsumem ao ordenamento celeste, porque eles não se evidenciam ora com uma qualidade, ora com outra, mas evidenciam-se sempre idênticos, sem comungar nenhuma mudança.

Ademais, se houver movimento também haverá algum movido, e tudo o que se move, move-se de algo e para algo. Por

---

94. Sem as supressões sugeridas por Bonitz (Aristóteles, 1966), o trecho resultaria algo como: "Por conseguinte, visto que não se torna branco o que é consumadamente branco, e em nada é não branco e, se tiver se tornado não branco, seria do não ser branco que se tornaria não branco, de modo que, de acordo com eles, seria a partir do não ser que se tornaria, salvo se ao mesmo pertencesse branco e não branco".

conseguinte, é preciso que o movido seja naquilo a partir de que será movido e que não [20] seja nele, e também, com respeito àquilo para o que ele se move, é preciso que o movido seja em movimento rumo a ele e já em geração nele, e, além disso, que as contraditórias não sejam conjuntamente verdadeiras a respeito dessas cláusulas. E se o que nos cerca flui e se move continuamente segundo a quantidade – ainda que se diga que isso não é verdade –, por que não permaneceria quanto à qualidade? Pois eles se mostram predicar as contraditórias a respeito [25] do mesmo sobretudo com base na concepção de que, no que tange aos corpos, a quantidade não permanece, razão pela qual um mesmo corpo seria e não seria de quatro côvados. Ora, a essência é segundo a qualidade e isso é de natureza definida, ao passo que a quantidade é de natureza indefinida.

E quando o médico lhes prescreve consumir tal alimento determinado, por que o consomem? [30] Por que algo seria pão mais do que não o seria? Neste caso, comer e não comer em nada se dissociariam. No entanto, consideram que o alimento prescrito é tal e tal, como se estivessem com a verdade, e consomem-no, mesmo não devendo proceder assim se nenhuma natureza fixa permanecesse no que é sensível, mas antes, tudo aí estivesse em movimento [35] e fluísse.

Além disso, se sempre nos alteramos e nunca permanecemos os mesmos, por que seria surpreendente se, tal como sucede aos enfermos, o que nos aparece jamais permanecesse o mesmo? Pois,
1063b visto que os [1063b1] enfermos não mantêm o mesmo comportamento que têm quando saudáveis, o que lhes vêm pela sensação não se lhes evidencia igual, sendo que os seres sensíveis, por seu turno, sem comungar nenhuma mudança por esse motivo, provocam nos que estão doentes não as mesmas sensações e, sim, sensações distintas. [5] Certamente, isso também é necessário caso se engendre a mudança descrita anteriormente. E, se não mudarmos, mas permanecermos sendo os mesmos, então algo permaneceria.

Portanto aos que recorrem ao discurso para enfrentar as supramencionadas dificuldades não é fácil dar uma resposta, por não admitirem algo que já não mais demande discurso. [10] Pois é de algo assim que todo discurso e toda demonstração são formulados.

Sem nada estabelecer, suspendem o diálogo, aliás, suspendem totalmente o discurso, de modo que, ante os que se portam dessa maneira não há discurso. Já quanto aos que estão às voltas com as dificuldades que tradicionalmente cercam o tema, é fácil remover e desembaraçar o que neles suscita a aporia, como fica claro a partir do [15] discorrido antes. Assim, resulta evidente, a partir dessas considerações, que não é logicamente possível que asserções opostas a respeito do mesmo sejam verdadeiras ao mesmo tempo. Tampouco é logicamente possível que os contrários o sejam, pois toda contrariedade é dita por privação. Isso fica claro aos que remontam a análise das explicações dos contrários até seu princípio. Do mesmo modo, nenhum dos que estão no meio é tal que [20] seja predicado de um e o mesmo, pois, supondo que o sujeito seja *branco*, incorreremos em falsidade ao dizer que ele é nem preto nem branco, porque daí decorreria que ele seria e não seria branco, visto que um dos membros dessa combinação seria verdadeiro dele, o qual seria a contradição de *branco*.

Assim, nem aos sequazes de Heráclito, [25] nem aos sequazes de Anaxágoras, é logicamente possível estarem com a verdade. Não fosse assim, decorreria que os contrários seriam predicados do mesmo, pois, quando Anaxágoras diz que em tudo há parte de tudo, diz que nada é mais doce do que amargo ou que quaisquer das restantes contrariedades, visto que tudo pertenceria a tudo não apenas em possibilidade, mas em atuação [30] e de modo discriminado. Igualmente, não é possível que as asserções sejam todas falsas, nem é possível que sejam todas verdadeiras, devido às muitas outras dificuldades que derivam dessa tese, e também porque, se todas as asserções fossem falsas, nem mesmo quem dissesse isso diria a verdade, e inversamente, se fossem todas verdadeiras, quem dissesse que seriam todas falsas não estaria em falsidade.

7

[35] Cada ciência busca alguns princípios e causas a respeito de cada um dos objetos de ciência que estão sob ela. [1064a1] É **1064a** o caso da medicina, da ginástica e de todas as restantes ciências

produtivas e matemáticas. Cada uma delas circunscreve algum gênero para si e passa a se ocupar dele como pertencendo, isto é, como sendo – embora não enquanto meramente é, pois isso compete a uma ciência distinta delas. Já das [5] ciências supraditas, cada qual assume de certo modo o *o que é* em cada gênero e empreende provar os restantes enunciados com mais ou com menos acribia.

Quanto aos respectivos *o que é*, elas os haurem seja a partir da experiência, seja por hipótese. Isso deixa claro também, com base nesse tipo de indução, que não há demonstração da essência, quer dizer, do *o que é*. [10] E visto que há alguma ciência sobre a natureza, é claro que ela será distinta tanto da prática quanto da produtiva. É produtiva aquela cujo princípio de movimento está no que produz e não no produzido, e esta é ou alguma técnica, ou alguma outra possibilidade. Do mesmo modo, também no caso da ciência prática, o movimento não está no praticado, mas nos [15] que praticam. Ora, a ciência do físico versa sobre os que têm em si próprios o princípio do movimento. Fica claro daí que a Física não é prática, nem produtiva, mas necessariamente teorética – afinal, ela necessariamente cai em um desses gêneros.

E visto ser necessário [20] que cada ciência saiba de certo modo o *o que é*, e dele se sirva enquanto princípio, não se deve perder de vista de que maneira o físico deve formular definições e como a explicação da essência deve ser apreendida, se ao modo de *adunco* ou ao modo de *côncavo*. Aí, efetivamente, enquanto a explicação de *adunco* é enunciada com a matéria do fato, a explicação de *côncavo* é enunciada sem a matéria, [25] pois é no nariz que a aduncidade é gerada e é por isso que também sua explicação é considerada com a matéria. Afinal, *adunco* é *nariz côncavo*. É evidente, portanto, que a explicação de carne, de olho e das restantes partes deve ser fornecida sempre com a matéria. E visto que há alguma ciência do que é enquanto é e é separado, deve-se investigar se essa ciência deve ser identificada [30] à Física ou se deve ser dela distinta.

A Física versa sobre o que tem em si o princípio do movimento. A Matemática também é teorética e versa sobre alguns seres permanentes, mas não separados. Assim, o que é separado e imóvel compete a alguma ciência distinta dessas duas, se é que [35] porventura há alguma essência com essa característica, a saber, separada e imóvel. E é isso que nos empenharemos em provar. E se houver alguma natureza com essa característica nos seres, decerto seria nela que também estaria o divino e ela [1064b1] seria o princípio primeiro e absolutamente fundamental. Resulta claro, então, que são três os gêneros das ciências teóricas: Física, Matemática e Teologia. Ora, o mais excelso gênero é o das ciências teóricas e dentre essas, a ciência a última mencionada, visto que ela versa sobre o mais [5] valoroso dos seres, e cada ciência é dita melhor ou pior segundo o objeto que lhe é atinente.

1064b

Pode-se indagar se a ciência do que é enquanto é deve ser considerada universal ou não. Afinal, cada ciência matemática versa sobre algum gênero delimitado, ao passo que a Matemática universal é comum a todos. Se, portanto, [10] as essências naturais forem as primeiras dentre os seres, também a Física será a primeira dentre as ciências. E se houver uma natureza distinta, isto é, uma essência separada e imóvel, também a ciência que versa sobre ela será necessariamente distinta, e também será anterior à Física e, por ser anterior, também será universal.

8

[15] Visto que se diz *ser*, em sentido absoluto, sob muitas acepções, uma das quais é *ser* dito por acidente, convém investigar primeiramente a respeito dessa acepção de ser. É claro que nenhuma das ciências tradicionais lida com o acidente. Com efeito, a engenharia não investiga o que decorrerá aos que [20] hão de usar a casa, por exemplo, se a habitarão a contragosto ou o contrário, e igualmente, *mutatis mutandis*, para a tecelagem, a sapataria ou a culinária. Antes, cada qual dessas ciências restringe-se a investigar o que lhe é próprio, que é o fim a ela atinente. Tampouco alguma ciência tradicional investiga o músico e gramático, nem se, visto que o que, sendo músico, ao ter se tornado gramático, será conjuntamente [25] ambos sem o ter sido previamente, e visto que o que nem sempre é, ao

ser, tornou-se, acaso se seguiria que se tornou conjuntamente músico e gramático. Isso não é assunto de nenhuma daquelas que se concorda serem ciências, salvo a sofística. Só esta se ocupa do acidente, e por isso Platão não foi infeliz ao dizer que o sofista [30] perde tempo com o que não é.

Que não é logicamente possível uma ciência do acidente ficará evidente aos que tentarem ver o que é acidente. Com efeito, tudo o que dizemos ser, dizemo-lo ou sempre e necessariamente (e *necessariamente* aqui se refere não ao que é por coação e, sim, tal como empregamos essa palavra no âmbito das demonstrações), [35] ou no mais das vezes, ou nem no mais das vezes, nem necessariamente, mas, sim, que calhou acontecer – por exemplo, se no período da canícula fizer frio, porém isso suceder nem sempre e necessariamente, nem no mais [1065a1] das vezes, mas decorrer eventualmente. Assim, *acidente* é o que é gerado, mas nem sempre, nem necessariamente, nem no mais das vezes.

Foi dito, portanto, o que é acidente. E por que não há ciência de algo com essa característica fica claro pelo seguinte: toda ciência é ou do que [5] sempre é ou do é no mais das vezes, e o acidente é o que é, mas de nenhuma dessas maneiras. E é claro que do que é por acidente não há causas e princípios tais quais as causas e princípios do que é por si mesmo. Senão tudo o que fosse seria necessariamente, pois se esse *A* é por esse *B* ser, e esse *B* é por aquele *C* ser, e este é não meramente por ter calhado acontecer, mas por [10] necessidade, então também será por necessidade aquele *B* do qual *C* era a causa, e assim sucessivamente, até o que se chama de causado final (este, contudo, era por acidente), de sorte que todos serão necessariamente. E o que calhou acontecer de uma maneira ou de outra, e o que é logicamente possível tanto ser gerado quanto não, serão completamente eliminados dos que são gerados. O mesmo decorrerá se, ao invés de se supor a causa sendo, for suposto [15] que ela é gerada, pois então tudo o que for gerado será gerado necessariamente. Por exemplo, o eclipse será gerado amanhã se isto for gerado; e isto será gerado se aquilo for gerado, e este se um outro. E assim, se do tempo confinado entre o agora e o amanhã for subtraído o próprio tempo, obter-se-á o que já é e, [20] visto que este já é, tudo o que necessariamente o suceder será gerado, de modo que tudo isso é gerado necessariamente. Quanto ao que é enquanto verdadeiro e por acidente, um é em articulação no pensamento, isto é, é uma afecção neste – e é por isso que não se buscam os princípios do que é nesse sentido e, sim, do que é fora e separado –, outro não é [25] necessário, mas indefinido, digo, por acidente. E do que tem essa característica, as causas são desordenadas e infinitas.

E o *em vista de* concerne aos que são gerados por natureza ou a partir do pensamento. Por seu turno, *acaso* é quando algum deles for gerado por acidente, já que assim como ser é ou por si ou por acidente, assim [30] também a causa. O acaso é causa acidental no domínio dos que são gerados por deliberação *em vista de*. É por isso que a esses casos concernem tanto acaso quanto pensamento, visto que a deliberação não é separável do pensamento. E as causas a partir das quais se gera o que é por acaso são indefinidas. Eis por que são obscuras para o raciocínio humano e são causas apenas acidentalmente, e não [35] em sentido absoluto. E o acaso é bom ou ruim quando o que dele derivar for bom ou ruim [1065b1] respectivamente. E a dita ou a desdita concernem à magnitude desses. E visto que nada por acidente é anterior aos que são por si, tampouco as causas por acidente serão anteriores às que são por si. Se, pois, o acaso ou o espontâneo forem causas do céu, então deste também será causa, e anterior, inteligência e natureza.

9

[5] *É*-se seja apenas em atuação, seja em possibilidade, seja tanto em possibilidade quanto em atuação, e isso vale para *ser*, para *quanto* e para as restantes predicações. E não há algum movimento para além dos fatos, pois sempre se muda segundo alguma das predicações do que é, e nada é comum a todas elas e que não seja em uma predicação. E em todas, cada qual [10] pertence de duas maneiras, por exemplo, *tal*, que é ora a forma, ora a privação; e segundo o *qual* é ora claro, ora escuro; segundo o *quanto* é ora finalizado, ora não finalizado; e segundo o deslocamento, ora acima,

ora abaixo, ora leve, ora pesado. Por conseguinte, as espécies de movimento e mudança são tantas quantas as de ser.

Uma vez dividido, [15] conforme cada gênero, o que é em possibilidade e o que é em enteléquia, chamo de movimento a atuação do que é em possibilidade enquanto tem essa característica. E que o que dizemos é verdade fica claro pelo seguinte: quando o construtível, enquanto dizemos que tem essa característica, for em atuação, ele estará sendo construído, e construção é isso. Idem para aprendizado, convalescença, caminhada, [20] salto, envelhecimento, amadurecimento. E decorre o mover quando a enteléquia for o movimento, nem antes, nem depois. E *movimento* é: a enteléquia do que é em possibilidade quando este atuar sendo em enteléquia, não enquanto ele mesmo, mas enquanto móvel. E digo *enquanto* sob a seguinte acepção: embora o bronze seja em possibilidade estátua, a [25] enteléquia do bronze enquanto bronze não é movimento, pois ser para *bronze* e para alguma possibilidade não são idênticos, visto que, se fossem idênticos em sentido absoluto segundo o enunciado explicativo, a enteléquia do bronze seria algum movimento. Ora, não são idênticos (isso fica claro no caso dos contrários, pois ter a possibilidade para convalescer e ter a possibilidade para adoecer não são idênticos – porque se fossem, então [30] convalescer e adoecer seriam idênticos – ao passo que o sujeito, tanto são quanto doente, é um e o mesmo, seja ele humor ou sangue). E visto que não são idênticos, assim como tampouco são idênticos cor e visível, movimento é a enteléquia do que é em possibilidade e enquanto é em possibilidade. É claro, portanto, que movimento é ela, isto é, que decorre o mover quando [35] a enteléquia for o movimento, nem antes, nem depois. [1066a1] Com efeito,

1066a a cada qual é logicamente possível ora atuar, ora não, como é o caso, por exemplo, do construtível enquanto construtível. A atuação do construtível enquanto construtível é construção, afinal, a atuação ou é isso – a construção – ou é casa. No entanto, quando for casa, já não será mais construtível, [5] e é o construtível que é construído. É, pois, necessário que a atuação seja construção; ora, a construção é algum movimento. A mesma explicação vale para os outros movimentos.

Que o que foi dito está correto fica claro a partir do modo como outros se pronunciaram a respeito, e por não ser fácil explanar movimento de outra maneira. Efetivamente, não se afigura possível [10] colocar o movimento em algum outro gênero. Isso fica nítido a partir do que eles dizem, pois uns dizem que é uma alteridade, desigualdade ou não ser, a nenhum dos quais é necessário ser movido; ademais, a mudança nem dirige-se a eles, nem é mais a partir deles do que de seus opostos.

E a causa pela qual dizem situar-se neles o movimento é que ele parece ser algum indefinido, e que os princípios dos [15] membros das segundas colunas dos pares ordenados parecem ser indefinidos por serem privações, visto que nenhum deles é tal, nem de tal qualidade, nem qualquer das outras predicações. E a causa pela qual o movimento parece ser indefinido é que não há como colocá-lo como possibilidade nem como atuação dos seres, pois nem o ser quanto em possibilidade, nem o ser quanto em atuação, [20] movem-se necessariamente, ao passo que o movimento parece ser alguma atuação, conquanto não finalizada. E a causa disso, por seu turno, é que o possível do qual ele é atuação é não finalizado. Eis por que é difícil captar o que ele é, já que é necessário colocá-lo ou como privação, ou como possibilidade, ou como atuação em sentido absoluto e, no entanto, nenhuma dessas alternativas se evidencia logicamente possível. [25] Resta, pois, que seja o já dito, isto é, a supradita atuação e não atuação, que, embora seja difícil de idear, é mesmo assim logicamente possível.

E que o movimento é no móvel é claro, porque é a enteléquia deste sob o motor. E a atuação do motor não é diferente, dado que o movimento dever ser enteléquia em ambos. Pois [30] é motor por ser possível e movente por atuar, mas é atualizador do móvel, de sorte que é uma só a atuação em ambos, tal como o intervalo do um ao dois é o mesmo intervalo do dois ao um, assim como o intervalo do que sobe e do que desce, conquanto o ser de um e o ser de outro não sejam um só. E assim é também a respeito do movente e do movido.

10

[35] Infinito é ou o impossível de percorrer porque por natureza não é percorrível, tal como a voz é invisível, ou o que tem um percurso, mas este não é finalizável ou é difícil de finalizar, ou o que não tem percurso ou limite, embora por natureza tenha. E também aquilo cujo percurso não é finalizável por acréscimo ou subtração, ou ambos.

1066b [1066b1] E não há como algum infinito ser separado, pois se o infinito não for nem magnitude, nem multiplicidade, mas essência, e não acidente, será indivisível, visto que o divisível é ou magnitude, ou multiplicidade. E se for [5] indivisível, não será infinito, salvo se for tal como a voz é invisível. Não é, contudo, sob essa acepção que se fala de infinito nem a acepção sob a qual o examinamos, mas sim enquanto intransponível. Ora, como é logicamente possível ser por si mesmo infinito, a não ser que também seja por si mesmo número e magnitude, dos quais infinito é afecção? E se for por acidente que for infinito, não seria enquanto infinito que seria elemento dos seres, [10] assim como tampouco invisível é elemento de conversa, mesmo que a voz seja invisível.

É claro que o infinito não é ser em atuação, pois, então, qualquer que fosse a parte que dele se tomasse também seria infinita (afinal, se infinito for essência e não predicado de um sujeito, o ser para *infinito* será idêntico a *infinito*), de sorte que seria ou indivisível [15] ou, se tivesse partes, divisível em partes infinitas. Ora, é impossível que o mesmo seja muitos infinitos, pois, assim, infinito seria parte de infinito, assim como ar é parte de ar, se o infinito for essência e princípio. O infinito seria, portanto, sem partes e indivisível. Mas também é impossível ao que é em enteléquia ser infinito, visto ser necessário que seja quantidade. Por conseguinte, *infinito* pertence como acidente. Mas se for [20] assim, já foi dito que não é logicamente possível ser princípio, sendo princípio, antes, aquilo de que ele é acidente, seja ar ou par.

Esta abordagem tem abrangência universal. Quanto aos sensíveis, resultará claro que não há infinito neles a partir do seguinte:

se o enunciado explicativo de *corpo* for *definido por planos*, então corpo não seria infinito, nem corpo sensível, nem inteligível. E tampouco número [25] enquanto separado seria infinito, visto que o número, ou o que encerra o número, é enumerável.

Do ponto de vista da natureza, fica claro que não há infinito nos sensíveis a partir das seguintes ponderações: não há como serem infinitos nem o corpo composto, nem o simples. O corpo composto não será infinito se seus elementos forem finitos quanto à sua multiplicidade, porque os contrários devem ser equivalentes e não deve ser infinito apenas um deles, pois se um deles [30] suplantar a possibilidade do outro corpo, o finito será destruído pelo infinito. E é impossível que cada qual deles seja infinito, porque corpo é o que tem extensão em todas as dimensões; por seu turno, infinito é o que se se estende infinitamente, de modo que, se o corpo for infinito, ele será infinito em todas as dimensões.

Tampouco é logicamente possível que o infinito seja um só corpo [35] e simples, nem, como dizem alguns, que esteja além dos elementos, sendo aquilo do qual estes seriam gerados (pois não há um corpo tal que seja para além dos elementos, visto que tudo que é constituído se resolve naquilo a partir de que é constituído, e não há evidência de que essa resolução se estenda [1067a1] para além dos corpos simples). E nem fogo, nem nenhum dos outros elementos é infinito, pois, independentemente de algum deles ser infinito, é impossível que o todo, mesmo sendo limitado, seja ou se torne um qualquer deles tal como dizia Heráclito, para quem tudo, em algum momento, torna-se [5] fogo. O mesmo argumento vale para o um que os físicos sustentam haver para além dos elementos, visto que tudo o que muda muda a partir do contrário; por exemplo, a partir de quente muda para frio. 1067a

Ademais, o corpo sensível está algures, e o mesmo lugar do todo é também o da parte, como por exemplo, da terra. Desse modo, se o corpo for homomorfo, será imóvel ou sempre em deslocamento. Ora, isso é [10] impossível, já que nesse caso deveríamos indagar por que se deslocaria para baixo ao invés de para cima ou para qualquer outra direção; que fosse, por exemplo, um torrão de terra, aonde se moveria ou onde ficaria? Afinal, o lugar do corpo de mesmo gênero que ele é infinito. Abarcará, então, o lugar todo? De que maneira? Como seria seu repouso e seu movimento? E ou ficará completamente em repouso e, portanto, não se moverá, ou ficará completamente em movimento e, [15] portanto, não repousará.

E se o todo for heteromorfo, serão heteromorfos também os lugares. Nesse caso, o corpo do todo não será um, mas se constituirá por conexão. Além disso, seus constituintes serão ou finitos ou infinitos quanto à espécie. Ora, não há como serem finitos porque, se o todo for infinito, alguns deles serão infinitos e outros não. Assim, por exemplo, que fogo ou água sejam infinitos; [20] no entanto, o que é assim seria a destruição do que lhe é contrário. Já se forem infinitos e simples, também seus lugares serão infinitos, e os elementos serão infinitos. E se isso é impossível e os lugares são finitos, também o todo é necessariamente finito.

É totalmente impossível corpo ser infinito e haver lugar para os corpos, se todo corpo sensível tiver gravidade ou [25] leveza, visto que se dirigirá ou para o meio ou para cima, e é impossível que o infinito, seja todo ele, seja a metade, tenha qualquer dessas afecções. Afinal, como o dividiríamos? Ou como haveria abaixo ou acima, extremo ou meio, no caso do infinito? Ademais, todo corpo sensível está em algum lugar. Ora, as espécies de lugar são seis e é impossível que elas estejam [30] no corpo infinito. E se é totalmente impossível lugar ser infinito, também é impossível corpo ser infinito, pois o que ocupa lugar está algures, e isso significa que está ou em acima, ou abaixo, ou em algum dos locais restantes, e cada qual deles é algum limite. E o infinito não é o mesmo, enquanto uma única natureza, na magnitude, no movimento e no tempo. Ao invés disso, o posterior é nesses casos [35] explicado segundo o anterior, por exemplo, movimento será explicado segundo a magnitude pela qual se move, altera-se ou cresce, e tempo será explicado por meio do movimento.

11

1067b   [1067b1] O que muda muda, em um caso por acidente, [2] tal como o músico anda, outro porque é dito mudar em sentido absoluto por algo dele mudar, como é o caso do que muda em parte; assim é que corpo convalesce por convalescer o olho. E há algo [5] que por si mesmo primeiramente é movido, e isso é o móvel por si mesmo.

E também no caso do motor há algo similar, pois move por acidente, e tanto em parte quanto por si mesmo. Há, então, algo que primeiro move e algo que é o movido, e em tal tempo, e a partir de tal e para tal.

As espécies, as afecções e [10] o lugar para os quais os movidos são movidos são imóveis, como é o caso de ciência e também de calor, já que não é o calor que é o movimento, mas, sim, o aquecimento.

A mudança por acidente não pertence a tudo, mas aos contrários e ao intermediário, bem como à contradição. E é por indução que se haure a persuasão a esse respeito. Com efeito, o que muda [15] muda ou de sujeito para sujeito, ou de não sujeito para não sujeito, ou de sujeito para não sujeito, ou de não sujeito para sujeito. Chamo de *sujeito* o que é elucidado por meio de uma afirmação. Por conseguinte, são necessariamente três as mudanças, visto que de não sujeito [20] para não sujeito não há mudança, afinal, estes nem são contrários, nem contraditórios, pois não constituem uma antítese. A mudança de não sujeito para sujeito é geração segundo contradição; é geração absoluta se for tomada em sentido absoluto, e é alguma geração se for de algo. Por seu turno, a mudança de sujeito para não sujeito é corrupção, e é corrução absoluta se for tomada em sentido absoluto, e alguma corrupção se for [25] de algo.

Se *não ser* é dito sob muitas acepções, e se nem ao não ser que é constituído por composição ou divisão, nem ao não ser que é em possibilidade por ser oposto ao que é em sentido absoluto, é logicamente possível mover-se (pois é logicamente possível que o não branco ou o não bom se movam por acidente, como no caso do não branco ser homem; já ao não ser em sentido absoluto não é logicamente [30] possível mover-se de nenhum modo), então é impossível que o não ser se mova. E se for assim, tampouco a geração será movimento, já que, senão, o não ser se geraria, pois mesmo que seja sobretudo por acidente que seja gerado, ainda assim permanece verdadeiro dizer, em sentido absoluto, que o não ser pertence ao gerado. Igualmente no caso do repouso. São essas [35] as dificuldades que decorrem. Além disso, se tudo que se move ocupa lugar, o não ser, que não ocupa lugar, estaria algures.

1068a Tampouco a corrupção é movimento, já que o contrário do movimento é ou movimento ou repouso, ao passo que a corrupção é contrário da geração. [1068a1] E visto que todo movimento é alguma mudança e são mudanças as três supraditas, e destas, as que são por geração e por corrupção não são movimento e são, ademais, segundo contradição, necessariamente só a que é de sujeito para sujeito é [5] movimento. Por seu turno, os sujeitos são ou contrários ou intermediários (pois seja estabelecido que a privação é contrário), e são elucidados por um enunciado afirmativo, como é o caso, por exemplo, de *nu*, de *banguela* e de *escuro*.

12

Se as predicações se dividem em essência, qualidade, lugar, fazer ou padecer, relativo a algo, quanto, é necessário que sejam três [10] os movimentos, a saber, de qual, de quanto e de lugar. Segundo a essência não há movimento, visto nada ser contrário à essência; tampouco há movimento segundo o que é em relação a algo. Pode ser que, se um dos relativos mudar, o outro, mesmo não mudando, deixe de ser verdadeiro, de sorte que, no caso deles, o movimento é por acidente. Tampouco há movimento no caso do que faz ou padece, nem do que move ou é movido, pois não há [15] movimento de movimento, nem geração de geração, nem mudança de mudança em geral.

Seria logicamente possível mudança de mudança de duas maneiras. Uma seria enquanto sujeito, por exemplo, homem mover-se por mudar de branco para preto e esse movimento aquecer-se ou esfriar, alterar o lugar ou crescer. Ora, isso [20] é impossível, porque mudança não é algum sujeito. A outra é por algum sujeito diverso mudar de uma espécie de mudança para outra, por exemplo, homem mudar de adoecer para convalescer. Mas tampouco isso é possível, a não ser por acidente. Pois todo movimento é mudança de algo para outro, e geração e corrupção [25] igualmente, com o detalhe de que estas são para certo tipo de opostos, e aquele é para outro tipo de opostos. Desse modo, muda de convalescer para adoecer e desta mesma mudança para outra. E é claro que, se tiver adoecido, há de mudar para um tipo qualquer de movimento (pois também é logicamente possível ficar em repouso), mas sempre para um tipo que não é aleatório, e também este será de algo para [30] algo outro. E será, por conseguinte, a mudança oposta, a saber, a convalescença. Mas isso é acidental, tal como se muda da lembrança para o esquecimento porque aquilo a que pertence a lembrança muda ora para ciência, ora para ignorância.

E se houver mudança de mudança e geração de geração, isso se estenderá ao infinito. Com efeito, necessariamente [35] haverá a mudança anterior se há a posterior. Assim, se a geração em sentido absoluto tiver sido alguma vez gerada, também o que é gerado foi gerado, [1068b1] de sorte que o gerado em sentido **1068b** absoluto ainda não era, mas era algum já gerado sendo gerado. E isso se gerou em algum momento, de modo que ainda não era e, então, gerou-se. E visto que do que é infinito não há algo que seja primeiro, não [5] haverá, do que se gera, um primeiro e, por conseguinte, tampouco seu sucessor. Portanto, nada será tal que se gere, mova-se ou mude.

Ademais, é ao mesmo que se aplicam o movimento e seu contrário, isto é, repouso, bem como geração e corrupção, de modo que o gerado, quando tiver se tornado gerado, será *eo ipso* corrompido. E isso nem quando exatamente é gerado, nem depois, pois é preciso que o que [10] se corrompe seja. E é preciso que ao que se gera e muda seja subjacente uma matéria. De que tipo será, então, o que é assim como o corpo ou a alma que se altera, vale dizer, o que é o que é gerado movimento ou geração? E o que é aquilo para o que o movimento e a geração se movem? Afinal, é preciso que o movimento ou a geração sejam de algo, a partir de algo e para algo. Mas como? Pois assim como não há aprendizado [15] do aprendizado, tampouco há geração de geração.

E não sendo da essência, nem do relativo a algo, nem do fazer e padecer, resta que o movimento seja concernente à qualidade, a quanto e ao lugar, já que cada qual desses tem contrário. E chamo de qualidade não o que consta na essência – afinal, a diferença é qualidade –, mas a afecção segundo a qual [20] se diz que algo padece ou não padece.

É imóvel o que é totalmente impossível de ser movido, bem como o que somente com muito tempo ou lentamente começa a mover-se, e o que, conquanto por natureza se mova, isto é, tenha a possibilidade de mover-se, contudo não se move quando, onde ou como por natureza haveria de se mover. Dentre os tipos de imóvel, somente a este último reservo a designação de *em repouso*, pois repouso é contrário [25] a movimento, de modo que seria uma privação no que é suscetível de movimento.

Conjuntamente segundo o lugar designarei os que estão em um só lugar primeiro, e *separados* os que estão em lugares diferentes. *Conectados* designarei aqueles cujos extremos são conjuntamente. *Intermediário* designo aquele a que por natureza chega o que muda antes de atingir o extremo ao mudar continuamente segundo a natureza. [30] *Contrário segundo o lugar* chamo o que é o mais distante em uma linha reta. *Consecutivo*, o que vem depois do início, sendo determinado quanto à posição, ou à espécie, ou de algum outro modo, sem que entre ele e aquele do qual é sucessor se interponha nenhum intermediário de mesmo gênero – por exemplo, uma linha é consecutiva a outra linha, uma unidade numérica a outra unidade numérica, uma casa a outra casa –, nada impedindo de haver um intermediário de [35] outro gênero. Pois o consecutivo é sucessor de algo e algum posterior; com efeito, o um não é consecutivo ao dois, nem o primeiro dia do ciclo lunar ao segundo dia do ciclo lunar. [1069a1] *Contíguo* é o que, sendo consecutivo, também se conecta. E visto que toda mudança é entre opostos, e esses são ou contrários ou contraditórios, uma vez que não há meio entre contraditórias, é claro que é entre os contrários que está o [5] intermediário. E o contínuo é algum contíguo. Chamo de *contínuo* quando vem a ser um e o mesmo o limite pelo qual os contíguos se conectam e são continuados. É claro, portanto, que o contínuo está naqueles dos quais algum um por natureza é gerado por conexão. Que, ademais, contíguo é primeiro, é claro, pois *consecutivo* não implica *ser conectado*, [10] ao passo que este implica *consecutivo*. E se for contínuo, será conectado, mas se for conectado, nem por isso é contínuo. E naqueles em que não há conexão, tampouco há conaturalidade. Por conseguinte, ponto não é idêntico a unidade, visto que aos pontos pertence estarem conectados, ao passo que às unidades não, mas, sim, a sucessão. E dos primeiros há algum intermediário, das últimas, não.

LIVRO Λ (XII)

1

1069a   [1069a18] A presente investigação versa sobre a essência, já que aqui se buscam os princípios e as causas das essências. Com efeito, se a reunião de tudo for considerada algum todo, [20] a essência será a primeira parte. E caso se proceda seguindo uma sucessão, ainda assim a essência virá primeiro, e depois qual, depois quanto. E conjuntamente, se falarmos em sentido absoluto, estes sequer serão, mas constituirão qualidade e movimentos. Caso contrário, não branco e não reto seriam também em sentido absoluto, pois dizemos que esses também são; por exemplo, dizemos *é não branco*. Ademais, nenhuma das predicações restantes é separada.

[25] Testemunham-no inclusive as obras dos antigos estudiosos, que buscavam os princípios, elementos e causas da essência. Os contemporâneos enfatizam a abordagem da essência de uma perspectiva universal. Afinal, os gêneros, que eles – pautando-se por uma investigação de cunho lógico – dizem ser sobretudo princípios e essências, são universais. Já os antigos enfatizavam os singulares, como fogo e terra, e não o que [30] lhes é comum, a saber, *corpo*.

As essências são três. Uma é a sensível e, desta, uma é eterna, a outra corruptível. Acerca desta última, da qual são exemplos as plantas e os animais, todos estão de acordo. Da eterna[95]

---

95. Sigo aqui a edição de I. Bekker, que preserva a expressão "ἡ δ᾽ ἀΐδιος" em 1069a32. Amparando-se em Temístio, Alexandre e Averroes, D. Ross sugere suprimi-la (cf. Aristóteles, 1997, comentário *ad loc.*, p. 350; cf. tb. o comentário de J. Tricot *ad loc.* em Aristóteles, 2000, p. 643, n. 2). Ao adotarmos a leitura de Ross, o trecho todo acomodaria uma versão como: "Acerca desta última, da qual são exemplos as plantas e os animais, todos estão de acordo, sendo necessário apreender seus elementos, sejam um, sejam muitos".

é necessário apreender os elementos, quer seja um, quer sejam muitos. Outra é a imóvel, que alguns sustentam ser separada. Dentre eles, uns a distinguem em duas outras, [35] as espécies e as essências matemáticas, outros colocam essas duas sob uma só natureza, e outros, ainda, admitem somente as essências matemáticas. Aquelas são assunto da [1069b1] Física, pois são com movimento; já a imóvel, se não partilhar com elas nenhum princípio comum, concernirá a outra disciplina. 1069b

A essência sensível é mutável. Ora, se a mudança parte dos opostos ou dos intermediários – não de todos os [5] opostos, afinal, voz não é branca, mas, sim, dos contrários –, é necessário subsistir algo, a saber, o que muda em direção à contrariedade. Pois não são os contrários que mudam.

2

E um dos contrários permanece, o outro não permanece. Por conseguinte, há, além dos contrários, algum terceiro item, que é a matéria. E, se as mudanças são quatro, a saber, segundo o quê, [10] segundo o qual, segundo o quanto e segundo o onde, sendo que a geração e a corrupção em sentido absoluto são segundo o tal, o crescimento e a diminuição são segundo o quanto, a alteração é segundo a afecção e o deslocamento é segundo o lugar, em cada qual desses casos singulares, as mudanças seriam para as contrariedades respectivas.

Necessariamente, o que muda é a matéria que é em possibilidade ambos [15] os contrários. E visto que *ser* tem duas acepções, tudo o que muda muda a partir do que é em possibilidade para o que é em atuação, como por exemplo, de branco em possibilidade para branco em atuação, e igualmente para crescimento e diminuição. Por conseguinte, não apenas é logicamente possível ser gerado por acidente do não ser, mas também é a partir do ser que é gerado tudo o que é gerado, vale dizer, do ser em [20] possibilidade, que é não ser em atuação. O um de Anaxágoras é isso, pois é mais correto do que o "é tudo do mesmo" – e também a mistura de Empédocles e de Anaximandro, coadunando-se com o que disse

Demócrito –, visto que "era tudo do mesmo em possibilidade, não em atuação". De modo que eles todos se remeteriam à matéria.

Tudo o que muda tem matéria, [25] conquanto esta guarde distinções. Dos eternos que são não geráveis, mas movem-se segundo o lugar, a matéria não é gerável, mas vai de algum lugar para algum lugar. E é de se indagar de qual não ser provém a geração, já que *não ser* acomoda três acepções. E provém se algo for em possibilidade, mas não indiferentemente possibilidade do que calhar, pois de possibilidades distintas provêm gerações distintas. E não basta alegar o "toda a diversidade [30] do mesmo", porque essa diversidade difere quanto à matéria, já que, afinal, por que uma infinidade foi gerada ao invés de um só? Pois a inteligência é uma, de sorte que, se também a matéria fosse uma, teria sido gerado em atuação aquilo cuja matéria era em possibilidade.

São três as causas e três os princípios, sendo dois a contrariedade, da qual um dos polos é o enunciado explicativo, isto é, a espécie, e o outro, a privação; o terceiro é a matéria.

3

[35] Feitas essas considerações, convém sublinhar que não são geradas nem a matéria, nem a espécie, quer dizer, os extremos, porque tudo o que muda é algo e muda sob algo e para algo.
1070a [1070a1] Aquilo sob o qual é o primeiro motor; o que muda é a matéria; e aquilo para o qual é a espécie. E se não apenas o bronze fosse gerado esférico, mas fossem também gerados o próprio esférico ou o bronze, então se iria ao infinito. Ora, é necessário parar.

Isso dito, convém também sublinhar que cada [5] essência é gerada de um sinônimo, tanto as essências por natureza quanto as outras. E gera-se ou por técnica, ou por natureza, ou por acaso, ou espontaneamente. Na técnica, o princípio está em outro; na natureza, o princípio está na própria essência (afinal, humano gera humano); e as restantes causas são privações dessas.

As essências são três: a matéria, [10] que é algum tal por ser manifesta – pois tudo que é por conexão, e não por ser conatural, é matéria, isto é, sujeito –; a natureza, que é algum tal e algum comportamento para o qual se tende; e a terceira é a singular, que se constitui dessas, como Sócrates ou Cálias. Em alguns casos, o algum tal não está para além da essência composta, por exemplo, a espécie da casa não está para além da casa, salvo se [15] essa espécie for a técnica. Tampouco há geração e corrupção nesses casos, mas é de outra maneira que são e que não são sem matéria, seja casa, seja saúde, seja tudo o que é por técnica. Se houver algum tal para além das essências compostas, isso sucederá no caso das essências por natureza. Eis por que Platão não foi infeliz ao dizer que as espécies são todas dos que são por natureza, se é que as espécies destes são distintas deles; por exemplo, fogo, carne e cabeça, [20] pois são todos matéria, e da essência é principalmente matéria a final.

As causas motrizes são as que se geram previamente, ao passo que as causas que o são a título de explicações são conjuntamente (pois, quando o homem convalesce, há aí também saúde; e a figura da esfera de bronze é conjuntamente com a esfera de bronze). Já se alguma permanece posteriormente é algo a ser investigado. [25] Em alguns casos, nada impede que permaneça, por exemplo, a alma, se ela tiver essa característica; não toda a alma, mas a inteligência, já que toda a alma é certamente impossível.

É evidente que nada nessas considerações torna forçoso haver ideias. Afinal, humano gera humano, vale dizer, o humano singular gera algum humano; igualmente a respeito das técnicas; a técnica médica, por exemplo, é a explicação da [30] saúde.

4

As causas e os princípios dos que diferem entre si são, em certo sentido, diferentes e, em certo sentido, se falarmos universalmente e segundo analogia, os mesmos para todos. Convém, então, perguntar se são distintos ou os mesmos os princípios e elementos das essências, dos relativos e [35] igualmente de cada qual das predicações.

Ora, é absurdo que sejam os mesmos para todas, pois, então, os relativos e as essências seriam constituídos dos mesmos princípios e elementos. [1070b1] E quais seriam? Afinal, para além da essência e dos outros predicados, nada há que lhes seja comum, e o elemento é anterior àquilo de que é elemento. E nem a essência é elemento dos relativos, nem nenhum deles é elemento da essência. Ademais, como seria logicamente possível que fossem os mesmos os elementos [5] de todas as predicações? Pois não há como os elementos serem idênticos ao que é composto dos elementos, por exemplo, B ou A serem idênticos a BA (e, efetivamente, nenhum dos inteligíveis é elemento, por exemplo, ser ou um, visto que estes pertencem a cada qual, inclusive a cada qual dos compostos) e, portanto, nenhum deles haveria de ser essência nem relativo. E, no entanto, eles necessariamente o são. Por conseguinte, não são os mesmos os elementos [10] de todas as predicações.

Ou quiçá, como dissemos, de certo modo são, de certo modo não; por exemplo, talvez seja o caso dos corpos sensíveis, cuja espécie seria, de certo modo, o quente, ao passo que o frio, diversamente, seria a privação. A matéria seria o que, primeiramente e por si mesmo, seria esses em possibilidade, e a essência seria tanto elas quanto os compostos delas constituídos e dos quais elas são princípios, ou, ainda, caso haja, algum um que se gerar a partir de quente e [15] frio, como carne ou osso. Afinal, o que deles é gerado é necessariamente deles diferente.

Nos corpos sensíveis, portanto, os elementos e princípios são os mesmos, ainda que sejam distintos nos distintos corpos sensíveis. Mas não há como dizer isso a respeito de tudo senão por analogia, tal como se alguém dissesse que os princípios são três, quais sejam, a espécie e sua privação e a matéria, sendo que cada um desses seria distinto com respeito [20] a cada gênero; por exemplo, na cor, branco, preto e superfície; e ar, luz e escuridão, dos quais se constituem dia e noite.

E visto que são causas não apenas as imanentes, mas também as externas, como o motor, é claro que: princípio e elemento são diferentes, sendo, contudo, ambos causas; princípio se divide em externo e interno; e o [25] que figura como motor ou como o que interrompe o movimento é algum princípio e essência. Desse modo, por analogia, os elementos são três, já as causas e princípios são quatro. Ademais, eles se diversificam conforme os diversos casos, sendo também diversa, conforme os diversos casos, a primeira causa enquanto motor. Em saúde, doença e corpo, o motor é a medicina. Em espécie, desordem de certa qualidade e tijolos, o motor é a engenharia. E princípio [30] se divide nesses[96].

E visto que motor, nos casos naturais, é, por exemplo, humano, no caso de humano, e, nos casos que se geram pelo pensamento, é a espécie ou o seu contrário, de certo modo, as causas seriam três, mas, de outro modo, quatro, pois, de certa maneira, a medicina é saúde e, da casa, a espécie é a engenharia. E humano gera humano. E, além dessas, é causa o que, [35] sendo de todos primeiro, move todos.

5

Alguns seres são separados, outros não, sendo essências os primeiros. [1071a1] É por isso que as essências são causas de todos, já que, sem elas, as afecções e os movimentos não seriam. E elas serão certamente alma e corpo ou, ainda, inteligência, tendência e corpo. E chegaremos aos mesmos princípios se adotarmos outro viés, por analogia, como atuação [5] e possibilidade, ainda que também esses sejam diversos nos diversos casos e acomodem acepções diversas. Com efeito, em alguns casos, um mesmo é ora em atuação, ora em possibilidade, como vinho, carne ou humano. Atuação e possibilidade incidem também sobre as causas mencionadas, pois serão em atuação a espécie, se for separada, bem como o que se constituir de espécie e matéria, e também a privação, por exemplo, [10] escuridão ou enfermidade; por seu turno, a matéria é em possibilidade, por ser isso o que tem a possibilidade para tornar-se ambos. Sob outra acepção, em atuação e em possibilidade distinguem-se naqueles cuja matéria não é a mesma, de alguns dos

1071a

---

96. Esta ocorrência de "e princípio se divide nesses" [καὶ εἰς ταῦτα διαιρεῖται ἡ ἀρχή] em 1070b29-30 não é mencionada por Alexandre e não consta em Laurentianus. Ross sugere suprimi-la.

253

quais também a espécie não é a mesma, mas são diversas. Assim, por exemplo, de humano são causa, por um lado, os elementos, a saber, fogo e terra, enquanto matéria, a espécie própria, mas também algo [15] diverso externo, como pai, e, além deste, o sol e o ciclo eclíptico[97], que não são matéria, nem espécie, nem privação, nem de mesma espécie, e, sim, causas motoras.

Deve-se observar que algumas há como enunciar universalmente e outras não. E em todos os casos são primeiros princípios o que em atuação é primeiramente tal e o que o é em possibilidade. Desse modo, não há [20] princípios universais, porque dos singulares o princípio é o singular. Com efeito, humano é princípio de humano universalmente, no entanto ninguém é humano universal; Peleu é princípio de Aquiles, e de ti, o teu pai, e certo B é princípio de certo BA, e B em geral é princípio de BA em sentido absoluto.

Ademais, sendo as espécies princípios das essências, e se as essências sendo diversas, [25] também o serão suas causas e elementos, tal como já dito, as causas e elementos das espécies que não partilham o mesmo gênero – cores, sons, essências, quantidades – serão diversos, a não ser que sejam considerados por analogia. E as causas e elementos dos que são da mesma espécie também serão diversos, não quanto à espécie, mas por serem diversos as causas e os elementos dos singulares. E tua matéria, tua espécie e teu movimento serão diferentes dos meus, conquanto permaneçam idênticos quanto ao enunciado explicativo universal.

Quanto a investigar [30] quais são os princípios ou elementos das essências, bem como dos relativos e das qualidades, se são os mesmos ou diversos, é claro que, visto que cada qual é enunciado sob várias acepções, se essas acepções forem distinguidas, eles não serão idênticos e, sim, distintos. Mas deve-se ressalvar que, sob certos aspectos, permanecem os mesmos para tudo: sob certo aspecto, por analogia, por serem matéria, espécie, privação ou motor; sob outro aspecto, porque as causas das essências são [35] avaliadas causas de tudo, visto que, se forem suprimidas, tudo será suprimido; também é causa de tudo o que é primeiro

---

97. Cf. adiante, 1072a9 e seguintes e capítulo 8.

em enteléquia. Em contrapartida, são causas primeiras distintas os contrários que nem são enunciados enquanto gêneros, nem acolhem várias acepções, assim como também as matérias.

[1071b1] Foi dito, então, quais e quantos são os princípios **1071b** dos sensíveis, bem como de que modo são os mesmos, de que modo são distintos.

6

Dado que as essências eram três, duas das quais naturais, e uma imóvel, é imperioso falar sobre esta, a saber, que é necessário haver alguma [5] essência eterna imóvel. Com efeito, dos seres, as essências são as primeiras e, se todas forem corruptíveis, tudo será corruptível. Mas é impossível que o movimento seja gerado ou corrompido, pois já foi admitido que ele sempre é. Tampouco o tempo, pois não há tal coisa como ser posterior e ser anterior sem haver tempo. Por conseguinte, o movimento é nesse sentido contínuo, tal como também o tempo, [10] pois este é ou idêntico ao movimento ou alguma afecção dele. E o movimento não é contínuo, exceto o deslocamento, mais precisamente, o circular. Ora, se houver motor ou produtor sem que algo atue, não haverá movimento, visto que, ao que tem a possibilidade, é logicamente possível não atuar. Portanto não lograremos nenhuma vantagem se postularmos que a essência é eterna, [15] como fazem os que defendem as espécies, se não lhe for intrínseco algum princípio que encerre a possibilidade de mover. Aliás, nem esta é suficiente, tampouco outra essência além das espécies, visto que, se não atuar, não haverá movimento. E sequer se atuar, mas sua essência for uma possibilidade, pois, então, o movimento não será eterno. Afinal, ao que possivelmente é, é logicamente possível não ser. Portanto, deve [20] haver um princípio tal que sua essência seja atuação. Ademais, essas essências devem ser sem matéria, visto que devem ser eternas, se algo distinto for eterno. Por conseguinte, devem ser em atuação.

Mas, então, uma aporia se ergue, pois parece que tudo o que atua tem a possibilidade, mas nem todo possível atua, de modo que a possibilidade será anterior. [25] Mas, se for assim, nenhum ser seria, já que é logicamente possível ser em possibilidade sem, contudo, ser. Assim, seja pela via dos teólogos, que proclamam que da noite se engendram os seres, seja pela via dos físicos, que defendem "toda a diversidade do mesmo", a mesma impossibilidade resulta. Afinal, como há de ser movido se não houver alguma causa em atuação? Pois não será a matéria [30] a mover a si própria, mas sim a arte de moldá-la: nem o mênstruo, nem a terra, e, sim, o esperma e a semente. Eis por que alguns sustentam que há sempre atuação, como Leucipo e Platão, pois – dizem – sempre há movimento. Mas não dizem o porquê, nem de que qualidade é, nem como, nem a causa. Ora, nada é movido [35] por acaso, mas algo deve sempre pertencer, de maneira que agora se move de tal modo por natureza, e de tal outro ao ser forçado ou se guiar pela inteligência, ou algo outro. E qual movimento é o primeiro? Pois isso faz toda a diferença. No entanto sequer Platão logrou explicar o que por vezes estimou ser o princípio, [1072a1] a saber, o que se move a si próprio. Segundo ele, a alma é posterior e também conjunta com o céu.

1072a

Considerar a possibilidade anterior à atuação é, por um lado, correto, por outro, não. E já se discutiu como se explica isso. Que a [5] atuação é anterior testemunham Anaxágoras (pois a inteligência é atuação), a amizade e a discórdia de Empédocles, bem como os que sustentam sempre haver movimento, como é o caso de Leucipo. Assim, não é que tenha havido caos ou noite por um tempo infinito, mas sim que são sempre os mesmos que ou se sucedem periodicamente, ou de algum outro modo, se a atuação for anterior à possibilidade. E se for sempre um mesmo [10] que segue uma periodicidade, algo deve permanecer sempre, atuando do mesmo modo. Em contrapartida, se é para haver geração e corrupção, é algo distinto que deve sempre atuar, ora de um modo, ora de outro. E será necessário, então, que atue de um modo por si mesmo, de outro modo por outro. Neste último caso, atuará ou por um ulterior, ou pelo primeiro. Ora, é necessário que seja por este, pois este será [15] causa de si mesmo e também do outro. Então a primeira alternativa é melhor, e esta era a causa do ser sempre do mesmo modo, ao passo que a outra do ser diferentemente. E é óbvio que ambas compõem a causa do ser sempre diferentemente.

Assim, portanto, comportam-se os movimentos. Por que, então, outras causas devem ser buscadas?

7

Visto ser logicamente possível que seja tal como descrito e que, se não for assim, a alternativa será que tudo provém da noite, [20] do "todos do mesmo" e do não ser, essas questões afiguram-se resolvidas. Algo, pois, será sempre movido, em um movimento ininterrupto, que, então, é circular. Isso resulta claro não apenas pela explicação, mas também pelo ato, de sorte que o primeiro céu seria eterno. Assim, algo será o que move. E visto que o que é tanto movido quanto motor está no meio, [25] algo será o que move, mas não é movido, sendo eterno, essência e atuação. Por seu turno, o que move dessa maneira é ou objeto da inclinação ou objeto da inteligência, que movem sem serem movidos. E os primeiros dentre esses objetos são idênticos entre si, pois o desejado é o que aparece bom, e o objeto primeiro do querer é o que é bom. Ora, é mais por parecer que nos inclinamos do que por nos inclinarmos que parece, [30] visto que o princípio é a intelecção. E a inteligência é movida pelo inteligível, e a segunda coluna dos pares ordenados é por si mesma inteligível. E nesta, a essência vem primeiro e, novamente, dentre as essências, é primeira a que é simples e em atuação. Ora, *um* e *simples* não são idênticos, pois *um* significa uma medida, ao passo que *simples* significa como ele se comporta. Contudo tanto *bom* quanto [35] *escolhido por si mesmo* estão na mesma coluna. E aí o primeiro é [1072b1] sempre o melhor ou o **1072b** que lhe é análogo.

E por divisão se esclarece que o que é visado situa-se dentre os imóveis. Com efeito, o que é visado é por algo e é algo, e desses, o primeiro é e o segundo não é. E o que é visado move como o que é amado, e o movido[98] move os restantes. Ora, se algo

---

98. Em lugar do "κινούμενον" que lemos em Bekker (Aristóteles, 1831), Parisinus, Vindobonensis e Laurentianus trazem "κινουμένῳ", o que proporcionaria

é movido, é-lhe logicamente possível também [5] comportar-se diferentemente. Desse modo, o eventual primeiro deslocamento será em atuação enquanto é movido, mas, bem por isso, lhe será logicamente possível ser diferentemente segundo o lugar, ainda que não segundo a essência. E visto que há algo que move sendo ele próprio imóvel e sendo em atuação, este não pode ser diferentemente, pois o deslocamento é a primeira dentre as mudanças e, dos deslocamentos, é primeiro o circular. E é esse [10] deslocamento que aquele motor imóvel imprime. Por conseguinte, ele necessariamente é. E graças a essa necessidade, ele opera belamente e, assim, é princípio. E *necessário* tem as seguintes acepções: o que é forçado por contrariar a inclinação; aquilo sem o que não há *bem*; o que não é logicamente possível ser de outro modo, sendo em sentido absoluto.

Céu e natureza dependem de um princípio com tal característica. Seu [15] desempenho equipara-se ao que de mais excelente nós conseguimos por breve tempo, pois é assim sempre, o que para nós é impossível. Sua atuação é o prazer, por isso a vigília, a sensação e a intelecção são maximamente aprazíveis e, graças a elas, o são também as esperanças e as recordações. A intelecção por si mesma ocupa-se do que é por si mesmo excelente. E a máxima intelecção por si mesma ocupa-se do que é maximamente excelente. E a inteligência [20] intelige a si própria conforme partilha do inteligível, pois torna-se inteligível ao apreender, isto é, inteligir, de sorte que inteligência e inteligível resultam idênticos. E o que é passível de apanhar o inteligível, isto é, a essência, é a inteligência, que atua ao tê-lo, de sorte que é aquele, mais do que este, o que a inteligência parece encerrar de divino, sendo a contemplação o que há de mais aprazível e excelente.

Será, pois, admirável se Deus se comportar bem desse modo sempre, [25] assim como nós eventualmente. E quanto mais se comportar bem desse modo, mais admirável será. Ora, é assim que ele se comporta. E a vida lhe pertence, porque a atuação da inteligência é vida e Deus é essa atuação. Ora, a atuação por si mesma

---

"pelo movido" no lugar de "o movido". Esse dativo ensejaria traduzir o trecho por algo como "e pelo movido move os restantes".

de Deus é a vida excelente e eterna. Dizemos, então, que Deus é vivo eterno excelente, de modo que *vida, duração contínua* [30] e *eterno* pertencem a *Deus*, pois Deus é isso.

E não julgam corretamente os que, como os pitagóricos e Espeusipo, concebem que o belíssimo, isto é, o excelente, não estaria no princípio porque, em que pese os princípios sejam causas das plantas e dos animais, seria no que provém dos princípios que residiriam o belo e o finalizado. [35] Pois a semente provém de causas diferentes e anteriores que são finalizadas, e é primeiro não a semente, mas o finalizado. [1073a1] Poderíamos dizer, por 1073a exemplo, que humano é anterior a esperma, não o que é gerado desse esperma, mas outro, do qual esse esperma provém.

Resulta evidente, portanto, a partir do que foi dito, que alguma essência [5] é eterna, imóvel e separada das sensíveis. E foi mostrado também que não é logicamente possível a essa essência ter nenhuma grandeza, mas ela é sem partes e indivisível, pois move-se em um tempo infinito e nada do que é finito tem uma possibilidade infinita. Com efeito, toda grandeza é ou infinita ou finita; ora, pelo já exposto, ela não [10] tem uma grandeza finita, tampouco infinita, porque, em geral, nenhuma grandeza é infinita. Foi mostrado também que é impassível e inalterável, visto que todos os outros movimentos são posteriores ao movimento segundo o lugar.

Esses resultados deixam claro, portanto, por que é desse modo.

8

Se a essência com tal característica é uma só ou mais de uma, [15] e quantas seriam, são questões que não devem ser negligenciadas. Ao contrário, convém inclusive recordar como se pronunciaram[99] outros estudiosos e enfatizar que nada disseram de preciso sobre a quantidade dessas essências. Assim é que a concepção acerca das ideias não traz uma investigação própria desse assunto.

---

99. Lendo, com J. Tricot (Aristóteles, 1991), "ἀποφάνσεις" em lugar de "ἀποφάσεις", como consta na edição de Bekker (Aristóteles, 1831).

Os que sustentam as ideias afirmam que elas são números, mas, a respeito dos números, falam ora [20] como se falassem de infinitos, ora como se falassem dos que são definidos até o dez. E sobre qual seria a causa de uma tal quantidade de números nada dizem que venha acompanhado de demonstração rigorosa. De nossa parte, convém-nos discorrer a partir do que já foi sujeito a exame e devidamente delimitado.

O princípio e o primeiro dentre os seres é imóvel tanto por si mesmo quanto por [25] acidente e imprime o primeiro movimento, que é eterno e um só. E visto ser necessário ao movido que seja movido por algo, ao primeiro motor que seja por si mesmo imóvel, ao movimento eterno que seja por um mover eterno, e um só movimento por um só mover; e visto também que, além do deslocamento absoluto do todo, que dizemos ser promovido [30] pela primeira essência imóvel, vemos outros deslocamentos eternos, que são os dos planetas – pois, no que tange a estes, foi mostrado na *Física* que o corpo em movimento circular é eterno e sem repouso –, resulta necessário também que cada qual desses deslocamentos seja efetuado por uma essência por si mesma eterna e imóvel. Pois a natureza dos astros é eterna, [35] visto ser alguma essência; ademais, o motor é eterno e anterior ao movido, e o que é anterior à essência necessariamente é essência. É, então, evidente, em virtude da causa anteriormente exposta, que é necessário serem tantas também as essências por natureza eternas e imóveis por si mesmas [1073b1] e desprovidas de grandeza. E é evidente, portanto, que são essências e que delas alguma é primeira, e alguma segunda, conforme sua ordem nos deslocamentos dos astros.

1073b

Já a quantidade dos deslocamentos deve ser investigada a partir daquela dentre as ciências matemáticas [5] que for mais adequada à Filosofia, vale dizer, a partir da Astronomia, pois esta tece sua investigação a respeito da essência sensível, mas eterna, ao passo que as outras ciências matemáticas não tecem suas investigações sobre nenhuma essência, como é o caso da ciência dos números e da geometria. Ora, que os deslocamentos são mais numerosos do que os deslocados é evidente até mesmo para os que deram pouca atenção a esse assunto, pois cada [10] astro é movido efetuando mais de um deslocamento. Sobre quantos seriam esses deslocamentos, exporemos agora o que dizem alguns matemáticos, a fim de proporcionar à nossa reflexão subsídios que nos permitam conceber no pensamento algum número definido. No mais, cumpre-nos investigar algumas questões. Quanto ao resto, cabe-nos, ao investigá-lo, também consultar os que já empreenderam essa investigação [15] e, se algo dito aqui parecer contrastar com os diagnósticos dos que se debruçaram sobre o assunto, convém apreciar ambos os pareceres e adotar o que se revelar mais preciso.

Eudoxo dispôs os deslocamentos do Sol e da Lua cada qual em três esferas, das quais a primeira seria a dos astros fixos, a segunda descreveria um percurso [20] que passaria no meio do zodíaco, e a terceira teceria um trajeto inclinado em relação ao zodíaco. Já a Lua se deslocaria em um plano mais inclinado do que o do Sol, e os planetas se deslocariam cada qual segundo quatro esferas, das quais a primeira e a segunda seriam idênticas [25] às duas primeiras supraditas. Pois a esfera dos astros fixos seria a que deslocaria todas elas, e a que estaria sob ela, cujo percurso passaria no meio do zodíaco, seria comum a todas. A terceira esfera de todos os planetas teria os polos no círculo traçado no meio do zodíaco e o deslocamento da quarta esfera seria inclinado [30] em relação ao meio dela. E os polos da terceira esfera seriam exclusivos para cada planeta, salvo para Vênus e Mercúrio, que teriam os mesmos.

Para Calipo, a posição das esferas, isto é, a ordem de suas distâncias, é a mesma que Eudoxo estabeleceu. Já a quantidade delas seria a mesma para Júpiter e [35] Saturno, ao passo que, para o Sol e a Lua, ele julgou ser preciso acrescentar mais duas esferas a fim de explicar as aparências, sendo também preciso acrescentar uma esfera a mais para cada um dos planetas restantes.

Mas para explicar as aparências pela composição de todas, [1074a1] é necessário que, para cada planeta, haja outras esfe- **1074a** ras em número inferior em uma unidade, cujos deslocamentos sejam em sentido contrário e que reconduzam à mesma posição sempre a primeira esfera do astro que estiver logo abaixo, visto que só assim [5] será logicamente possível que o todo proporcione o deslocamento dos planetas. E visto que as esferas em que eles se deslocam seriam, em um caso oito, em outro vinte e cinco, e, destas, as únicas que não carecem deslocar-se em sentido contrário seriam aquelas nas quais se desloca o planeta disposto abaixo de todos os outros, dos dois primeiros planetas, seis esferas se deslocariam em sentido contrário e, [10] dos últimos quatro planetas, dezesseis. E o número total dos deslocamentos, inclusive em sentido contrário, seria cinquenta e cinco. E caso não se acrescente à Lua e ao Sol os movimentos que descrevemos, seriam quarenta e sete esferas ao todo. Seja, pois, esta a quantidade [15] das esferas. Assim sendo, é razoável conceber que tantas seriam também as essências e os princípios imóveis e também os sensíveis[100]. Já sobre o que a esse respeito é necessário, deixemos ao juízo dos mais abalizados.

E se nenhum deslocamento é tal que não esteja coordenado com o deslocamento de um astro, e se, ademais, toda natureza e toda essência impassível e que por [20] si mesma logrou alcançar o sumo bem deve ser considerada um fim, então nenhuma natureza distinta haveria além dessas; antes, seria necessário que seu número correspondesse ao das essências, pois se houvesse outras, elas moveriam enquanto fins do deslocamento. No entanto é impossível haver outros deslocamentos além dos já mencionados, como é razoável conceber [25] a partir da consideração dos deslocados. Com efeito, se tudo o que desloca o faz por natureza em função do deslocado, e todo deslocamento é deslocamento de algum deslocado, nenhum deslocamento seria em vista de si próprio nem de outro deslocamento, mas em vista dos astros. Afinal, se houver deslocamento em vista de deslocamento, e este também precisar ser em função de outro, visto que não há como continuar ao infinito, [30] o fim de todos os deslocamentos será algum dos corpos divinos deslocados no céu. E que o céu é um só é evidente, pois se fossem muitos os céus, assim como são muitos os humanos, o princípio concernente a cada qual seria um só em espécie, porém numericamente muitos. Mas o que é numericamente muitos tem matéria. Com efeito, é um só e o mesmo o enunciado explicativo de muitos casos, [35] como o enunciado explicativo

---

100. D. Ross sugere suprimir "καὶ τὰς αἰσθητὰς" [e também os sensíveis]. Baghdassarian sugere acrescentar a negação "οὐκ" antes de "αἰσθητὰς", o que faculta uma versão como "e os não sensíveis" (cf. Aristóteles, 2019, p. 73, n. 5).

de humano é um só e o mesmo, e Sócrates é um caso só[101]. E o primeiro *que era ser* não tem matéria, pois é enteléquia. Portanto o primeiro motor, sendo imóvel, é um só tanto no enunciado explicativo quanto numericamente. E o respectivo movido o é, então, sempre e continuamente. Por conseguinte, o céu é somente um.

Dos antigos – [1074b1] aliás, dos muito antigos – proveio um legado, transmitido à posteridade sob a feição de mito, de que os deuses seriam essas essências e o divino abraçaria toda a natureza. Já os outros legados foram agregados sob a forma de mitos para persuadir o vulgo e [5] em prol das leis e da conveniência, razão pela qual alguns descreveram os deuses sob a forma humana e à semelhança de outros animais, acrescentando-lhes outras características que acompanham ou são similares às mencionadas. Assim, se alguém se pusesse a separar esses mitos, retendo somente o primeiro, a saber, a convicção de que as primeiras essências seriam deuses, julgaria pronunciar-se sob inspiração [10] divina. E como é plausível que a técnica, bem como a Filosofia, já foram muitas vezes descobertas e desenvolvidas tanto quanto possível, para novamente serem destruídas, ao passo que essas opiniões dos antigos se preservaram como vestígios até os nossos dias, apenas nos são evidentes a opinião pátria e a que nos vem dos nossos primeiros ancestrais.

1074b

9

[15] As questões acerca da inteligência envolvem algumas aporias. Opina-se que ela seria a mais divina das aparências, mas, em que consiste ter tal característica, eis o que encerra alguma dificuldade. Se a inteligência nada inteligir, em que residirá sua venerabilidade? Nesse caso, ela se comportaria como quem está adormecido. Se, em contrapartida, inteligir, porém algo distinto

---

101. A edição de G. Reale (Aristóteles, 2013) traz para a passagem a seguinte versão do texto grego: "εἷς γὰρ λόγος καὶ ὁ αὐτὸς πολλῶν, οἷον ἀνθρώπου, Σωκράτης δὲ [καὶ Καλλίας οὐχ] εἷς". Essa versão proporcionaria a seguinte tradução: "com efeito, é um só e o mesmo o enunciado explicativo de muitos casos, por exemplo, o enunciado explicativo de homem é um só e o mesmo, ao passo que Sócrates e Cálias não são um só e o mesmo".

for mais importante, [20] caso sua essência seja a possibilidade da intelecção, e não a intelecção mesma, à inteligência não seria a essência sumamente boa, já que é por inteligir que *admirável* lhe pertence. Ademais, independentemente de que sua essência seja a mera inteligência ou a intelecção, o que, afinal, essa inteligência inteligeria? Pois ou ela se aplicaria a si própria ou a algo distinto. E se a algo distinto, ou este seria sempre o mesmo conteúdo ou seriam conteúdos diversos. Acaso, então, faz alguma diferença que a inteligência se aplique ao que for belo ou ao que calhar? [25] Ou quiçá seja absurdo pensar sobre alguns conteúdos? Ora, é claro que a inteligência aplica-se ao mais divino e mais admirável, e que não muda, já que, se mudasse, seria para pior. Ademais, uma mudança com essa característica já seria algum movimento.

Em primeiro lugar, então, se a inteligência não for a intelecção, mas a mera possibilidade desta, é razoável que, para ela, a continuidade da intelecção seja penosa. Ademais, é claro [30] que algo distinto da inteligência, a saber, o inteligível, seria mais valoroso do que ela, já que, afinal, o inteligir, bem como a intelecção, pertencem inclusive a quem aplica a inteligência ao pior, de modo que, se isso for algo a ser evitado (pois é melhor não ver algumas coisas do que ver), a intelecção não seria o sumamente bom. Portanto ela se aplicará a si própria se for o que há de mais poderoso, isto é, a intelecção será intelecção da intelecção.

[35] E a ciência, a sensação, a opinião e o pensamento evidenciam-se sempre versar sobre algo respectivamente distinto delas, versando sobre si próprias apenas de maneira secundária. E se inteligir e ser inteligido forem distintos, a qual deles pertencerá o qualificativo *bem*? Afinal, ser para intelecção e ser para inteligido não são idênticos. Ou será que, em [1075a1] alguns casos, a ciência seria o fato? Ou seja, nas ciências produtivas seria a essência, isto é, o *o que era ser*, sem matéria, ao passo que no caso das ciências teoréticas, o fato seria o enunciado explicativo, isto é, a intelecção? Com efeito, se não forem distintos o inteligido e a inteligência, os que não tiverem matéria serão idênticos, isto é, [5] intelecção e inteligido serão uma só coisa.

Resta ainda uma aporia, qual seja, se o inteligido é composto. Se for, a passagem de uma das partes do todo à outra acarretará mudança. Ou será que é indivisível tudo o que não tem matéria e, tal como a inteligência humana (ou a dos compostos) se comporta por algum tempo (pois, aí, o qualificativo *bem* não está nisto ou naquilo, mas, antes, o sumamente bom está em algum todo, sendo dele algo distinto), [10] assim também a intelecção se comportaria em relação a si própria por todo o sempre?

10

Deve-se investigar também de qual das duas maneiras a natureza do todo encerra o bom e o sumamente bom: se como algo separado por si mesmo ou como ordem; ou, ainda, se de ambas as maneiras, tal como um exército. Pois o bem está na ordem, e também o estratego, aliás, sobretudo [15] este, visto que não é o estratego que é em virtude da ordem e, sim, esta que é em virtude dele.

Os aquáticos, os alados, as plantas, todos se coordenam de certo modo, embora não do mesmo modo. E não se comportam de maneira que nenhuma relação haja de um com o outro, mas alguma há. Portanto tudo está coordenado em relação a um só, mas é tal como sucede em uma casa, onde o que compete às pessoas [20] livres realizar é menos as tarefas miúdas, tendo já ordenado todas ou sua maior parte, ao passo que os serviçais e os animais respondem por pouco do que abrange o comum, encarregando-se em grande medida das tarefas miúdas. Tal é o princípio que corresponde respectivamente à natureza de cada qual deles. O que quero dizer é que, para distribuir os papéis, é necessário alcançar a todos, e os subordinados são tais que [25] cooperam em prol do todo.

Não se deve negligenciar as inconsistências ou absurdos que decorrem para os que sustentam teses distintas, nem quais são as que os mais perspicazes defendem, ou as que encerram menos dificuldades. Todos eles haurem tudo a partir dos contrários, mas não explicam corretamente *tudo*, nem *a partir de contrários*, nem como serão [30] constituídos de contrários aqueles aos quais pertencem os contrários, tendo em vista que estes últimos não padecem um sob o outro. Para nós, uma solução razoável para isso é encontrada quando se recorre a algum terceiro termo.

Alguns consideram um dos contrários como matéria, como é o caso dos que fazem o desigual matéria para o igual ou a multiplicidade matéria para a unidade. A resposta para eles tem o mesmo teor, visto que a matéria que é uma só não é contrário de nada. E [35] tudo participaria do ruim, salvo o um, visto que o mal é ele próprio um dos dois elementos.

Outros não consideram o bem e o mal como princípios e, no entanto, em tudo principalmente o bem é princípio. Alguns corretamente consideram o bem como princípio, mas não dizem de que maneira ele seria [1075b1] princípio, se seria enquanto fim, ou enquanto o que pôs em movimento, ou enquanto espécie. Empédocles sustenta uma tese absurda ao fazer da amizade o bom e também princípio, tanto a título de motor – por reunir – quanto a título de matéria – por ser parte da mistura. Com efeito, ainda que decorra ao mesmo [5] ser princípio como matéria e também como motor, nem por isso ser matéria e ser motor serão idênticos. Mas, então, a qual dos dois se associa a amizade? Ademais, é absurdo que a inimizade seja o incorruptível. Ela é por si a natureza do mal. Anaxágoras, por seu turno, considera que o bem é princípio na medida em que é motor, visto que a inteligência move. Contudo move em vista de algo, que é, portanto, distinto, a não ser que seja tal como dissemos, a saber, por exemplo, [10] que a medicina é, de certo modo, a saúde. E é absurdo não conferir contrário ao bem e à inteligência.

Nenhum dos que sustentam os contrários serve-se deles, a não ser que se faça alguma adaptação. E, embora derivem todos os seres dos mesmos princípios, nenhum deles explica por que alguns desses seres são corruptíveis e outros incorruptíveis. Alguns [15] derivam os seres a partir do não ser, outros, para não se verem constrangidos a isso, tornam um só todos os seres. E por que sempre haverá geração e qual é a causa da geração, nenhum explica.

E para os que defendem dois princípios, faz-se necessário haver outro princípio mais fundamental; e para os que defendem as espécies, também resulta necessário haver outro princípio mais fundamental. Afinal, por que participou ou [20] participa? Para os outros, é necessário que algo seja contrário à sabedoria e à ciência mais estimada, ao passo que para nós, não. Com efeito, nada é contrário ao que é primeiro, pois todos os contrários têm matéria e são em possibilidade. E a ignorância que é contrária remete ao seu contrário, ao passo que do que é primeiro nada é contrário. E se não houver outros seres além dos [25] sensíveis, não haverá princípio, nem ordem, nem geração, nem os corpos celestes, mas sempre seria preciso remontar ao princípio do princípio, como estimam os teólogos e os físicos todos. E mesmo se houver espécies ou números, eles de nada serão causa. E ainda que não seja assim, ao menos eles não serão causa do movimento.

E como grandeza e contínuo derivarão do que não é grandeza? Afinal, o número não produz [30] o contínuo, nem enquanto motor, nem enquanto espécie. Mas nenhum dos contrários será exatamente o que produz ou o movente, pois, então, seria logicamente possível não ser. Efetivamente, neles o fazer é posterior à possibilidade. Por conseguinte, os seres não seriam eternos. E, contudo, há seres eternos. É forçoso, portanto, suprimir alguma dessas asserções. E já foi dito de que modo.

E nenhum deles se pronuncia sobre o que confere unidade aos números, ou a [35] alma e corpo, e em geral a espécie e fato. E nem é logicamente possível explaná-lo, a não ser que se diga tal como dizemos: que é enquanto motor que o faz.

Os que sustentam que é primeiro o número matemático e outra essência o sucede, e assim sucessivamente, sendo que cada essência tem um princípio distinto, [1076a1] tornam desconexa **1076a** a essência do todo (já que aí o ser ou não ser de uma essência em nada concorre para outra) e muitos os princípios. Contudo os seres não querem ser mal governados. "E servir a muitos senhores não é um bem; que seja um só o governante"[102].

---

102. Cf. Homero, *Ilíada* II, 204-206.

LIVRO M (XIII)

1

1076a [1076a8] Sobre a essência dos sensíveis, o que ela é já foi dito na *Física* a respeito da matéria, e, na sequência, [10] a respeito da essência em atuação. E visto que a presente investigação averigua se há ou não algo além das essências sensíveis que seja imóvel e eterno e, se houver, o que é, deve-se em primeiro lugar consultar o já dito por outros estudiosos, a fim de evitarmos tanto nos enredar em seus equívocos, caso eles porventura os tenham cometido, quanto nos desapontarmos ao descobrirmos comungada por nós e eles [15] alguma tese que reputávamos inédita. Pois, quem tiver desempenho melhor em alguns assuntos e em outros seu desempenho não for pior, será bem-recebido.

Duas são as opiniões sobre as questões em tela. Alguns dizem que os seres matemáticos, como os números, as linhas e congêneres, bem como as ideias, são essências, e aí alguns distinguem dois [20] gêneros, a saber, o das ideias e o dos números matemáticos, ao passo que outros consideram tratar-se de uma só natureza em ambos os casos. Outros só admitem os seres matemáticos como sendo essências.

Postas estas alternativas, convém primeiro examinar a respeito das essências matemáticas, sem lhes acrescentar nenhuma outra natureza – sem indagar, por exemplo, se são ideias ou não, ou se são princípios [25] e essências dos seres ou não –, mas considerando-as somente enquanto matemáticas, indagar se são ou se não são e, se forem, como são. Depois disso, deve-se empreender uma investigação à parte sobre as ideias elas próprias em sentido absoluto, e na medida de sua pertinência aqui, visto que esse assunto já foi amplamente discutido nos tratados exotéricos. Ademais, a presente discussão deve, [30] em grande medida, ter por escopo a investigação que faremos sobre se as essências e os princípios dos seres são números e ideias. Com efeito, depois de examinar as ideias, restará efetuar essa terceira investigação.

É necessário, então, se efetivamente houver seres matemáticos, ou que sejam nos seres sensíveis, como sustentam alguns, ou que sejam separados dos sensíveis, pois também há quem [35] defenda isso, ou, se nem uma nem outra dessas alternativas, então, ou não haverá seres matemáticos ou eles serão de algum outro modo, de sorte que aí a dificuldade para nós será não a propósito de seu ser, mas de seu modo de ser.

2

Que é impossível aos seres matemáticos existirem nos sensíveis e, conjuntamente, que tal explicação é artificiosa, já foi dito nas discussões sobre os problemas[103], em que se ponderou que é impossível ser dois sólidos conjuntamente, [1076b1] assim como, **1076b** graças ao mesmo argumento, que outras possibilidades e naturezas existiriam nos sensíveis e nenhuma seria separada.

Esses temas foram discutidos precedentemente, mas é oportuno acrescentar que, se não fosse assim, seria evidentemente [5] impossível que qualquer corpo fosse dividido. Pois o corpo é dividido pelo plano, este pela linha e esta pelo ponto, de sorte que, se fosse impossível dividir o ponto, também seria impossível dividir a linha e, se assim fosse, seria impossível dividir o resto. Cumpriria, então, perguntar que diferença haveria entre essas naturezas terem tal característica e não a terem, mas nelas haver naturezas com tal [10] característica. Afinal, decorreria o mesmo resultado, já que, se os sensíveis forem divididos, aqueles pretensos seres matemáticos neles também serão divididos; ou, inversamente, se estes não forem divididos, tampouco os sensíveis serão. No entanto, sequer é possível que naturezas com dita característica sejam separadas, pois, se além dos sólidos sensíveis houver sólidos deles separados que sejam

---

103. Cf. *Metafísica*, B (III), 2, 998a11-14.

distintos e anteriores aos sensíveis, é claro, em virtude do mesmo argumento, que também será necessário [15] haver, além dos planos, outros planos separados, idem no caso dos pontos e das linhas. E se for assim, correlativamente, também haverá, além dos sólidos matemáticos, planos, linhas e pontos distintos e deles separados, visto que os indecomponíveis são anteriores aos compostos. E se os corpos não sensíveis forem [20] anteriores aos sensíveis, pelo mesmo argumento, também os planos eles mesmos por si mesmos serão anteriores aos planos nos sólidos imóveis. Desse modo, aqueles planos e linhas serão distintos dos que são nos sólidos separados, visto que estes são conjuntamente com os sólidos matemáticos, ao passo que aquelas são anteriores a estes. Novamente, [25] então, e ainda em virtude do mesmo argumento, nesses planos haverá linhas às quais outras linhas e pontos deverão ser anteriores. E a estes pontos nas[104] linhas anteriores deverão ser anteriores pontos distintos, aos quais não mais haverá pontos anteriores.

Gera-se, assim, uma profusão absurda, visto que decorre daí que haverá um tipo único de sólido [30] além dos sensíveis, três tipos de planos além dos sensíveis – os que são para além dos sensíveis, os que são nos sólidos matemáticos e os que são para além destes –, quatro tipos de linhas e cinco de pontos. E então será preciso indagar sobre quais deles versarão as ciências matemáticas. Afinal, seguramente, não será sobre os planos, linhas e [35] pontos que estão no sólido imóvel, visto que a ciência sempre versa sobre o que é anterior.

O mesmo argumento estende-se aos números, porque, além de cada tipo de pontos, haverá unidades distintas, bem como além de cada ser, de cada sensível e, na esteira disso, de cada inteligível, de sorte que haverá gêneros de números matemáticos[105].

1077a   Ademais, cumpre indagar como é logicamente [1077a1] possível resolver as questões que abordamos no livro dos

---

104. Lendo com Bekker (Aristóteles, 1831) "ἐν", e não "ἐκ".

105. Nos códices mais recentes e em Alexandre de Afrodísias consta o termo "ἄπειρα": "de sorte que haverá infinitos gêneros de números matemáticos".

problemas[106], visto que os assuntos sobre os quais versa a astronomia igualmente estarão além dos sensíveis, bem como os assuntos sobre os quais versa a geometria. Ora, como é possível haver céu e suas partes, ou o que quer que encerre movimento, para além dos sensíveis? Isso vale também para os [5] assuntos sobre os quais versa a ótica e a harmonia, visto que, então, haverá som e visão além dos sensíveis e dos singulares. Por conseguinte, o mesmo se estende, obviamente, também às outras sensações e aos outros sensíveis. Afinal, por que haveria uns ao invés de outros? E se for assim, também haverá animais além dos sensíveis, se também houver as sensações.

Além disso, visto que certas construções universais para além dessas essências são [10] formuladas pelos matemáticos, haveria alguma outra essência intermediária separada tanto das ideias quanto dos intermediários, a qual não seria nem número, nem ponto, nem grandeza, nem tempo. E se isso for impossível, é claro que também será impossível que esses sejam separados dos sensíveis.

Em geral, decorre o contrário da [15] verdade e do modo de conceber costumeiro quando se supõe que os seres matemáticos são assim, vale dizer, quando se os supõem algumas naturezas separadas, pois de serem tais resulta necessário que sejam em si anteriores às grandezas sensíveis, mas posteriores quanto à verdade. Com efeito, uma grandeza sem fim é anterior quanto à geração, mas posterior quanto à [20] essência, como é o caso do inanimado em relação ao animado.

Ademais, como e quando as grandezas matemáticas serão um? Pois é plausível que as grandezas à nossa volta devam sua unidade à alma, ou a uma parte da alma, ou a algo distinto (caso contrário, seriam muitas e se decomporiam), ao passo que das grandezas matemáticas, visto que são divisíveis, isto é, quantidades, cumpriria indagar: qual seria a causa de serem um, isto é, permanecerem juntas? Suas gerações lançam luz sobre isso, já que primeiro [25] se gera o comprimento, a seguir a largura e, finalmente, a profundidade, alcançando, assim, o fim. Ora, se o

---

106. Cf. *Metafísica* B 2, 997b12-34.

que é posterior quanto à geração for anterior quanto à essência, o corpo será anterior ao plano e ao comprimento, razão pela qual será também finalizado e mais genuinamente um todo, pois é ele que se torna animado. Já a linha ou o plano, como [30] seriam animados? Um tal axioma ultrapassa nossas sensações.

Além disso, o corpo é alguma essência, visto que encerra, de algum modo, o predicado *finalizado*. Já as linhas, como seriam essências? Pois não o seriam enquanto espécie ou alguma forma, como talvez seja, por exemplo, a alma, se tiver essa característica, nem enquanto matéria, como é o caso do corpo, visto que nada parece ter a possibilidade de ser composto de linhas, de planos [35] ou de pontos, ao passo que, se esses fossem alguma essência material, pareceria haver essa possibilidade. Admitamos, então, que eles sejam anteriores quanto

1077b à explicação. [1077b1] Ainda assim, nem tudo que é anterior quanto à explicação é também anterior quanto à essência. Pois são anteriores quanto à essência os que, ao serem separados, prevalecem quanto ao ser, ao passo que são anteriores quanto à explicação aqueles cujas explicações compõem outras explicações. Ora, essas duas anterioridades não pertencem conjuntamente. Com efeito, assumindo que as afecções, [5], por exemplo, algum movido ou branco, não são apartadas das essências, branco será anterior a homem branco quanto à explicação, mas não quanto à essência, porque não é logicamente possível ser separado, mas é sempre conjuntamente com o todo articulado. E chamo *todo articulado* a homem branco. Por conseguinte, é evidente que nem é anterior o [10] que é por subtração, nem é posterior o que é por acréscimo. Afinal, *homem branco* é dito por acréscimo em relação a *branco*.

Resta suficientemente dito que os seres matemáticos não são mais essências do que os corpos, nem são anteriores aos sensíveis quanto ao ser, mas apenas quanto ao enunciado explicativo. E, ainda, que não é possível que sejam de alguma maneira separados. E visto que tampouco [15] é logicamente possível que eles existam nos seres sensíveis, fica evidente que ou não são de jeito nenhum, ou que são, mas de certo modo, isto é, não em sentido absoluto. Afinal, dizemos *ser* sob muitas acepções.

3

Assim como os enunciados universais na matemática versam não sobre seres separados das grandezas e dos números e, sim, a respeito deles, não, porém, [20] enquanto têm por característica serem tais que possuem grandeza ou são divisíveis, é claro que também a respeito das grandezas sensíveis é logicamente possível haver argumentos e demonstrações, não enquanto elas são sensíveis, e sim enquanto são portadoras de certas características. Pois, assim como muitos argumentos são a seu respeito enquanto elas são apenas móveis, tomando isso em separado do que é cada qual dessas grandezas sensíveis, bem como dos seus acidentes, [25] e que nem por isso é necessário que algo móvel exista separado dos sensíveis ou que neles haja alguma natureza móvel demarcada, assim também haverá argumentos e ciências a respeito dos móveis, não enquanto são móveis, mas somente enquanto são corpos, ou somente enquanto são planos, ou somente enquanto comprimentos, ou divisíveis [30] ou indivisíveis mas tendo posição, ou somente enquanto indivisíveis. Por conseguinte, visto que é verdade dizer, em sentido absoluto, que não apenas os separados, mas também os não separados são – por exemplo, é verdadeiro dizer, em sentido absoluto, que os móveis são –, também dos seres matemáticos é verdadeiro dizer que são, em sentido absoluto, e tais quais se diz que são.

Ademais, assim como é verdadeiro dizer em sentido [35] absoluto sobre as outras ciências que cada qual versa não sobre o que é acidental - por exemplo, não sobre branco, caso o saudável seja branco e a ciência verse sobre o saudável –, mas sobre o assunto [1078a1] de que ela trata – se for enquanto saudável, trata de saudável, se for enquanto humano, trata de humano –, assim também se passa com a geometria. Com efeito, se for acidental aos conteúdos de que trata a geometria serem sensíveis, eles serão assuntos, mas não enquanto sensíveis. Não é dos sensíveis que as ciências matemáticas serão ciências, e nem por isso elas versarão sobre [5] seres outros separados deles.

Muitos acidentes pertencem por si mesmos a fatos na medida em que pertencem cada qual aos que têm as características respectivas. Assim, há afecções próprias a animal enquanto fêmea e enquanto macho, em que pese não haja alguma fêmea nem algum macho separados de animal. Desse modo, também há acidentes que pertencem por si mesmos a fatos considerados apenas enquanto comprimentos ou apenas enquanto planos.

E quanto mais versar sobre o que é anterior quanto à [10] explicação e mais simples, mais a ciência será exata (aliás, ser simples é isso), de sorte que o desprovido de grandeza proporcionará uma ciência mais exata do que o que é com grandeza, e o desprovido de movimento proporcionará uma ciência maximamente exata. Já se o assunto for movimento, terá máxima exatidão a ciência do primeiro movimento, por ser este o movimento maximamente simples, que é o movimento uniforme. O mesmo argumento estende-se à harmonia e à ótica (efetivamente, nenhuma destas [15] considera seu assunto enquanto visão ou enquanto som, mas sim enquanto linhas e números, conquanto, certamente, estes sejam afecções apropriadas à harmonia e à ótica), e também à mecânica.

Por conseguinte, se alguém estabelecer os assuntos separando-os de seus acidentes e, então, passar a examinar algo a respeito deles enquanto tais, não se enredará em falsidade por isso. Tampouco se enredará em falsidade quem desenhar no chão uma linha e [20] estipular que ela terá por medida um pé, mesmo que ela não meça um pé, pois não é nessas premissas que reside a falsidade.

A melhor maneira de examinar cada assunto seria supor separado o que não é separável, tal como fazem o aritmético e o geômetra. Com efeito, humano, enquanto humano, é um e indivisível. E o aritmético o estabeleceu um e indivisível e então passou a investigar se algo [25] é acidental a humano enquanto indivisível, ao passo que o geômetra o estabeleceu não enquanto humano nem enquanto indivisível, mas enquanto sólido. Afinal, ainda que ele, em certo sentido, não seja indivisível, é claro que permanece logicamente possível que os acidentes que lhe pertencem sem essa cláusula lhe pertençam enquanto possibilidade. Por isso, os geômetras estão corretos ao afirmarem que também eles discutem acerca dos seres, [30] isto é, que são seres os assuntos sobre os quais versa a geometria. Afinal, *ser* tem duas acepções, a saber, em enteléquia e material.

E visto que *bom* e *belo* são distintos – pois *bom* aplica-se sempre à ação, ao passo que *belo* estende-se também aos imóveis –, os que sustentam que as ciências matemáticas nada dizem acerca do belo ou do bom incorrem em falsidade, visto que é principalmente sobre eles que falam e tecem suas demonstrações. [35] Pois não é porque não os nomeiem, embora demonstrem seus atos e os argumentos respectivos, que não falam deles. Afinal, as mais grandiosas espécies de belo são a [1078b1] ordem, a simetria e o definido, sobre as quais tecem demonstrações, sobretudo, as ciências matemáticas. E visto que eles – quero dizer, por exemplo, a ordem e o definido – parecem ser causas de muitas coisas, é claro que se poderia dizer que uma causa com essa característica, a saber, [5] enquanto belo, em certo sentido também é causa. Sobre isso falaremos de modo mais rigoroso alhures[107].

1078b

4

Sobre os assuntos matemáticos, que eles são e como são, e em que sentido são primeiros e não são primeiros, que as considerações precedentes sirvam de explicação. Já sobre as ideias, deve-se investigar primeiramente a opinião concernente à ideia [10] por ela mesma, sem nos remetermos em nada à natureza dos números, concebendo tal como conceberam no princípio os primeiros a afirmarem haver ideias.

Essa opinião a propósito das ideias foi decorrência de seus defensores terem se persuadido da verdade dos argumentos de Heráclito. Conforme esses argumentos, todos os sensíveis [15] estão em fluxo sempre, de sorte que, se houver ciência de algo, bem como prudência, então deve haver, além das sensíveis, algumas naturezas diferentes que sejam permanentes, visto que do que flui não há ciência.

---

107. Os estudiosos em geral têm dificuldade em encontrar na obra aristotélica a passagem em que essa promessa teria eventualmente sido cumprida. Segundo Tricot (Aristóteles, 1991), nem mesmo o opúsculo περὶ Καλοῦ, mencionado no catálogo de Diógenes Laércio, saldaria a dívida aqui contraída por Aristóteles.

Sócrates se ocupou das virtudes éticas, tendo sido a respeito delas o primeiro a buscar definições universais. Afinal, dentre os físicos, [20] só Demócrito se ateve a isso, mas pouco, e só em certo sentido definiu quente e frio. Antes dele, os pitagóricos detiveram-se em alguns poucos assuntos, cujas explicações eles remetiam a números, como é o caso da explicação que ofereceram para o que é oportuno, o que é justo ou o que é casamento. E é razoável que Sócrates tenha buscado o *o que é*, pois buscava tecer raciocínios, e o princípio dos raciocínios é [25] o *o que é*. Por essa época, a dialética ainda não era consolidada ao ponto de lhe ser possível investigar os contrários separadamente do o que é, bem como se é uma só a ciência dos contrários. Assim, são duas as novidades que se pode com justiça atribuir a Sócrates: os argumentos indutivos e o definir universalmente. E ambas dizem respeito ao princípio da ciência. [30] No entanto, ao passo que Sócrates não considerou os universais nem as definições como separados, os outros separaram e chamaram de ideias os seres com tal característica. Daí que, segundo eles, decorria, graças, de certo modo, ao mesmo argumento, haver ideias de tudo o que fosse dito universalmente, mais ou menos como se alguém que desejasse contar, [35] mas julgasse não ser possível por serem os seres em menor número, tornasse mais numerosos os seres para, então, contar. Isso porque, como se diz, as espécies

1079a seriam mais numerosas do que os sensíveis singulares [1079a1] dos quais eles partiram, ao investigar as causas, chegando a elas. Pois a espécie é algum homônimo singular e para além da essência, e dos restantes, há um por sobre muitos, tanto no caso dos que são tal ou qual, quanto dos eternos.

No que tange aos modos de [5] provar que há espécies, nenhum deles evidencia isso. Em alguns deles não se formula raciocínio necessário e em outros geram-se espécies também daquilo de que os defensores das ideias não estimam haver espécies; dos argumentos dos que partem das ciências resultará haver espécies de tudo quanto houver ciência; segundo a consideração do que é um para muitos, haverá espécies até mesmo das [10] negações; já segundo a consideração de que se intelige mesmo algo já corrompido haverá espécies dos corruptíveis, pois há alguma imagem deles. E até mesmo dentre os argumentos mais exatos, uns produzem ideias de relativos, dos quais os defensores das ideias não sustentam haver gênero por si mesmo, outros culminam na afirmação do terceiro homem.

E em geral, os argumentos em favor das espécies suprimem justo aquilo a que os defensores [15] das espécies se aferram ainda mais do que às ideias, porque deles decorre que a díade não será primeira e, sim, o número, e que o relativo será anterior a ele e ao que é por si. Enfim, deles decorrem todas as consequências que contrariam os próprios princípios dos quais alguns haviam partido ao seguirem as opiniões em favor das espécies.

Ademais, de acordo com a concepção segundo [20] a qual se diz haver ideias, segue-se que haverá espécies não apenas das essências, mas também de muitos outros seres, já que é una não só a noção concernente à essência, mas também a concernente ao que não é essência. Além disso, há ciências não apenas da essência. E decorre uma miríade de outras consequências desse tipo.

E considerando as opiniões a respeito [25] delas à luz da discussão sobre o necessário, se as espécies forem participáveis, será necessário que as ideias sejam apenas das essências, pois não se participará delas por acidente, mas cada qual deve participar da ideia na medida em que ela não for tomada enquanto dita de um sujeito. Por exemplo, se algo participar do dobro ele próprio, também participará do eterno, mas acidentalmente, [30] já que ser para eterno é acidental a dobro. Por conseguinte, as espécies serão essência e significarão essência aqui e no âmbito das ideias. Senão em que consistirá dizer que o um para muitos é algo para além deles? E se a espécie das ideias e dos que delas participam for a mesma, então eles terão algo em comum; com efeito, por que uma só e a mesma [35] díade suprassumiria as díades corruptíveis e as díades que são muitas, mas eternas, ao invés de ser subsumida juntamente com alguma díade? Já se não for a mesma, [1079b1] as ideias e os que delas participam serão homônimos, tal como se alguém chamasse de humano tanto Cálias quanto um pedaço de madeira, nada divisando de comum entre eles.

E se quanto ao mais estabelecermos que as explicações comuns aplicam-se às espécies – por exemplo, [5] a círculo ele próprio aplica-se *figura*, *plano*, bem como as restantes partes da explicação de círculo –, apenas acrescentando o *o*, precisaremos averiguar se esse acréscimo não redundará completamente inócuo; afinal, a que seria acrescentado? A *centro*, a *plano* ou a toda a explicação? Pois todos os termos na essência correspondem a ideias, como *animal* e *bípede*. E claro que é necessário que esse acréscimo [10] seja algo, assim como *plano*, vale dizer, seja alguma natureza imanente enquanto gênero a todas as espécies.

5

De todas as aporias[108], a mais intrigante parece ser qual a serventia das espécies para os seres sensíveis, tanto os eternos quanto os que são gerados e corrompidos. Afinal, elas não são causas de movimento [15] nem mudança nenhuma nestes últimos e nem são de algum auxílio no que concerne aos outros, seja para a ciência deles – visto que não são essências deles, já que, então, estariam neles –, seja para seu ser – visto que não são imanentes aos que delas participam. Se fossem, talvez parecessem ser causas, assim como o branco é causa de ser branco aquilo em que está misturado. [20] Esse argumento, contudo, que já havia sido defendido, primeiro por Anaxágoras, depois por Eudoxo e outros, é muito frágil, pois é fácil erguer várias dificuldades insolúveis contra uma opinião desse tipo.

E que os seres restantes derivam das espécies não se coaduna com nenhum dos modos habituais de se falar. [25] Pois dizer que elas são modelos e que os demais seres participam delas é proferir discursos vãos e metáforas poéticas. Afinal, o que seria "elaborado mirando as ideias"? Ademais, é logicamente possível tanto ser quanto se tornar semelhante a algo qualquer sem ter sido esboçado a partir dele. Por conseguinte, independentemente de haver ou não Sócrates, algo como Sócrates poderia ser gerado; [30] e, obviamente, isso também valeria se Sócrates fosse eterno. E haveria vários modelos – por conseguinte também várias espécies – do mesmo exemplar, por exemplo, de humano, seriam modelos tanto

---

108. O trecho que tem início aqui e se estende até 1080a8 consta também em 991a8-991b9.

animal quanto bípede, e, conjuntamente, também humano ele próprio. E as espécies seriam modelos não apenas dos sensíveis, mas também de si próprias, por exemplo, o gênero, enquanto gênero, [35] seria modelo das respectivas espécies, de sorte que a mesma espécie seria modelo e réplica. Além disso, parece impossível que a essência e aquilo de que é essência sejam separados. [1080a1] **1080a** Por conseguinte, se as ideias são essências dos fatos, de que modo seriam separadas?

Lemos no *Fédon* que as espécies são causas do ser e do gerar-se. No entanto, ainda que haja espécies, os que participam delas não seriam gerados sem o concurso do motor. Além disso, [5] há muitos gerados dos quais não dizemos haver espécies, como casa e dedo. Portanto, é claro que é logicamente possível que também os outros tanto sejam quanto sejam gerados graças a causas como as supraditas e não graças às espécies. Mas acerca das ideias, tanto por esse modo de proceder quanto por [10] procedimentos ainda mais formais e exatos, muitas objeções semelhantes às já contempladas aqui podem ser formuladas.

6

Feitas essas especificações, é de bom alvitre voltar a examinar que consequências decorrem, a respeito dos números, para os que sustentam que eles seriam essências separadas e causas primeiras dos seres. [15] Se número for alguma natureza e sua essência não for algo dele distinto, mas for ele próprio, tal como dizem alguns, será necessário que algum número seja primeiro e algum seja o seguinte, sendo cada qual distinto em espécie. Nesse caso:

Ou essa característica pertence diretamente às unidades e qualquer unidade resulta incomparável com qualquer [20] unidade.

Ou todas são diretamente em sucessão e qualquer uma é comparável com qualquer uma, tal como dizem ser os números matemáticos, já que, no número matemático, as unidades em nada diferem uma da outra.

Ou algumas são comparáveis e outras não; por exemplo, se depois do um vier a díade, e depois a tríade, e assim [25] para o restante, as unidades em cada número seriam comparáveis – por exemplo, as unidades na primeira díade seriam comparáveis entre si, as unidades na primeira tríade seriam comparáveis entre si, idem para os restantes números –, ao passo que as unidades na díade ela própria não seriam comparáveis com as unidades na tríade ela própria, o mesmo valendo para os restantes [30] números sucessivamente. Por isso, ao passo que o número matemático é enumerado com o dois depois do um, ao juntar outro um ao um, e três depois do dois, ao juntar a esse dois outro um, e assim por diante, no caso em tela enumera-se, depois do um, o dois sem o primeiro um, e depois do dois, a tríade sem a díade, e igualmente para [35] o restante.

Ou, então, dentre os números, um tipo é tal como o primeiro descrito, outro é como dizem os matemáticos, e um terceiro é como o descrito por último. Ademais, ou esses números são **[1080b1]** separados dos fatos ou não, mas são nos seres sensíveis (não tal como havíamos observado anteriormente[109], mas como se os seres sensíveis fossem constituídos de números a título de componentes), ou alguns números são nos sensíveis, outros não, ou todos são.

As maneiras [5] segundo as quais é logicamente possível que os números sejam são essas e necessariamente apenas essas. E *grosso modo*, quem sustenta que a unidade é causa, essência e elemento de tudo, e que o número constitui-se dela e de algo distinto, perfilhou alguma dessas maneiras, exceto aquela segundo a qual as unidades são todas incomparáveis. E é razoável [10] que assim decorra, visto não ser logicamente possível outra maneira além das elencadas.

Alguns afirmam que os números são de dois tipos: os que comportam o anterior e o posterior e que seriam ideias, e os números matemáticos, que são para além das ideias e dos seres sensíveis; ambos seriam separados dos sensíveis. Outros afirmam

---

109. Segundo J. Tricot (Aristóteles, 1991), Aristóteles estaria se reportando aqui a M 2, 1076a38 e seguintes.

[15] haver somente o número matemático, que seria o primeiro dos seres e separado dos sensíveis. Os pitagóricos sustentam haver um só tipo, que é o número matemático, só que ele não seria separado, mas, antes, seria a partir dele que as essências seriam constituídas. Eles constroem todo o céu a partir de números, mas não de meras unidades, pois [20] concebem as unidades como dotadas de magnitude, em que pese pareçam ter dificuldade em explicar como se constitui o primeiro um dotado de magnitude. Há quem sustente que é um só o número, que é o primeiro, e concerne às espécies. Já outros sustentam que esse é o número matemático.

O mesmo se estende aos comprimentos, aos planos e aos sólidos. Pois uns [25] sustentam que os seres matemáticos e os seres que estão além das ideias são distintos. E dos que deles divergem, alguns afirmam os seres matemáticos de um ponto de vista matemático. Eles não consideram as ideias como números nem sustentam haver ideias. Outros afirmam haver seres matemáticos, mas não os tomam matematicamente, porque, segundo eles, nem toda grandeza secciona-se em grandezas, nem [30] é de quaisquer que sejam as unidades que a díade se constitui. E todos os que afirmam que a unidade é elemento e princípio dos seres estabelecem que os números são constituídos de meras unidades. Exceto os pitagóricos, que, conforme já dito, sustentam que as unidades têm grandeza.

Assim, quantas são as maneiras segundo as quais é logicamente possível abordar os números, e que todas as maneiras já foram [35] descritas, fica claro a partir daí. Todas elas são impossíveis e, certamente, umas mais do que outras.

7

Deve-se examinar em primeiro lugar se as unidades são comparáveis ou incomparáveis e, caso sejam incomparáveis, de que modo as dividiremos. [1081a1] Um modo é que qualquer uma **1081a** seja incomparável com qualquer uma, outro é que as unidades na díade sejam incomparáveis com as unidades na tríade, e igualmente as unidades em cada número [5] primeiro sejam incomparáveis umas com as outras.

Se todas as unidades forem comparáveis e indiferenciadas, gera-se o número matemático, e somente um. E não será logicamente possível que as ideias sejam os números, já que, afinal, qual número seria humano ele próprio ou animal ele próprio, ou qualquer outra espécie? Pois de cada qual a ideia é uma só – por exemplo, de humano ele próprio [10] é uma só a ideia, e de animal é uma outra ideia –, ao passo que os semelhantes e indiferenciados são infinitos, de sorte que humano ele próprio em nada seria mais este três preciso do que qualquer outro número. E se as ideias não forem números, não haverá como elas serem em geral. Senão de que princípios as ideias serão constituídas? Afinal, o número é constituído do um mais a díade [15] indefinida, que são ditos serem os princípios e elementos do número, não sendo logicamente possível dispor as ideias nem como anteriores aos números, nem como posteriores.

Se as unidades forem incomparáveis e de tal modo que qualquer uma seja incomparável com qualquer uma, então o número respectivo não poderá ser o número matemático, visto que este se constitui de unidades [20] indiferenciadas e as provas a seu respeito convêm ao que tem essa característica. Tampouco poderá ser o número atinente às ideias, pois a primeira díade não será constituída do um mais o dois indefinido, nem na esteira dela os números subsequentes, chamados díade, tríade, tétrade – pois as unidades na primeira díade são geradas conjuntamente, e ou da maneira defendida pelo precursor dessa tese, a saber, a partir de [25] desiguais (pois se gerariam ao serem tornadas iguais), ou de outra maneira. E se uma unidade for anterior a outra, também será anterior à do dois que se constituir delas, visto que quando há algo anterior e algo posterior, também o que se constitui desses é anterior a um e posterior ao outro. E visto que o um ele próprio é primeiro [30] e, a seguir, algum dos restantes será o primeiro um, que, contudo, será segundo depois daquele, e de novo um terceiro um, que será segundo depois do segundo, mas terceiro depois do primeiro, resulta que as unidades seriam anteriores aos números dos quais haurem suas explicações.

Por exemplo, no dois haveria uma terceira unidade antes de haver três, e no três haveria uma quarta [35] e uma quinta antes desses números. Em que pese nenhum deles tenha dito que as unidades sejam incomparáveis desse modo, isso condiz com seus princípios, [1081b1] apesar de ser, na verdade, impossível. Pois **1081b** é razoável que haja unidades anteriores e posteriores se houver uma unidade primeira e um primeiro um, o mesmo valendo para a díade se houver uma primeira díade, visto que, após o primeiro, é razoável e [5] necessário haver algum segundo, e se houver segundo algum terceiro, e assim outros sucessivamente. Já sustentar conjuntamente ambos, a saber, que depois do um haja uma primeira unidade e uma segunda, e também que haja uma primeira díade, eis o que é impossível. Ora, eles estabelecem uma unidade primeira e um primeiro um, mas não um segundo e um terceiro um, e estabelecem uma primeira díade, mas não [10] uma segunda e uma terceira.

É evidente também que, se todas as unidades forem incomparáveis, não será logicamente possível haver uma díade ela mesma, uma tríade ela mesma, e da mesma maneira para os números restantes. Com efeito, pouco importa se as unidades forem indiferenciadas ou se forem diferenciadas uma da outra, é necessário contar o número por acréscimo; por exemplo, o [15] dois pelo acréscimo a um de outro um, e o três pelo acréscimo de outro um ao dois, e igualmente o quatro. Sendo assim, resulta impossível que a geração dos números seja como eles geram a partir da díade e de um, já que a díade é gerada como parte da tríade, e esta como parte da tétrade, [20] e do mesmo modo decorre a respeito dos subsequentes. Mas o quatro foi gerado da primeira díade e da díade indefinida, duas díades além da díade ela própria. Senão, a díade ela própria seria uma parte, à qual se acrescentaria uma díade distinta. E a díade seria gerada do um ele próprio e outro um. [25] Se for assim, não haverá como a díade indefinida ser o outro elemento, visto gerar apenas a unidade e não a díade definida. E além da tríade ela própria e da díade ela própria, como serão outras tríades e outras díades? E como serão compostas a partir das unidades anteriores e posteriores? Tudo isso [30] é fictício e é impossível haver uma primeira díade e, em seguida, a tríade ela própria, embora isso seja necessário se o um e o dois indefinido forem elementos. E se essas decorrências são impossíveis, também é impossível que os princípios sejam esses.

Se as unidades forem diferentes, quaisquer que sejam de quaisquer que sejam, essas impossibilidades necessariamente [35] decorrerão, bem como outras que tais. E mesmo se elas forem entre si diferentes em números distintos, mas indiferenciadas no mesmo número, as dificuldades daí decorrentes não serão menores. [1082a1] Assim, por exemplo, na dezena ela própria há dez unidades, mas ela se compõe tanto destas quanto também de duas pêntades. E visto que a dezena ela própria não é um número tomado a esmo nem consiste de pêntades tomadas a esmo, assim como tampouco de unidades tomadas a esmo, é necessário que as unidades [5] na dezena ela mesma sejam diferenciadas, pois se não forem diferenciadas, tampouco as pêntades das quais se compõe o dez se diferenciarão. Mas, visto que são diferenciadas, então também as unidades diferirão. E se diferirem, acaso haverá apenas essas duas, mas não outras pêntades, no dez, ou também haverá outras? Ora, é absurdo não haver outras. [10] E se houver outras, de que tipo será a dezena que se constitui delas? Pois na dezena não há outra dezena além dela. Ademais, resultaria necessário que o quatro não fosse composto de díades tomadas a esmo, visto que a díade indefinida, como dizem, tomando a díade definida, produziu duas díades, por duplicar [15] o que tomou.

Além disso, como é logicamente possível que a díade seja alguma natureza para além de duas unidades, ou a tríade para além de três unidades? Com efeito, ou é pela participação de uma em outra, tal como homem branco está para além de branco e de homem, visto que participa destes, ou quando uma for alguma diferença da outra, tal como homem [20] está para além de animal e de bípede. Ora, algumas unidades o são por conexão, outras por mistura, outras por posição, e a nenhum desses modos é logicamente possível pertencer às unidades das quais consistem o dois ou o três. Antes, assim como dois homens não constituem uma unidade além de ambos, assim também isso é necessário no caso das unidades. E não é por serem indivisíveis que seriam diferentes, afinal, os [25] pontos também são indivisíveis e, no entanto, a dupla que se constitui deles nada é além dos dois.

Tampouco se deve negligenciar que daí decorre haver díades anteriores e posteriores, o mesmo valendo também para os restantes números. Pois mesmo que as díades no quatro sejam conjuntas uma à outra, elas [30] são anteriores àquelas no oito, isto é, tal como o dois as gerou, elas geraram os quatros que estão no oito. Por conseguinte, se o primeiro dois for uma ideia, também elas serão cada qual alguma ideia. O mesmo argumento estende-se às unidades, já que as unidades no primeiro dois gerarão as quatro unidades no quatro, [35] de sorte que todas as unidades se tornarão ideias, e a ideia se comporá de ideias. Fica claro que também aqueles dos quais elas são ideias serão compostos, como será o caso se alguém disser que os [1082b1] animais são compostos **1082b** de animais se houver ideias destes.

Em geral, tornar as unidades diferentes seja de que modo for é absurdo e fictício, e chamo de fictício algo forçado que se admite para roborar uma hipótese. Pois nem em quantidade, nem em qualidade, [5] vemos uma unidade diferir de uma unidade, e é necessário que o número seja ou igual ou desigual. E isso vale para todo número, mas sobretudo para o que se constitui de meras unidades, de sorte que, se não for nem mais, nem menos, será igual. Ora, nos números, concebemos como idênticos os que forem iguais e totalmente indiferenciados. Caso contrário, tampouco as díades na dezena ela própria [10] serão indiferenciadas, conquanto sejam iguais; senão qual seria a causa para dizer que são indiferenciadas? E se toda unidade que se soma a uma unidade resultar em dois, a unidade que constituir o dois ele próprio e a que constituir o três ele próprio resultarão dois, que, contudo, diferirão entre si. E esse dois, porventura será anterior ou posterior ao três? Mais parece [15] ser necessariamente anterior, já que uma das unidades é conjuntamente com o três, e a outra é conjuntamente com o dois. E nós concebemos que, em geral, um mais um é dois, pouco importa que sejam iguais ou desiguais – por exemplo, bom e mau, homem e cavalo. Já os que sustentam que as unidades são todas diferenciadas não admitem sequer que duas unidades fazem dois. E será [20] surpreendente se o três ele próprio não for um número maior do que o dois ele próprio. E se for maior, é claro que nele algo será igual a dois, o qual será, por conseguinte, indiferenciado do dois ele próprio. Mas isso não será logicamente possível se algum número for primeiro e outro for segundo. E tampouco as ideias serão números.

Estão corretos [25] os que estimam que as unidades serão diferentes entre si, se forem ideias, tal como já dito. Pois a espécie é uma e, se as unidades forem indiferenciadas, também as díades e as tríades serão indiferenciadas. Por isso lhes é necessário afirmar que contar um, dois, não se efetua em se acrescentando ao que já [30] há, visto que, neste caso, nem a geração dos números será a partir da díade indefinida, nem é logicamente possível que sejam ideias, já que nesse caso uma ideia seria intrínseca a outra ideia e todas as espécies redundariam ser partes de uma só. Eis por que se pronunciam corretamente em relação à sua hipótese, mas não se pronunciam corretamente em geral, já que suprimem muita coisa, visto que culminam por dizer que há dúvida [35] se quando contamos, isto é, dizemos um, dois, três, contamos efetuando acréscimos ou acumulando partes. Ora, efetuamos ambos os procedimentos, e por isso é ridículo alçar essa diferença à condição de essência.

8

1083a
[1083a1] Em primeiríssimo lugar, é recomendável especificar qual diferença se aplica a número, bem como a unidade, se houver. É necessário que essa diferença seja ou de quantidade ou de qualidade. No entanto nenhuma dessas alternativas parece logicamente possível, em que pese número, enquanto número, comporte diferença quantitativa. E se [5] também as unidades diferirem quantitativamente, um número diferirá de outro número a ele equivalente no montante de unidades. Então caberia perguntar se as primeiras unidades seriam maiores ou menores, bem como se as unidades posteriores vão aumentando ou o contrário. Ora, tudo isso é absurdo.

Tampouco é logicamente possível que comportem diferença qualitativa, visto que nada [10] lhes pertence como afecção. Afinal, dizem que também no caso dos números a qualidade é posterior à quantidade. E não há como gerar qualidades nos números nem a partir da unidade, nem a partir da díade, visto que a unidade não é qualidade e a díade, por seu turno, é geradora de quantidade, porquanto sua natureza mesma é ser causa da multiplicidade dos seres. E se for de [15] outro modo, isso deve ser explicado já no princípio, e deve-se também tecer as distinções concernentes à unidade, bem como explicar por que isso é necessário. Senão, o que estariam a dizer, afinal?

É evidente, portanto, que se as ideias forem números, nem será logicamente possível que as unidades sejam todas comparáveis, nem que elas sejam incomparáveis umas com as outras de nenhuma [20] maneira. Contudo, tampouco é correto o que outros dizem acerca dos números. Refiro-me àqueles que não consideram haver ideias nem em sentido absoluto, nem como sendo alguns dos números, mas haver objetos matemáticos e que os números seriam os primeiros seres e seu princípio seria o um ele próprio. Afinal, não teria cabimento [25] haver algum um que fosse primeiro dentre os uns, como eles dizem, mas que não houvesse alguma díade primeira das díades, nem alguma tríade primeira das tríades, já que o mesmo argumento vale em todos esses casos. Por conseguinte, se assim for com respeito aos números, caso se suponha haver somente o número matemático, o um não será princípio, pois é necessário que o um com essa característica difira das unidades restantes [30]. E se assim for, será necessário também que alguma díade primeira difira das díades, o que também vale para os números restantes sucessivamente. Já se o um for princípio, será necessário que as coisas se passem, a respeito dos números, tal como disse Platão, e que haja uma díade primeira e uma tríade primeira, e que os números não sejam comparáveis [35] uns com os outros. Mas se alguém insistir em propor isso, já foi dito que muitas consequências impossíveis decorrem. Ora, é necessário que ou seja desse modo ou do outro, de sorte que, se não for de nenhum deles, não será logicamente possível que o número seja separado.

[1083b1] Resulta evidente a partir daí que a terceira alternativa é a pior, a saber, que o número ideal e o número matemático sejam idênticos, pois nesse caso decorreria a uma única doutrina incorrer necessariamente em dois erros. Com efeito, embora não

seja [5] logicamente possível ao número matemático ser desse modo, esses autores, tendo se firmado em hipóteses próprias de um domínio, viram-se na necessidade de estendê-las além dele. Ademais, as mesmas consequências que decorrem para os que afirmam que o número é espécie necessariamente devem ser mantidas também nesse caso.

Quanto à abordagem dos pitagóricos, se por um lado encerra dificuldades menores do que as supraditas, por outro encerra outras dificuldades que lhe são próprias. [10] Pois em que pese considerar os números não separados elimine muitas inconsistências, em contrapartida, é impossível que os corpos sejam compostos de números e que esses números sejam o número matemático, visto não ser verdadeira a afirmação de grandezas insecáveis; e mesmo que houvesse grandezas assim, as [15] unidades permanecem sem grandeza. Ora, como é possível que a grandeza seja composta de indivisíveis? Afinal, o número aritmético é constituído de meras unidades. Os pitagóricos sustentam que os seres são número, ou, ao menos, referem seus teoremas aos corpos sob a alegação de que eles seriam constituídos desses números. Se, portanto, caso [20] o número seja algum dos seres por si mesmo, é necessário que seja conforme alguma das abordagens mencionadas, e visto que nenhuma delas é logicamente possível, fica evidente que não há de número alguma natureza tal qual formulam os que o consideram como separado.

Ademais, acaso cada unidade constitui-se da equiparação do grande e do pequeno, ou uma constitui-se do pequeno e [25] outra do grande? Se for deste último modo, nem será de todos os elementos que cada qual se constituirá, nem as unidades serão indiferenciadas, já que a uma pertence grande, a outra pertence pequeno, e estes são por natureza contrários. E como serão as unidades na tríade ela própria? Pois uma é ímpar. Aliás, é seguramente por isso que fazem do um ele próprio o que está no [30] meio do ímpar. E se cada unidade for constituída da equiparação de ambos, como a díade será alguma natureza una, sendo ela constituída do grande e do pequeno? Ou em que ela diferirá da unidade?

Além disso, a unidade é anterior à díade, visto que, se ela for suprimida, também a díade será suprimida. É então necessário que ela seja ideia de ideia, visto ser anterior [35] à ideia e gerada primeiro. Mas seria gerada a partir de quê? Afinal, a díade indefinida foi admitida duplicadora.

E é necessário que o número seja ou infinito ou finito, pois visto considerarem o número como separado, não há como não lhe pertencer nenhum desses dois predicados. [1084a1] Ora, é claro **1084a** que não é logicamente possível que seja infinito, visto que o infinito não é nem ímpar, nem par, ao passo que a geração dos números é sempre ou geração do número ímpar ou geração do número par. Com efeito, um modo de geração é aplicando o um [5] ao par, assim produzindo o ímpar; outro é aplicando a díade ao um, assim produzindo pares por duplicação; e outro é aplicando ímpares, assim produzindo outro par. Ademais, se toda ideia for de algo e os números forem ideias, também o infinito será ideia de algo, seja dentre os sensíveis, seja de algo distinto. E embora isso não seja logicamente possível nem se adotarmos a tese de que partem, nem como resultado de [10] um argumento, é, contudo, assim que seus defensores formulam as ideias.

E se for finito, irá até quanto? E aqui se deve dizer não apenas que quanto é esse, mas também o porquê. Ora, se o número for até a dezena, como alguns dizem, em primeiro lugar, logo faltarão as espécies. Por exemplo, se a tríade for humano ele próprio, que número será cavalo [15] ele próprio? Afinal, a série de cada número ele próprio irá até dez e cavalo ele próprio deve ser algum dentre eles, visto que eles são essências e ideias. Então faltarão números, pois já as espécies de animal excederão essa cifra.

Conjuntamente a isso, é claro que, se a tríade for humano ele próprio dessa maneira, também as outras tríades serão outros humanos, pois as que constam nos mesmos números são iguais. [20] Desse modo, os humanos eles próprios serão infinitos se cada tríade for ideia e cada humano ele próprio for tríade. Se não for, serão ainda assim infinitos os humanos. E se, no que tange aos montantes de unidades comparáveis no mesmo número, o menor é parte do maior, então, se o quatro ele próprio for ideia de algo, por exemplo, de cavalo ou de branco, então, se humano for a díade, humano será [25] parte de cavalo. E não tem cabimento que haja ideia da dezena, mas não do onze nem dos números seguintes.

289

Ademais, tanto há quanto vêm a ser alguns dos quais não há espécies, donde surge a questão: por que não rejeitar haver espécies também no caso daqueles? Efetivamente, as espécies não são causas. E não tem cabimento se o número que culmina na dezena, [30] sendo algo mais[110] e também espécie da dezena ela própria, não tiver geração, na medida em que é um, mas ela tiver. Os defensores dessa doutrina tentam sustentar que, ao atingir a dezena, alcança-se o número finalizado. Efetivamente, eles geram as noções derivadas, como vazio, proporção, ímpar e outras tais, no interior da dezena, remetendo algumas [35] aos princípios, como movimento e repouso, bem e mal, e outras aos números. É por isso que um é ímpar, pois, se ímpar residisse na tríade, como a pêntade seria ímpar? E também as grandezas, bem como

1084b   todas as noções desse tipo, vão até essa quantidade; [1084b1] por exemplo, a primeira é a linha insecável; em seguida, a que é duas; depois essas grandezas até a dezena.

Além do mais, se número for separado, surgirá a dúvida se a unidade é anterior ou se é a tríade e a díade. Pois, na medida em que o número é composto, a unidade seria anterior, [5] mas visto que o universal e a espécie são primeiros, o anterior seria o número, porque cada unidade é parte do número enquanto matéria, ao passo que este é enquanto espécie. Assim também, de um ponto de vista, o reto é anterior ao agudo, porque este é definido também pela explicação daquele, e de outro é o agudo que é anterior, porque é parte do reto, isto é, o reto divide-se em agudos. Assim, enquanto matéria, o agudo, o elemento e [10] a unidade são anteriores, ao passo que, segundo a espécie e a essência conforme à explicação, são anteriores o reto e o todo constituído de matéria e espécie, visto estar mais próximo da espécie e daquilo cuja explicação reúne ambos, sendo, contudo, posterior quanto à geração.

---

110. Amparando-se em comentadores antigos, Bonitz acrescenta neste trecho a expressão "τὸ ἕν", compondo "μᾶλλόν τι ὂν τὸ ἕν", o que facultaria a seguinte tradução "encerrando a unidade mais ser" em lugar da opção aqui feita por "sendo algo mais". Cf., a respeito, o comentário de D. Ross à passagem (Aristóteles, 1997, p. 449-450). Cf. tb. nota de J. Tricot (Aristóteles, 1991) *ad loc.* em sua tradução.

Como, então, o um será princípio? Dizem que é princípio por não ser divisível. No entanto também são indivisíveis o universal, o parcial [15] e o elemento. Mas o são sob acepções diversas, pois um é quanto à explicação e os outros quanto ao tempo. Sob qual dessas acepções, então, o um será princípio? Afinal, como já discutido, também o reto ao agudo, e este àquele, parecem ser anteriores, e cada qual é um. Ora, eles fazem da unidade princípio em ambas as acepções, o que, contudo, é impossível, pois seria princípio enquanto espécie e essência, por um lado, [20] e enquanto parte e matéria, por outro, visto que cada qual desses é um sob certa acepção. Efetivamente, quanto à verdade, cada qual é um em possibilidade (isto se o número for algum um, não como agregado, mas um número distinto conforme se constitua de unidades distintas, tal como dizem), não em enteléquia. A causa do erro daí decorrente reside em que se punham a inquirir partindo conjuntamente tanto dos assuntos matemáticos [25] quanto das explicações universais. E a partir da perspectiva matemática, estabeleceram o ponto como unidade e princípio, já que, afinal, o ponto é unidade sem posição. Por isso, tal como alguns outros, eles também compuseram os seres a partir do que é minúsculo, o que torna a unidade matéria dos números e, conjuntamente, anterior à díade, mas também posterior a esta, [30] na medida em que a díade é algum todo, é um e espécie. Por outro lado, levados por sua investigação acerca do universal, disseram que também nesse sentido um é predicado como parte de número. No entanto é impossível que esses papéis pertençam conjuntamente ao mesmo sujeito.

E se for preciso que o um ele próprio seja somente o que é sem posição[111] (pois em nada se diferencia, a não ser por ser princípio), e visto que a díade é divisível, ao passo que a unidade não, resulta que a unidade seria mais semelhante [35] ao um ele próprio. E se a unidade é mais semelhante ao um ele próprio,

---

111. Em contraste com diversos autores, T. Calvo Martínez (Aristóteles, 1994), em nota em sua tradução deste trecho, nega ser preciso presumir esta passagem como corrompida. Em sua tradução, G. Reale (Aristóteles, 2013) opta por ler "ἀδιαίρετον" [indivisível] ao invés de "ἄθετον" [sem posição]. Cf., a respeito, o comentário de Ross à passagem (Aristóteles, 1997, p. 454).

então este será mais semelhante à unidade do que à díade. Assim, cada unidade seria anterior à díade. Eles, contudo, não afirmam isso, mas antes, geram a díade primeiro. [1085a1] Ademais, se a díade ela própria for algum um, bem como a tríade ela própria, então ambas comporão uma díade. Ora, nesse caso, do que se constituiria essa díade?

1085a

9

É oportuno indagar também, visto que entre os números não há contato, mas há sucessão, se as unidades das quais não há intermediário – como [5] aquelas na díade ou na tríade – sucedem o um ele próprio ou não, e se é a díade a primeira dos sucessores, ou se o é uma qualquer das suas unidades numéricas.

Essas dificuldades decorrem igualmente para os gêneros posteriores ao de número, a saber, para o de linha, o de plano e o de corpo. Com efeito, alguns há que os formulam a partir das espécies de grande [10] e de pequeno – por exemplo, de longo e curto produzem os comprimentos, de largo e estreito produzem as larguras, e de profundo e raso, as profundidades, sendo essas as espécies do grande e do pequeno. Mas eles divergem uns dos outros quanto ao que estabelecem como o princípio pelo qual os que têm essa característica são um. E é aí que aparece uma miríade de impossibilidades, [15] formulações fictícias e contrárias a toda coerência. Com efeito, decorrerá que esses gêneros serão dissociados um do outro, a não ser que os princípios respectivos se impliquem reciprocamente, de tal maneira que o largo e estreito seja também longo e curto. No entanto, se for assim, também o plano será linha e o sólido será plano. Ademais, como se explicarão os ângulos, as figuras e [20] o que for desse tipo? A mesma consequência decorre para as características concernentes ao número, visto que, embora sejam afecções de grandeza, a grandeza não se constitui delas, tal como tampouco o comprimento se constitui de reto e curvo, nem o sólido de liso e áspero.

Comum a todos esses casos é uma dificuldade que decorre também [25] para as espécies consideradas enquanto gêneros, quando se estabelecem os universais, a saber, se no animal está animal ele próprio ou algo distinto de animal ele próprio, visto que, se animal ele próprio não for separado, nenhuma aporia se produzirá. Mas, se o um e os números forem separados, como afirmam alguns, não será fácil resolver, se é que se pode chamar de não fácil o impossível. Afinal, [30] quando alguém intelige o um na díade e em geral no número, acaso intelige algo que é o próprio um ou outro um?

Assim, alguns geram as grandezas a partir desse tipo de matéria, ao passo que outros a partir do ponto – a seus olhos, o ponto seria não um, mas tal como o um – e de outra matéria que é tal como a multiplicidade, mas não é a multiplicidade. Essa alternativa não decorre estar menos suscetível às mesmas [35] dificuldades, dado que, se é uma só a matéria, então linha, plano e sólido resultarão idênticos, visto que o que provém dos mesmos é um só e o mesmo. [1085b1] E se forem muitas as matérias, isto é, se uma **1085b** for a matéria da linha, outra a matéria do plano e ainda outra a matéria do sólido, ou elas se implicarão reciprocamente ou não. Por conseguinte, também nesse caso as mesmas dificuldades decorrerão, já que, então, ou o plano não conterá linha ou será linha.

E como [5] é logicamente possível que o número se constitua de um e múltiplo, eis o que em nada se esforçam para explicar. Então, como quer que se pronunciem sobre isso, deparam-se com as mesmas dificuldades que decorrem também para os que constituem o número do um e da díade indefinida, porque um desses filósofos gera o número a partir do predicado universal, e não de algum múltiplo, e outro deles gera a partir de algum múltiplo, a saber, o primeiro [10] – afinal, a díade é algum primeiro múltiplo. De sorte que não faz diferença, por assim dizer, mas as mesmas aporias se seguem, pouco importa que apelem à mistura, à posição, à combinação, à geração ou a quaisquer outras tentativas do tipo.

A questão mais intrincada é responder, se cada unidade for una, do que ela deriva, já que cada qual dessas unidades não há de ser o um ele próprio. Será então necessário que se constitua do um ele [15] próprio e do múltiplo ou de parte do múltiplo. Ora, parece impossível que a unidade seja algum múltiplo, visto ser ela indivisível. Por outro lado, ser constituída de parte do múltiplo encerra muitas outras dificuldades, pois então será necessário que cada parte seja indivisível (senão será necessário que ela seja múltipla e a unidade, divisível); e também que o um e [20] o múltiplo não sejam elementos, dado que não é de múltiplo e um que cada unidade se constitui. Quem sustenta isso nada mais faz do que produzir outro número, já que número é múltiplo dos indivisíveis.

Convém investigar também se aos olhos dos que assim se pronunciam o número é infinito ou finito. Ao que parece, havia [25] *múltiplo* ao qual pertencia *finito*, sendo dele e do um que se constituíam as unidades finitas. Efetivamente, múltiplo ele próprio é distinto de múltiplo infinito. Qual será, então, o múltiplo que será elemento com o um? Idem no caso do ponto quando se indaga sobre o elemento do qual constroem as grandezas. Pois visto não ser um único ponto, de que [30] se constituiria cada qual dos outros pontos? Afinal, não seria de algum intervalo e do próprio ponto. E nem seria logicamente possível que as partes do intervalo fossem partes indivisíveis, tal como o são as do múltiplo de que se haurem as unidades, pois, ao passo que o número se compõe de indivisíveis, as grandezas não. Todas essas dificuldades – e também outras [35] do tipo – evidenciam que é impossível que os números e as grandezas sejam separados. Ademais, as divergências entre os modos desses autores abordarem [1086a1] os números são sinais de que, por não serem verdadeiros os próprios fatos que assumem, a confusão culmina por campear entre eles.

Alguns, efetivamente, ao admitirem, para além dos sensíveis, somente os seres matemáticos, e vendo as dificuldades e ficções que cercam as espécies, preteriram o [5] número eidético[112] em favor do matemático. Outros, desejando reter as espécies e também constituir os números, mas sem ver, uma vez estabelecidos esses princípios, como haveria número matemático além do número eidético, tornaram o número eidético e o matemático idênticos quanto ao enunciado explicativo. Contudo, o que em ato resultou disso foi [10] suprimir o número matemático, visto que enunciam suas propriedades, mas não as hipóteses propriamente matemáticas.

---

112. "Eidético" traduz aqui "εἰδητικός", adjetivo cognato de "εἶδος", aqui traduzido por "espécie".

E quem primeiro estabeleceu que há espécies, que as espécies são números e que há seres matemáticos, sensatamente os separou. Assim, decorre que todos estão corretos sob certo ponto de vista, porém não estão corretos em geral. Eles próprios concordam que não dizem a mesma coisa, [15] mas que defendem posições contrárias uns dos outros. A causa disso é que as hipóteses e princípios que adotam são falsos. Ora, é difícil pronunciar-se corretamente quando o ponto de partida não é correto, como sublinha Epicarmo: mal terminou de falar e já mostra não ser correto[113].

Acerca dos números, bastam as dificuldades e as distinções já tecidas, já que aduzir mais argumentos [20] teria o condão de confirmar a persuasão de quem já está persuadido, mas em nada contribuiria para persuadir quem não está persuadido.

Sobre os[114] primeiros princípios e as primeiras causas e elementos, dos estudos que versam a respeito atendo-se somente à essência sensível, alguns foram discutidos na *Física* e outros não concernem à investigação aqui tecida. Já [25] dos que sustentam haver outras essências além das sensíveis, convém examinar o que se segue de suas teses.

Visto que alguns afirmam que as ideias e os números têm essa característica, e que seus elementos são elementos e princípios dos seres, convém examinar a seu respeito o que dizem e como dizem. Os que admitem [30] somente os números, e desses só os matemáticos, serão examinados depois. Quanto aos que sustentam as ideias, conviria examinar conjuntamente de que modo as sustentam e os impasses em que se veem enredados. Esses fazem das ideias essências universais e conjuntamente as tomam como separadas e singulares. Mas que isso não é logicamente possível já foi tratado [35] precedentemente.

A causa pela qual os que afirmam que as essências são universais reúnam essas características em um mesmo conteúdo é que eles não consideram essas essências idênticas aos sensíveis. Eles julgavam que, no âmbito dos sensíveis, os singulares fluíam

---

113. Epicarmo, Fragmento 14 (Diels, 1960, vol. I, p. 201).

114. Alguns autores sugerem a pertinência de se iniciar aqui o Livro N. Cf., a respeito, Reale *ad loc.* (Aristóteles, 2013).

1086b [1086b1] e nada deles permanecia, ao passo que o universal seria algo distinto e deles apartado. E, como já dissemos antes[115], isso motivou Sócrates a proceder valendo-se de definições, sem, contudo, separá-las dos singulares, mas inteligindo-as, corretamente, como [5] não separadas. Isso fica claro a partir do que em ato deriva dessas teses, pois sem universal não há como adquirir ciência, e é a separação a causa das dificuldades decorrentes acerca das ideias. Outros consideram que, se houver essências além das sensíveis, isto é, das que estão em fluxo, então será necessário que elas sejam separadas. E na falta de outras, [10] propuseram serem elas as essências ditas universais, donde decorre que as essências universais e as singulares seriam quase que naturezas idênticas. E esta seria por si só uma dificuldade das doutrinas mencionadas.

10

Tratemos agora de uma aporia que se ergue tanto para os que sustentam as ideias quanto para os que não as sustentam. Ela já foi discutida anteriormente, quando as aporias foram abordadas[116]. Afinal, se não se estabelecer que as essências são separadas, e separadas da maneira como se diz que os seres singulares são separados, a essência, tal como queremos descrevê-la, será suprimida. E se for estabelecido que as essências são separáveis, [20] como se há de estabelecer seus elementos e princípios?

Se for estabelecido que são singulares e não universais, os seres serão tantos quantos são os elementos, e os elementos não serão conhecidos cientificamente. Pois suponhamos que as sílabas na fala sejam essências e as letras nelas sejam elementos das essências. Necessariamente, *BA* será uma só, vale dizer, cada [25] sílaba será uma só, se elas não forem universais e idênticas em espécie, mas cada qual for uma numericamente, isto é, algum tal e não homônima. E os que sustentam que as essências são

---

115. Aristóteles pode estar aludindo a *Metafísica A* 6, 987b1-6 ou a *M* 4, 1078b17-30. Cf., a respeito, Tricot *ad loc.* (Aristóteles, 1991), Reale *ad loc.* (Aristóteles, 2013) e Calvo *ad loc.* (Aristóteles, 1994).

116. Cf. *Metafísica B* 4, 999b24-1000a4 e *B* 6, 1003a5-17.

singulares estabelecem também que cada ser ele próprio é único. Ora, se as sílabas forem assim, também assim serão as letras de que elas se constituem. Por conseguinte, não haverá mais de um A, e igualmente no caso das outras sílabas, conforme o mesmo argumento [30] segundo o qual uma sílaba não pode ser a mesma que outra. Contudo, se for desse modo, não haverá outros seres além dos elementos, e sim somente os elementos. E os elementos não serão cientificamente conhecidos, visto que não são universais e a ciência é do universal. Isso fica claro a partir das demonstrações e das definições, pois não se efetua raciocínio [35] concluindo que tal triângulo tem a soma dos ângulos internos igual a dois retos a não ser que todo triângulo tenha a soma dos ângulos internos igual a dois retos, nem que este homem determinado é animal, a não ser que todo homem seja animal.

Em contrapartida, se os princípios forem universais, ou também as [1087a1] essências que se constituem deles forem universais, não essências serão anteriores a essências[117]. Afinal, o universal não é essência, e o elemento e o princípio são universais e são anteriores àqueles dos quais eles são princípio e elemento. Tudo isso decorre consistentemente [5] quando se derivam as ideias dos elementos e se estima haver algo uno e separado além das essências e ideias[118] que têm a mesma espécie. E se nada impedir de ser como no caso das letras na fala, em que há muitos A e muitos B, nada havendo que seja, além desses muitos, o A ele próprio ou o B ele próprio, serão [10] infinitas, em vista disso, as sílabas iguais.

1087a

Por outro lado, toda ciência ser do universal, de sorte a ser necessário que também os princípios dos seres sejam universais e não essências separadas, encerra a mais intrincada das aporias aqui discutidas. Isso, porém, de certo modo é verdadeiro, mas de

---

117. Na esteira de D. Ross (Aristóteles, 1997), diversos estudiosos adotam uma ocorrência da conjunção "ἤ" aqui, o que facultaria a seguinte versão: "Em contrapartida, se os princípios forem universais, ou também as essências que se constituem desses serão universais, ou não essências serão anteriores a essências". Ross ampara-se na interpretação de Syrianus, que entenderia o trecho iniciado por "ἤ καὶ" [ou também] em 1086b37 como uma apódose, sugerindo, então, subentendida a conjunção inserida por Ross. (Aristóteles, 1997, p. 464-465).

118. Bonitz (1849, p. 568-569) sugere suprimir o trecho "e ideias".

certo modo, não, [15] já que a ciência, bem como o conhecer cientificamente, acomodam duas acepções, a saber, em possibilidade e em atuação. Assim, sendo a possibilidade, enquanto matéria, do[119] universal e indefinida, será também do universal e indefinido, ao passo que a atuação, sendo definida, também será do definido; nesse caso, será algum tal de algum tal. Não obstante, a vista vê por acidente a cor universal, [20] porque a tal cor que ela vê é cor, e o que o gramático examina, vale dizer, tal A, é A. E se for necessário que os princípios sejam universais, será necessário que o que deriva deles também seja universal, tal como sucede nas demonstrações. E se assim for, nada será separado nem essência. Mesmo assim, é claro que, em certo sentido, a ciência é universal, embora em [25] outro não.

---

119. Seguindo Bonitz (Aristóteles, 1966), Ross (Aristóteles, 1997) sugere suprimir esta ocorrência de "τοῦ", o que proporciona uma versão como "Assim, sendo a ciência em possibilidade, enquanto matéria, universal e indefinida, será também do universal e indefinido".

LIVRO N (XIV)

1

[1087a29] Que o já dito baste no que tange a esse tipo de **1087a** essência.

Todos [30] elegem contrários como princípios, tanto no caso dos assuntos naturais quanto, igualmente, acerca das essências imóveis. E se não for logicamente possível que algo seja anterior ao princípio de todos os seres, será impossível que o princípio seja princípio sendo algo distinto; por exemplo, se alguém dissesse que branco seria princípio não enquanto algo distinto, mas enquanto branco, sendo, contudo, [35] atinente a um sujeito. Nesse caso, seria branco sendo algo distinto, visto que, então, esse sujeito seria anterior. No entanto, todo gerado o é a partir de contrários enquanto atinentes a algum sujeito e, portanto, necessariamente, é fundamental aos contrários [1087b1] pertencerem a esse sujeito. **1087b** Portanto, os contrários sempre se referem a um sujeito e nenhum é separado. E nada é contrário à essência – como é evidente e a própria argumentação testemunha. Assim, o princípio fundamental de tudo não é nenhum dos contrários, mas é distinto.

Alguns consideram um dos contrários [5] a matéria, uns correlacionando ao um – ao igual – o desigual, considerando ser ele a natureza da multiplicidade, e outros correlacionando a multiplicidade ao um. Com efeito, para uns, os números são gerados a partir da díade do desigual – do grande e do pequeno –, e para outros a partir da multiplicidade; em ambas as abordagens, é pela essência do um que os números são gerados. E quem afirma que desigual e um [10] são os elementos, e que desigual é a díade de grande e pequeno, afirma como sendo um só o desigual, o grande e o pequeno, mas sem especificar que são um só quanto ao enunciado explicativo, não numericamente. Aliás, eles sequer explicam satisfatoriamente os princípios que chamam de elementos; uns dizem que esses seriam o grande e o pequeno, junto com o um, e que esses três [15] seriam elementos dos números, sendo os dois primeiros a matéria e o um, a forma; outros dizem que seria o muito e pouco, já que grande e pequeno seriam mais adequados à natureza das grandezas; outros, ainda, dizem que o princípio é o universal que suprassume a estes, a saber, o excedente e o excedido.

Pode-se dizer que essas abordagens em nada diferem quanto a alguns resultados delas decorrentes, mas [20] apenas com respeito às dificuldades de cunho discursivo que logram evitar graças às demonstrações também de cunho discursivo que seus defensores aduzem. Estes não escapam, porém, da dificuldade de que o mesmo argumento do qual se depreende que excedente e excedido são princípios, mas não grande e pequeno, também acarreta que o número é obtido a partir dos elementos anteriormente à díade, porque, em ambos os casos, os primeiros são [25] mais universais do que os últimos. No entanto eles aquiescem a uma dessas consequências, mas não à outra.

Alguns contrapõem o distinto e o outro ao um; outros, ainda, contrapõem multiplicidade e um. E se, tal como querem, os seres derivarem de contrários e ou nada for contrário ao um, ou, se houver contrário, for a multiplicidade, já que o desigual é contrário ao igual, o distinto ao [30] idêntico, e o outro ao mesmo, a opinião dos que contrapõem um a multiplicidade terá mais fôlego, mas não o bastante, pois, nesse caso, um será pouco, visto que multiplicidade se opõe a pouquidade, e muito a pouco.

E que *um* significa medida é evidente. E em cada caso o sujeito é algo distinto; por exemplo, na [35] harmonia, o semitom; na grandeza, a polegada, o palmo, ou algo do tipo; no ritmo, o pé ou a sílaba. E também na gravidade há algum peso definido, e do mesmo modo em todos os casos, [1088a1] vale dizer, nas qualidades algum qual, nas quantidades, algum quanto.

E a medida é indivisível, sendo que um tipo de medida é indivisível em espécie, outro relativamente à sensação, de modo que o um não é alguma essência por si mesmo. E isso condiz com a explicação de *um*, pois *um* significa que é medida [5] de alguma multiplicidade, e *número* significa que é multiplicidade medida, isto é, multiplicidade de medidas. Eis por que é razoável que o um não seja número, porque tampouco a medida é medidas, mas, antes, medida e um são princípios.

Em todos os casos, a medida deve ser algo que permanece sempre o mesmo; por exemplo, se o assunto for cavalos, a medida será cavalo, e se for humanos, humano. [10] E se for humano, cavalo e Deus, a medida será talvez animado, e o número deles se expressará em animados. E se for humano, branco e caminhante, o número deles será mínimo, em virtude de todos pertencerem ao mesmo, isto é, ao que é numericamente um; correlativamente, o número dos gêneros será o número deles ou de alguma outra designação desse tipo.

[15] Os que sustentam que o desigual seja algum um, fazendo a díade indefinida a partir do grande e do pequeno, afastam-se demasiado das aparências e das possibilidades, pois eles são afecções e acidentes, antes que sujeitos para os números e para as grandezas, sendo o muito e pouco afecção ou acidente de número, e grande e pequeno de grandeza, tal como [20] par e ímpar, liso e áspero, reto e curvo. Acrescente-se a esse erro que grande e pequeno, bem como todos desse tipo, são necessariamente relativos, e dentre todas as predicações, o relativo é alguma natureza ou essência mínima, posterior ao qual e ao quanto. E, como já dito, o [25] relativo é não matéria, mas alguma afecção do quanto, visto que é algo distinto que é relativo, tanto no todo comungado quanto nas partes deste e suas espécies. Pois nada é grande ou pequeno, muito ou pouco, ou, em geral, relativo a algo, a não ser que seja algo distinto sendo ou muito ou pouco, ou grande ou pequeno, ou relativo a algo.

Sinal de que o relativo é alguma essência [30] mínima, isto é, algum ser mínimo, é que não há geração nem corrupção, nem movimento exclusivamente dele, tal como há, segundo a quantidade, crescimento e diminuição; segundo a qualidade, alteração; segundo o lugar, deslocamento; e segundo essência em sentido absoluto, a geração e a corrupção. O relativo não é como eles, já que, mesmo sem ter se movido, ele será ora maior, ora [35] menor ou igual, caso seu correlativo tenha se movido 1088b segundo a quantidade. [1088b1] Ademais, é necessário que a matéria de cada qual – por conseguinte, inclusive a matéria da essência – seja em possibilidade do tipo respectivo. Ora, o relativo não é essência nem em possibilidade, nem em atuação e não tem cabimento, aliás, é impossível, fazer da não essência um elemento da essência e anterior a ela, visto que todas as predicações são posteriores à essência.

Além disso, os [5] elementos não são predicados daquilo de que são elementos, mas *muito* e *pouco*, seja separados, seja conjuntamente, são predicados de número; *longo* e *curto* de linha, e *largo* e *estreito* de plano. E se houver algum múltiplo do qual *pouco* seja sempre predicado, por exemplo, a díade (afinal, se esta fosse muito, o um seria pouco), [10] também haverá algum múltiplo do qual *muito* se predicaria em sentido absoluto – por exemplo, a dezena seria muito se não houvesse montante maior do que ela, ou quiçá a dezena de milhar. Sendo assim, como, então, o número seria derivado de pouco e de muito? Afinal, nesse caso, ou se deveria predicar ambos ou nenhum. E, no entanto, é só um deles que se predica.

2

Deve-se investigar se é possível, em sentido absoluto, que os seres eternos [15] sejam constituídos de elementos. Neste caso, eles teriam matéria, visto que tudo o que se constitui de elementos é composto. Ora, se é necessário que aquilo a partir do que algo é (pouco importa se é sempre ou se foi gerado) também seja aquilo a partir do que ele se gera, sendo que tudo o que é gerado o é a partir do que em possibilidade é esse gerado – afinal, a partir do impossível não se é nem se é gerado –, e que ao possível é logicamente possível tanto se atualizar [20] quanto não; e se, ademais, ao número ou ao que quer que tenha matéria, mesmo que dure por todo o sempre, é logicamente possível também não ser, nisso sendo tal como o que dura um dia ou um punhado de anos; se for assim, também será logicamente possível não ser ao que dura um tempo tão longo que não tem limite. Este não seria eterno, visto que ao eterno não é logicamente possível não ser, conforme nos decorreu discorrer [25] alhures[120]. Se o já discutido é universalmente verdadeiro, a saber, que nenhuma essência é eterna a não ser que seja em atuação, e que os elementos são matéria da essência, então nenhuma essência eterna se constitui de elementos componentes.

Alguns pretendem que a díade indefinida, juntamente com o um, seja elemento, mas sensatamente relutam em aceitar o [30] desigual, em virtude das inconsistências daí decorrentes. Mesmo assim eles conseguem eliminar apenas as dificuldades que decorrem necessariamente de se pretender que o desigual e o relativo, sejam elementos. Todas as dificuldades que independem dessa opinião permanecem necessariamente pertencentes às convicções tanto dos que pretendem que seja elemento do número eidético, [35] quanto dos que pretendem que seja elemento do número matemático.

São diversas as causas do erro acerca dessas causas, [1089a1] **1089a** dentre as quais a principal é encarar a dificuldade à maneira dos antigos. Pois pareceu-lhes que todos os seres seriam um, que seria o ser ele próprio, a não ser que fosse dada uma solução que desmontasse o argumento de Parmênides segundo o qual "nunca se logrará fazer com que seja não sendo"[121]. [5] Nesse caso, seria necessário mostrar que o não ser é, pois, assim, se forem muitos os seres, eles seriam a partir de ser mais algo distinto.

Em primeiro lugar, então, se *ser* acomoda muitas acepções – dado que sob uma significa essência, sob outra, qualidade, sob outra, quantidade, e assim também com respeito às outras predicações –, sob qual acepção os seres hão de ser um, se [10] o não ser não for? Acaso as essências significariam algum um, ou igualmente também as afecções e as restantes predicações? Ou quiçá todas, ou seja, o tal, o de tal qualidade, o de tal quantidade, bem como todas as restantes predicações? Ora, isso não tem cabimento, aliás,

---

120. Segundo Ross (Aristóteles, 1997) em comentário *ad loc.*, Aristóteles estaria aludindo aqui seja ao *de Caelo* I, 12, conforme já sublinhado por Alexandre de Afrodísias, seja a *Metafísica* θ, 8, 1050b6 sqq.

121. Parmênides, Fragmento 7 (Diels, 1960, vol. I, p. 234).

é impossível que uma única natureza tenha sido alguma causa pela qual, do que é, um seja tal, outro de tal qualidade, outro de [15] tal quantidade, outro onde.

Ademais, de qual não ser e de qual ser proviriam os seres? Afinal, também *não ser* tem muitas acepções, visto que *ser* tem muitas acepções: *não ser humano* significa não ser determinado tal, *não ser reto* significa não ser de determinada qualidade, *não ser de três côvados* significa não ser de determinada quantidade. De qual ser e de qual não ser, então, os seres resultarão muitos?

[20] E há quem pretenda[122] dizer ser o falso essa natureza que seria o não ser, a partir do qual e do ser os seres resultariam muitos. E por isso disse que é preciso assumir como hipótese algo falso, tal como os geômetras assumem a título de hipótese como medindo uma polegada o que não mede uma polegada. Ora, é impossível que seja assim, pois nem os geômetras assumem nada falso como hipótese (pois isso não opera como [25] premissa em seu raciocínio), nem é a partir do que é não ser desse modo que os seres são gerados ou destruídos. Mas visto que *não ser* é dito conforme os casos, sob tantas acepções quantas são as predicações, e que, além disso, é dito como falso o não ser e o em possibilidade, a geração é a partir deste último, isto é, a partir do não humano em possibilidade humano, [30] gera-se humano e, a partir do não branco em possibilidade branco, gera-se branco; é assim tanto se o gerado for um só quanto se for muitos.

E parece que a investigação que empreendem para explicar como o ser é muitos considera *ser* dito segundo a essência, visto que os gerados são números, comprimentos e corpos. No entanto não tem cabimento investigar como o ser é muitos no que tange ao o que é, [35] mas não no que tange às qualidades ou às quantidades. Afinal, a díade indefinida não é causa, tampouco o grande e o pequeno, de haver dois brancos ou de serem muitas [1089b1] as cores, ou sabores, ou figuras, senão esses também seriam números e unidades. E se tivessem se debruçado sobre essa questão, teriam visto a causa também no caso desses, visto que é a mesma

---

122. Reale (Aristóteles, 2013), em nota *ad. loc.*, remete aqui a Platão, *Sofista*, 237a e seguintes.

ou causa análoga. Esse erro é causa também do seguinte: [5] ao buscar o oposto do ser e do um, a partir do qual se constituiriam, juntamente com eles, os seres, assumiram como hipótese o relativo e o desigual, que, contudo, não são contrários nem negações daqueles, mas sim uma natureza de seres, tal como o o que é e a qualidade. Também deveriam investigar como o relativo é muitos, ao invés de um só. Eles até investigam como há muitas unidades [10] além do primeiro um, mas não como há desiguais além do desigual. E empregam grande, pequeno, muito, pouco, dos quais afirmam constituírem-se os números, longo e curto, dos quais afirmam constituir-se o comprimento, largo e estreito, dos quais o plano, raso e fundo, dos quais a profundidade. E afirmam haver ainda mais espécies de relativo, [15] ante o que conviria indagar qual seria a causa dessas espécies serem muitas.

Então, como já dissemos, é necessário assumir como hipótese, em cada caso, o ser em possibilidade. Quem professa as teses expostas anteriormente propalou que o que em possibilidade é tal, isto é, essência, sem ser por si mesmo, é o relativo; redundaria no mesmo se houvesse dito ser a qualidade, que nem é em possibilidade um ou ser, nem é negação do um, nem [20] do ser, mas é um dos seres. Muito mais relevante teria sido, como já sublinhado, se tivesse investigado como são muitos os seres investigando não os seres na mesma predicação, quer dizer, não como são muitas as essências, como são muitas as qualidades, mas, sim, como são muitos os seres. Com efeito, uns são essências, outros afecções, outros relativos.

Quanto às restantes predicações, ergue-se ainda [25] outra dificuldade, dirigida a como seriam muitas, pois, por não serem separadas, em virtude de o sujeito tornar-se e ser muitos, também elas resultam ser muitas qualidades e quantidades. Ademais, é preciso que em cada gênero haja alguma matéria, com a ressalva de que é impossível que seja separada das essências. Já sobre o algum tal, há alguma discussão sobre como ele será muitos [30] se não for algo que seja algum tal e também alguma natureza como aquela (essa aporia deriva daquela concernente a como as essências em atuação são muitas e não uma só). Mas se o tal e o quanto não forem idênticos, não se explica como e por que os seres serão muitos, mas apenas como são muitos os quantos, já que todo número significa algum quanto, [35] inclusive a unidade, a não ser que esta seja medida, isto é, seja o indivisível segundo a quantidade. Portanto, se o quanto e o *o que é* forem distintos, não se explica do que deriva o *o que é*, nem como é muitos. [1090a1] E a quem sustentar que são idênticos, muitas contrariedades surgirão.

1090a

Alguém bem poderia pôr-se a investigar sobre os números, em que se baseia a convicção de que existem. A quem sustenta as ideias, há alguma causa para [5] serem, se, afinal, cada número for alguma ideia e a ideia, por seu turno, for, de alguma maneira, causa do ser para os restantes seres (seja-lhes feita essa concessão). A quem não considera assim, mas – por ver as dificuldades que a doutrina das ideias encerra e em face delas – propõe não números, mas o número [10] matemático, cumpriria indagar de onde extrai ser preciso crer que haja esse tipo de número e em que ele seria útil para o resto. Afinal, nem quem sustenta isso diz que ele é número de algo, mas apenas que é alguma natureza por si mesma, nem ele se evidencia ser causa, já que os teoremas dos aritméticos pertencerão todos também aos [15] sensíveis, tal como já dito[123].

3

Os que sustentam haver ideias e que elas são números, ao considerar, mediante exposição, cada qual apartada dos muitos sob ela, ao menos tentam explicar de alguma maneira por que cada ideia é algum um. No entanto, visto que essas explicações não são necessárias nem possíveis, [20] tampouco com base nelas que se deve dizer que há número. Já os pitagóricos, ao verem que muitas afecções dos números pertencem aos corpos sensíveis, fizeram os seres serem números, não números separados e, sim, os seres serem constituídos de números. E por quê? Porque as afecções dos números pertenceriam à harmonia, ao [25] céu, bem como a muitos outros seres.

---

123. Cf. *Metafísica* XIII 3, esp. 1077b17-22.

Aos que sustentam que o único número que haveria seria o matemático não é logicamente possível, em virtude de suas próprias hipóteses, dizerem nada assim. Limitaram-se a dizer que, senão, não haveria ciência deles. De nossa parte sustentamos que há, conforme já dissemos precedentemente. Ora, é claro que os números matemáticos não são separados, visto que, se [30] fossem, suas afecções não pertenceriam aos corpos. Desse ponto de vista, então, os pitagóricos não são passíveis de objeção. Em contrapartida, ao fazerem os corpos naturais a partir dos números, ou seja, ao fazerem o que tem gravidade e leveza a partir do que não tem gravidade nem leveza, parecem falar acerca de outro céu e outros corpos, e [35] não dos sensíveis.

Os que consideram o número separado sob a ponderação de que, em que pese os axiomas não se apliquem aos seres sensíveis, o que neles se enuncia é verdadeiro e satisfaz a alma, concebem que os números são e são [1090b1] separados, e igualmente no caso das grandezas matemáticas. É claro, então, que a argumentação concorrente sustentará o contrário e que aos que sustentam a posição em tela caberá resolver a aporia respondendo por que pertenceriam aos sensíveis as afecções dos que não pertencem em absoluto aos sensíveis. **1090b**

[5] Alguns há que, a partir da consideração de que o ponto é limite e extremidade da linha, esta do plano, e este do sólido, julgam ser necessário haver naturezas com essas características. Por isso, é oportuno checar também esse argumento, ver se ele não é demasiado frágil. Afinal, as extremidades não são essências, mas, antes, são todas limites. [10]. Eles consideram que, visto que tanto da caminhada quanto do movimento em geral há algum limite, este haveria de ser algum tal, isto é, alguma essência. Ora, isso não tem cabimento. E mesmo que fossem essências, seriam todas dos sensíveis respectivos, já que era a estes que o argumento se referia. Por que, então, seriam separadas?

E quem não for demasiado desatento constatará, a respeito de todo número, [15] bem como dos seres matemáticos, que eles em nada concorrem uns para os outros, isto é, os anteriores para os posteriores. Afinal, para os que sustentam haver somente os seres matemáticos, se não houver número, nem por isso deixará de haver as grandezas. E se, por seu turno, não houver estas, nem por isso deixará de haver alma e os corpos sensíveis. E, a nos pautarmos pelas evidências, a [20] natureza não se afigura aleatória como uma tragédia ruim.

Os que estabelecem as ideias passam ao largo disso, porque forjam as grandezas a partir de matéria e de número: da díade forjam os comprimentos; da tríade, os planos; e da tétrade, os sólidos; e quiçá também a partir de outros números, já que não faz nenhuma diferença. Mas, então, acaso [25] elas serão ideias? Ou de que maneira serão e em que concorrem para os seres? Em nada: assim como os seres matemáticos, elas em nada concorrem para eles. Tampouco os teoremas matemáticos lhes pertencem por si mesmos, a não ser que se queira tornar móveis os seres matemáticos e forjar opiniões idiossincráticas. Afinal, não é difícil [30] assumir hipóteses quaisquer e, a partir delas, encadear um copioso palavrório. Nisso se enganam, então, os que remetem os seres matemáticos às ideias. E os primeiros defensores das ideias, ao forjarem dois tipos de números, a saber, o eidético e o matemático, não disseram nem hão de dizer como e a partir de que se constitui o número [35] matemático. Fazem dele um intermediário entre o eidético e o sensível. Com efeito, se o constituírem do grande e do pequeno, torná-lo-ão o mesmo que o número ideal (pois quanto às grandezas, forjam-nas a partir de algum outro tipo de pequeno
1091a e grande). [1091a1] E se o constituírem de algo distinto, irão se comprometer com mais elementos ainda. E se algum um for princípio de ambos, o um será algo comum a eles. E será preciso, então, investigar como o um será esses muitos, já que conjuntamente, segundo ele[124], é impossível que o número seja gerado de outra maneira que não seja [5] do um e da díade indefinida. Todas essas alegações são absurdas e colidem entre si e com argumentos consistentes. E afiguram o longo sermão de que fala Simonides, já que os longos sermões são tecidos quando, à maneira dos que foram flagrados, não se tem nada de convincente para dizer. E até os próprios elementos [10] – o grande e o pequeno – parecem

---

124. J. Tricot considera tratar-se aqui de Platão (cf. *ad loc.*, Aristóteles, 1991, p. 820).

bradar contra a violência que lhes é feita, já que não lhes é possível gerar o número senão pela duplicação do um.

Ademais, não tem cabimento pretender gerar os que são eternos, aliás, eis aí algo impossível. E não se deve pôr em dúvida se os pitagóricos admitem ou não a geração dos eternos, [15] pois dizem explicitamente que, uma vez constituído o um, seja a partir de planos, de faces, de semente ou do que mais que até mesmo eles têm dificuldade em dizer, aquilo que está mais próximo do infinito é diretamente atraído e limitado pelo limite. Apesar de tudo isso, visto que elaboram uma concepção de mundo e se arvoram discorrer sob uma chave fisicista, é justo considerá-los em algum estudo sobre a [20] natureza. Mas é justo também deixá-los de lado na presente investigação, pois aqui buscamos os princípios dos seres imóveis, de sorte que é a geração dos números que têm essa característica que convém investigar.

4

Eles não se pronunciam a propósito da geração do ímpar, como se a [24] do par lhes fosse óbvia. E alguns [25] elaboram o primeiro par ao igualar desiguais, o grande e o pequeno. Afinal, é necessário que, antes de serem igualados, a desigualdade lhes pertença. E se fossem sempre igualados, não teriam sido anteriormente desiguais, visto que nada é anterior ao que sempre é. É, pois, evidente que não é em vista da investigação que sustentam a geração dos números.

Há uma [30] dificuldade em explicar como considerar os elementos e os princípios em relação ao bem e ao belo, e os que a encaram levianamente merecem crítica. A dificuldade é a seguinte: acaso algum deles é como o que queremos dizer ser o bem ele próprio, isto é, o sumo bem, ou não, mas é, ao invés, posterior em geração? Os teólogos parecem concordar com alguns dos estudiosos contemporâneos, que [35] optam pela recusa, sustentando que tanto o bem quanto o belo se revelam uma vez que a natureza dos seres tenha se desenvolvido. E ao adotarem essa posição, evitam a verdadeira dificuldade que decorre para os que

1091b afirmam, [1091b1] como fazem alguns, que o um é princípio. A dificuldade reside não em considerar que *bem* pertence a *princípio*, mas em considerar o um como princípio, e princípio enquanto elemento, e considerar o número como derivado do um. Os poetas antigos partilham essa tese ao dizerem que não são os primeiros – tais como [5] noite, céu, caos ou oceano – que reinam e governam e, sim, Deus. Isso decorre de sustentarem que os que governam os seres mudam. Já aqueles dentre eles que matizam, isto é, que não tentam explicar tudo apelando para o mito, como Ferécides e alguns outros, estabelecem o sumo bem como o que por primeiro gera. É também o caso dos magos e dos sábios que vieram depois, como Empédocles e Anaxágoras, um fazendo da amizade elemento, o outro fazendo da inteligência princípio. E dentre os que defendem as essências imóveis, uns dizem que o um ele próprio é o bem ele próprio, decerto julgando [15] que a essência consistiria sobretudo no um ele próprio. Enfim, a dificuldade repousa em determinar qual dos dois vieses se há de defender.

E seria surpreendente se ao que é primeiro, eterno e sumamente autossuficiente não fosse enquanto é bom que lhe pertencessem primeiramente essas características, vale dizer, autossuficiência e constância. Ora, é por comportar-se bem que é incorruptível e autossuficiente. Por conseguinte, é verdadeiro dizer ser [20] razoável que o princípio tenha essa característica. Mas é impossível que ele seja o um, ou que, se não for o um, seja elemento, e elemento dos números, visto que, então, uma pletora de dificuldades decorreria. E foi para escapar dessas dificuldades que alguns estudiosos evitaram essa doutrina. Em que pese concordem que o um seria primeiro princípio e elemento, esses estudiosos consideram-no assim somente com respeito ao número matemático. [25] Dessa maneira, as unidades todas se tornam algum bem, resultando em alguma copiosa abundância de bens. E se as espécies forem números, todas elas se tornariam algum bem. Ora, assuma-se ideias seja lá do que for; se houver ideias só dos bens, as ideias não serão essências; e se forem também das essências, serão bens todos os animais e [30] plantas e o que mais participar das ideias.

Decorrem, portanto, essas incongruências, e também que o elemento contrário, seja ele o múltiplo, seja ele o desigual, isto é, o grande e pequeno, será o mal ele próprio (eis por que houve quem evitasse associar o bem ao um[125] sob a consideração de que, visto que a geração é a partir de contrários, resultaria necessário que o mal fosse a natureza do [35] múltiplo; já outros afirmam que o desigual tem a natureza do mal). Daí decorre que todos os seres participam do mal, exceto o um, vale dizer, o um ele próprio; e também que dele participarão os números de modo mais puro do que as [1092a1] grandezas e, ainda, que o **1092a** mal será o lugar do bem e participará de, e até mesmo se inclinará a, o que, afinal, o destrói, já que o contrário é destruidor do contrário respectivo. E se, tal como dissemos, a matéria é o que é cada qual em possibilidade – por exemplo, a matéria do fogo em atuação é o fogo [5] em possibilidade –, então o mal será o bem ele próprio em possibilidade.

Tudo isso decorre ou por fazerem de todos os princípios elementos, ou por fazerem dos contrários princípios, ou, ainda, por fazerem do um princípio, ou, enfim, por fazerem dos números as essências primeiras, separadas e espécies.

5

Se, então, tanto não situar quanto situar o bem dentre os princípios [10] resultarem igualmente impossíveis, ficará claro que os princípios não estão sendo corretamente apresentados, tampouco as primeiras essências. E não conceberia corretamente quem porventura assimilasse os princípios do todo ao princípio dos animais e das plantas sob a justificativa de que seria sempre dos infinitos não finalizados que proviriam os mais finalizados, razão pela qual isso se aplicaria também aos primeiros, de sorte que [15] sequer o um ele próprio seria algum ser. Com efeito, também os princípios dos quais aqueles provêm são finalizados. Afinal, homem gera homem e não é o esperma que é primeiro. E não teria cabimento

---

125. Segundo J. Tricot, trata-se aqui de Espeusipo (cf. *ad loc.*, Aristóteles, 1991, p. 827, n. 4).

considerar o lugar conjuntamente aos sólidos matemáticos – pois o lugar é próprio dos singulares, razão pela qual estes são separados quanto ao lugar, ao passo que os sólidos matemáticos [20] não têm posição –, dizer que eles têm posição, mas não dizer o que é o lugar.

Os que sustentam que os seres, inclusive os primeiros seres, vale dizer, os números, constituem-se de elementos, deveriam discernir como algo se constitui de algo distinto e, feito isso, explicar de que maneira o número se constitui dos princípios. Acaso seria por mistura? Ora, nem tudo [25] é misturado e, ademais, o que daí se gera é outra coisa. Então o um não será separado nem será uma natureza distinta, contrariamente ao que pretendem. Seria, então, por composição, tal como a sílaba? Ora, *posição* necessariamente pertence a *composição*, e quem intelige, inteligirá o um e o múltiplo separadamente. Por conseguinte, número será ou unidade e multiplicidade ou um e desigual. Ademais, visto que ser a partir [30] de alguns é ou ser constituído de componentes ou não, de qual dessas maneiras seria o número? De componentes só é constituído aquilo de que há geração. Seria, então, proveniente de semente? Ora, não há como algo provir do que é indivisível. Proviria, então, enquanto a partir de seu contrário, quando este já não mais permanece? Ora, é também de algum outro que permanece que os que são assim se [35] constituem.

1092b Assim, visto que um apresenta o um enquanto contrário à [1092b1] multiplicidade, e outro enquanto contrário ao desigual, empregando o um a título de igual, o número seria admitido como constituído de contrários. Logo, haveria algo distinto que permaneceria e a partir do qual e de um dos contrários o número é ou é gerado. Mas, então, por que tudo o mais que se constitui de contrários ou que encerra contrários se corrompe, mesmo que [5] se constitua do contrário todo, e o número não? Nada é dito a esse respeito. No entanto, seja ele componente ou não componente, o contrário destrói – por exemplo, o ódio destrói a mistura, em que pese não o devesse, visto não ser seu contrário.

Tampouco está explanado de que modo os números seriam causas das essências e de ser. Seria como termos, assim como os [10] pontos terminam as grandezas ou como Eurito associou a cada qual algum número (por exemplo, este número a homem, aquele a cavalo, representando as formas das plantas por meio de cascalhos tal como os que remetem os números às figuras de triângulo e quadrângulo)? Ou seria porque, assim como o acorde musical é uma razão entre números, assim também seria o homem [15] e cada qual dos restantes seres? Mas e as afecções – por exemplo, branco, doce, quente –, como seriam números? Que os números não são essências nem causas da forma é claro, visto que a essência é a explicação, ao passo que o número é matéria. Por exemplo, de carne e osso, a essência é número da seguinte maneira: três porções de fogo e duas de terra[126], sendo que aí o número, seja qual for, será sempre [20] de alguns, seja de fogo, seja de terra, seja de meras unidades, ao passo que a essência consistirá em certo tanto estar em relação com certo tanto conforme a mistura. Isso, porém, já não é mais número e, sim, a razão da mistura dos números, sejam eles corpóreos ou o que quer que seja. Por conseguinte, o número não é causa eficiente, nem o número em geral, nem o constituído de unidades. E nem é matéria, nem explicação, isto é, espécie, [25] dos fatos. Tampouco é causa enquanto o que é visado.

6

É, enfim, oportuno indagar que bem se haure dos números em virtude de a mistura consistir em número, seja em um número facilmente calculável, seja em um número ímpar. Afinal, o hidromel não será mais saudável em nada se for dosado em uma proporção de três para três; por outro lado, se [30] for misturado à água, pouco importa a proporção, ele resultará mais eficaz do que se sua dosagem for expressa em número, mas sem ser misturado. Ademais, as proporções das misturas consistem não em números, mas em adições de números, por exemplo, três a dois, e não três vezes dois. Com efeito, nas multiplicações, é do mesmo gênero o que deve ser computado, de sorte que o produto de 1 x 2 x 3 deve ser mensurado por 1, e o de 4 x 5 x 6, por 4, de sorte

---

126. Segundo Tricot (Aristóteles, 1991), Aristóteles estaria aludindo aqui a uma formulação de Empédocles (cf. Diels; 1960, vol. I, fragmento 96), já mencionado em *A* 10, 993a17.

que, em todos os casos, os produtos são mensurados pelo mesmo valor. Portanto o número do fogo não pode ser 2 x 5 x 3 x 6, e o da água 2 x 3.

1093a [1093a1] Ademais, se for necessário que tudo tenha em comum o número, será necessário que muitos decorram ser os mesmos, isto é, que seja o mesmo número de uma coisa e também de outra. Nesse caso, seria mesmo ele a causa, isto é, o fato seria mesmo em virtude dele? Ou isso não está claro? Por exemplo, se houvesse algum número correspondente às [5] revoluções do Sol, algum às revoluções da Lua, algum à duração da vida de cada animal, nesse caso, o que impediria que uns desses fossem quadráticos, outros cúbicos, outros iguais, outros dobros? Nada impediria, mas, antes, seria necessário que eles fossem conversíveis nesses números, se tudo comungasse do número. E ficou logicamente possível aos [10] diferentes caírem sob o mesmo número, de sorte que, se decorrer a alguns seres terem o mesmo número, eles seriam idênticos uns aos outros, visto serem da mesma espécie quanto ao número. Assim, por exemplo, Sol e Lua seriam idênticos. Mas por que, afinal, os números seriam causa? Sete são as vogais, sete as notas musicais, sete as Plêiades, aos sete [15] anos os animais perdem os dentes (alguns sim, outros não), sete os que atacaram Tebas. Seria, então, porque o número teria por natureza tal qualidade que, por isso, eram sete os que atacaram Tebas e que as Plêiades são sete astros? Ou não, mas, ao invés disso, seria em virtude da quantidade das portas de Tebas ou por qualquer outra causa? E quanto às Plêiades, ao passo que contamos sete astros, e dez na Ursa Maior, outros povos contam mais.

[20] E afirmam ainda que Ξ, Ψ, e Z são acordes, porque estes são três e aquelas são as três consoantes duplas[127]. E poderia haver uma miríade de consoantes assim que não se importariam. Afinal, poderia haver um só símbolo também para Γ + P. E que cada uma dessas consoantes sejam dobros em relação a outras,

---

127. A pronúncia de cada uma dessas consoantes envolve duas outras, a saber, respectivamente, por: cs, ps e ds.

mas outras não, poderia ter como causa que, sendo três as compleições da boca na produção do som, pode-se articular o som de *s* com cada uma delas, e seria em virtude disso que [25] haveria somente três consoantes duplas, e não em virtude de serem três os acordes. Aliás, os acordes são em maior número, ao passo que às compleições da boca não é possível ser em maior número. Esses pensadores assemelham-se aos antigos estudiosos de Homero, que veem as pequenas semelhanças, mas negligenciam as grandes.

Alguns dizem haver muitos casos desse tipo; por exemplo, as cordas intermediárias são uma de nove, outra de oito, [30] e o verso épico tem dezessete sílabas, sendo equivalente à soma daquelas, e seria escandido em nove [1093b1] sílabas na parte direita, e em oito na esquerda. Dizem, ainda, que o intervalo entre as letras A e Ω é igual ao intervalo na flauta entre a nota mais grave e a mais aguda, e que o número desta última é igual ao da harmonia celeste. [5] E convém observar que não há dificuldade nem em dizer, nem em descobrir casos desse tipo nos seres eternos, já que sequer no caso dos corruptíveis se vê tal dificuldade. **1093b**

Mas as tão louvadas naturezas internas aos números, bem como seus contrários e, em geral, os assuntos matemáticos, como alguns sustentam, e aos quais conferem o estatuto de causas da natureza, parecem [10] se esvair ante um escrutínio como o feito aqui; pois nenhum deles é causa sob nenhuma das acepções aqui especificadas a propósito dos princípios. Decerto, como esses autores tornam evidente, *bem* pertence aos números e na coluna de *belo* figuram *ímpar, reto, igual*, bem como as potências de alguns números. Com efeito, as estações sucedem conjuntamente com número de certa qualidade [15] e todas as demais aproximações que extraem dos teoremas matemáticos encerram essa possibilidade, razão pela qual parecem coincidências. São acidentes, no entanto, sendo todas convergentes umas com as outras, culminam em uma unidade por analogia. Afinal, em cada predicação do ser há o *análogo*, tal como *reto* em *comprimento*, [20] *plano* em *largura*, quiçá *ímpar* em *número*, *branco* em *cor*. Ademais, os números eidéticos não são causas das consonâncias musicais e coisas que tais, pois os iguais em espécie diferem entre si, já que também as unidades diferem entre si. Por conseguinte, essas ponderações não tornam forçoso admitir espécies.

Eis, então, o que decorre dessas doutrinas, [25] e se poderia aduzir ainda mais consequências. As inúmeras incongruências em torno da geração dos números e o fato de que de nenhuma maneira resulta possível concatená-las parece dar testemunho de que os seres matemáticos não são separáveis dos sensíveis, como sustentam alguns, nem são princípios.

BIBLIOGRAFIA

ARISTÓTELES. *Graece*. BEKKER, I. (ed.). Berlim: Academia Regia Borussica, 1831. 2 v.

ARISTÓTELES. *La Métaphysique*. Tradução e comentários de J. Tricot. Paris: Vrin, 1991. 2 v.

ARISTÓTELES. *Metafisica*. Introdução e tradução de G. Reale. Milano: Bompiani, 2013.

ARISTÓTELES. *Metafísica*. Introdução, tradução e notas de T. Calvo Martínez. Madrid: Gredos, 1994.

ARISTÓTELES. *Metafísica de Aristóteles*. Tradução de V.G. Yebra. Madrid: Gredos, 1998.

ARISTÓTELES. *Metafísica – Livros I-III*. Tradução, introdução e notas de L. Angioni. Campinas: Unicamp, 2008.

ARISTÓTELES. *Metafísica – Livros IV e VI*. Tradução, introdução e notas de L. Angioni. Campinas: Unicamp, 2007.

ARISTÓTELES. *Metafísica – Livros VII-VIII*. Tradução, introdução e notas de L. Angioni. Campinas: Unicamp, 2005.

ARISTÓTELES. *Metaphysics – Books* Γ, Δ *and* E. Tradução e notas de C. Kirwan. Oxford: OUP, 2003.

ARISTÓTELES. *Metaphysics*. Edição, introdução e comentários de D. Ross. Oxford: OUP, 1997. 2 v.

ARISTÓTELES. *Metaphysics*. Tradução de D. Ross. *In*: BARNES, J. (ed.) *The complete works of Aristotle*. Princeton: Princeton University Press, 1991, p. 1.552-1.728. v. II.

ARISTÓTELES. *Metaphysik*. Tradução de H. Bonitz. Munique: Rowohlt, 1966.

ARISTÓTELES. *Métaphysique – Livre Delta*. Introdução, tradução e comentários de R. Bordéüs e A. Stevens. Paris: Vrin, 2014.

ARISTÓTELES. *Métaphysique – Livre Epsilon*. Tradução, comentários e introdução de E. Berti. Paris: Vrin, 2015.

ARISTÓTELES. *Métaphysique – Livre Èta*. Tradução, comentários e introdução de P.-M. Morel. Paris: Vrin, 2015.

ARISTÓTELES. *Métaphysique Gamma*. Edição, introdução e tradução de M. Hecquet-Devienne. Louvain-la-Neuve: Peeters, 2008.

ARISTÓTELES. *Métaphysique – Livre Lambda*. Tradução e introdução de F. Baghdassarian. Paris: Vrin, 2019.

BAILLY, A. *Dictionnaire Grec-Français (Le Grand Bailly)*. Paris: Hachette, 2000.

BARACCHI, C. (ed.). *The Bloomsbury Companion to Aristotle*. London: Bloomsbury, 2014.

BONITZ, H. *Aristotelis Metaphysica – Pars Posterior*. Bonn: ad Marcus, 1849.

BUCHANAN, E. *Aristotle's Theory of Being*. University, Mississipi, 1962.

CASSIN, B.; NARCY, M. *La décision du sens – Le livre Gamma de la* Métaphysique *d'Aristote, introduction, texte, traduction et commentaire*. Paris: Vrin, 1998.

CHANTRAINE, P. *Dictionnaire Étymologique de la Langue Grècque – Histoire des Mots*. 5 vols. Paris: Étidions Klincksieck, 1968-1980.

DIELS, H. *Die fragmente der vorsokratiker*. Kranz, W. (ed.). Berlim: Weidmannsche Buchhandlung, 1960. 3 v.

DIÓGENES LAÉRCIO. *Vidas e doutrinas dos filósofos ilustres*. Tradução de M. da Gama Cury. Brasília: Editora UnB, 1987.

HESÍODO. *Teogonia – A origem dos deuses*. Estudo e tradução de J. Torrano. São Paulo: Iluminuras, 1995.

HESÍODO. *Theogonie*. Introdução e comentários de W. Aly. Heidelberg: Carl Winter's Universitätsbuchhandlung, 1913.

HOMERO. *Iliad*. Editado por T. Allen e D. Munro. Oxford: OUP, 1993.

HOMERO. *Ilíada*. Tradução de M. O. Mendes. Organização, prefácio e notas de S. Nienkötter. Campinas: Ateliê/Editora Unicamp, 2008.

KAHN, C. *Questions and Categories*. In: Hiz, H. (ed.). *Questions*. Dordrecht: Reidel, 1978, p. 227-278.

LIDDELL, H. G.; SCOTT, R. *A Greek-English Lexicon*. Oxford: Clarendon Press, 1996.

LEUTSCH, E. *Corpus paroemiographorum graecorum*. Göttingen: Vandenhoeck, 1851. 2 v.

MOREIRA, V. *Argumento da Função na* Ética Nicomaqueia*: uma falsa falácia*. In: Xavier, G.; Motta, G. (ed.). *Ética, Metafísica e Ceticismo: Platão, Aristóteles e Sexto Empírico*. Curitiba: Kotter, 2024.

Confira outros títulos da coleção em

livrariavozes.com.br/colecoes/pensamento-humano

ou pelo Qr Code

Conecte-se conosco:

f facebook.com/editoravozes

⊙ @editoravozes

✕ @editora_vozes

▶ youtube.com/editoravozes

🟢 +55 24 2233-9033

www.vozes.com.br

Conheça nossas lojas:

www.livrariavozes.com.br

Belo Horizonte – Brasília – Campinas – Cuiabá – Curitiba
Fortaleza – Juiz de Fora – Petrópolis – Recife – São Paulo

EDITORA VOZES LTDA.
Rua Frei Luís, 100 – Centro – Cep 25689-900 – Petrópolis, RJ
Tel.: (24) 2233-9000 – E-mail: vendas@vozes.com.br